A viagem como missão

Wilma Peres Costa
Carlos Lima Junior
(org.)

A viagem como missão

Sobre o diário de Afonso Taunay na Europa (1909)

EDITORA UNICAMP

FICHA CATALOGRÁFICA ELABORADA PELO
SISTEMA DE BIBLIOTECAS DA UNICAMP
DIRETORIA DE TRATAMENTO DA INFORMAÇÃO
BIBLIOTECÁRIA: MARIA LÚCIA NERY DUTRA DE CASTRO – CRB-8ª / 1724

V65 A viagem como missão: sobre o diário de Afonso Taunay na Europa / organizadores: Wilma Peres Costa, Carlos Lima Junior. Campinas, SP : Editora da Unicamp, 2023.

1. Taunay, Afonso de Escragnolle, 1876-1958 – Diário de viagem. 2. Missão Artística Francesa. 3. Historiografia. 4. Museus. 5. Memória coletiva. I. Costa, Wilma Peres. II. Lima Junior, Carlos.

CDD – 709.034
– 907.2
– 069.5
– 128.3

ISBN 978-85-268-1597-1

Foi feito o depósito legal.

Direitos reservados a

Editora da Unicamp
Rua Sérgio Buarque de Holanda, 421 – 3º andar
Campus Unicamp
CEP 13083-859 – Campinas – SP – Brasil
Tel.: (19) 3521-7718 / 7728
www.editoraunicamp.com.br – vendas@editora.unicamp.br

AGRADECIMENTOS
OU ALGUMAS PALAVRAS SOBRE O INÍCIO, O MEIO E O FIM DA "VIAGEM"

"O passado é um país estrangeiro."
L. P. Hartley

Este trabalho resulta de uma grande colaboração coletiva. A construção dos textos e a formulação das notas aconteceram a partir das animadas reuniões organizadas na casa de Wilma Peres Costa e Marcus Ozores, entre 2018 e 2020. Desses encontros, que foram se convertendo cada vez mais numa espécie de "saraus taunaysianos", pudemos conjuntamente refletir sobre as inúmeras leituras possíveis sobre o diário redigido por Afonso Taunay. A pesquisa, no entanto, não chegaria a bom termo sem o auxílio fundamental de inúmeros profissionais ligados às instituições públicas, tanto do Brasil quanto da França, percorridas nesses últimos anos.

Ana Laura de Andrade, Flávia Urzua, Tatiana Vasconcelos, Rodrigo Irponi e Ricardo Da Matta, do Centro de Documentação Histórica do Museu Paulista da Universidade de São Paulo (SVDHICO), não mediram esforços para acessar o importante acervo da Família Taunay, no qual está preservado o diário de viagem. Na Biblioteca do Museu, tivemos o auxílio de Simone Kruth, que, com sua habitual paciência, disponibilizou tantos livros, muitos deles, inclusive, do próprio Taunay. Ainda no Museu Paulista, pudemos contar com o entusiasmo e o incentivo de Jorge Pimentel Cintra e Paulo César Garcez Marins.

Foram imprescindíveis as buscas na Hemeroteca Digital da Fundação da Biblioteca Nacional do Rio de Janeiro e na base Gallica da Bibliothèque Nationale de France. Em Paris, pudemos consultar também o importante acervo da Bibliothèque Historique de la Ville de Paris, da Bibliothèque Sainte-Geneviève, e documentos e livros pertencentes à Bibliothèque de l'Institut

National d'Histoire de l'Art (Collection Jacques Doucet). No que diz respeito à localização de algumas imagens citadas por Taunay ao longo do diário, foi fundamental também a visita ao Musée du Louvre, ao Musée de la Légion d'Honneur et des Ordres de Chevalerie e ao Château de Versailles.

Afrânio Garcia acolheu a pesquisa com o Groupe de Recherche sur le Brésil Contemporain da École des Hautes Études en Sciences Sociales (Ehess), quando pudemos não apenas apresentar os resultados parciais da investigação, como ouvir seus preciosos e certeiros comentários. Na ocasião tivemos a sorte de contar com a presença de Aline Menoncello, Camila Gui Rosati, Francislei Lima da Silva, Karina Anhezini, Maria Lucia Bueno e Manuel Cariz, que abrilhantaram ainda mais as discussões. Ainda na capital francesa, o encontro com Elaine Dias rendeu boas interlocuções sobre as diferentes gerações dos Taunay – de Nicolas-Antoine a Afonso.

Cabe um agradecimento especial à Fundação de Amparo à Pesquisa do Estado de São Paulo (Fapesp) – Auxílio 2019/02230-0 – e ao Conselho Nacional de Desenvolvimento Científico e Tecnológico (CNPq) – Bolsa produtividade – pelos apoios concedidos à Wilma Peres Costa no financiamento da investigação no Brasil e na França.

Dedicamos este trabalho a todos e todas que de algum modo nos acompanharam nessa longa "viagem" guiada pelas letras – algumas vezes indecifráveis – de Afonso Taunay, por terras estrangeiras.

A princípio é muito agradável a vista das culturas diversas, depois torna-se cansativa.

Afonso d'Escragnolle Taunay,
Sábado, 12 de junho de 1909

SUMÁRIO

LISTA DE IMAGENS

Capítulo 4 – A viagem de Afonso d'Escragnolle Taunay: o estabelecimento do turismo e os guias de viagem durante a *Belle Époque* (São Paulo-Paris, 1909-1910)

INTRODUÇÃO – CONVITE À VIAGEM

UM METÓDICO TURISTA A BORDO DE UM "TITANIC TROPICAL": AFONSO TAUNAY E SUAS "NOTAS TOMADAS A ESMO"

Wilma Peres Costa
Carlos Lima Junior

Entre as preciosidades que integram a Coleção Família Taunay do Serviço de Documentação Histórica e Iconografia do Museu Paulista da Universidade de São Paulo (SVDHICO - MP - USP), encontra-se um curioso manuscrito, caprichosamente encadernado em couro verde, com letras douradas: o caderno em que Afonso d'Escragnolle Taunay (1876-1958) registrou sua primeira viagem à Europa, realizada em 1909, em companhia da esposa, Sara de Souza Queiroz, da filhinha, Ana, e de uma pessoa chamada Emília, provavelmente ama ou governanta da pequena.

Organizadores deste livro, tivemos contato com o manuscrito em longas tardes passadas no acervo do Museu Paulista, quando nos descobrimos explorando, com diferentes indagações, o documento. Ao longo do fraterno convívio afetivo e intelectual que daí se desenvolveu, decidimos empreender a aventura da transcrição do caderno de viagem, o que acabou se transformando em um vasto empreendimento coletivo. A decifração da complicada escrita de Afonso Taunay permitiu incorporar à viagem um grupo de estudantes de graduação e pós-graduação em história, da Unifesp, colaboração decisiva para a transcrição e para a escrita e edição das notas técnicas. Decidimos também alargar as possibilidades de leitura que o documento suscita para além dos nossos olhares e recortes - a historiografia, a história do turismo, a reflexão sobre a iconografia possível para dialogar com o texto.

O diário registra um período de 114 dias (as anotações vão de 26 de maio a 15 de setembro de 1909), dos quais 16 foram passados a bordo (um deles em Lisboa), 65 dias em Paris, e uma vilegiatura de 33 dias entre a Suíça, Itália e Alemanha. A viagem nele descrita é cercada pelo desvelo da grande parentela de Sara, presente desde a partida do Brasil, recebendo os viajantes na chegada e acompanhando-os na longa estada em Paris e no circuito europeu. Embora esse enquadramento familiar esteja explícito em várias passagens do documento, muito pouco encontraremos nele sobre os afetos privados. A jovem esposa é mencionada com parcimônia nessas notas, assim como a pequena Ana, que ocupa apenas algumas poucas, embora intensas, páginas do relato, pois foi acometida de sarampo em Paris suscitando aflitos cuidados de seus pais. Sequer saberíamos, pela leitura do documento, que Sara se encontrava novamente grávida quando embarcou, em maio de 1909, pois o segundo filho do casal, desta feita um menino, viria a nascer em Paris, em novembro daquele ano. Os incômodos da gravidez talvez expliquem muito do mal-estar de Sara durante a longa travessia marítima, também mencionado pelo esposo. Certamente, mesmo que não estivesse gestante, Sara não desfrutaria da mesma liberdade em deslocar-se pelas ruas de Paris, bem como pelas ruas das outras cidades europeias, como fez Taunay, que perambulou pelos elegantes *boulevards*, mas também por regiões ignotas da capital parisiense, retornando para o apartamento tarde da noite. Esse livre trânsito, próprio do *flâneur*, a "apreciar a alma encantadora das ruas", sozinho ou acompanhado, era possível ao homem, vedado à mulher.

Econômico nas narrativas sobre a vida familiar e afetiva, o caderno oferece, por outro lado, farto material para os pesquisadores interessados na formação do historiador Afonso Taunay, e nos seus anos de formação. Esse aspecto nos impressiona desde logo pela íntima e complexa relação que ele sugere entre a "coleção" e o "colecionador", vale dizer, entre esse vasto material documental sobre mais de quatro gerações da família Taunay que constitui a coleção adquirida e conservada pelo museu e a marca que neles imprimiu Afonso Taunay, que os reuniu e qualificou. A experiência da viagem foi aí tema constante, em textos e imagens, nos deslocamentos da família entre a França e o Brasil, nos registros deixados pela trágica memória do pintor-viajante Adrien Taunay, e naqueles muitos registros das viagens do seu pai, o visconde de Taunay, pelo Brasil.

Olhando sob uma outra chave, vale lembrar também que organizar coleções, repertoriar e acondicionar objetos para serem dispostos para o olhar do público foi sempre uma parte integrante do labor dos viajantes e naturalistas do século XIX, aos quais Afonso Taunay viria mais tarde ligar de maneira estreita seu trabalho de historiador. No espaço que oferecia para o desfrute dessa paixão reiterada, o próprio museu viria a ser para Afonso um "grande navio", onde ele reuniu registros, amostras e imagens, nessa metafórica expedição que organizou meticulosamente para excursionar pelos mares da história, e no qual vem, tardiamente, habitar os registros da memória pessoal e familiar.

No caso em questão, a migração do documento da esfera privada da guarda familiar tornando-se disponível para a consulta pública carrega consigo a própria natureza híbrida desse tipo de caderno, que é frequentemente utilizado para guardar lembranças que posteriormente serão trabalhadas em outras escritas, o que se evidencia no desvelo com que foi tratado, como se esperasse o momento em que transporia o círculo do mundo privado para receber outros olhares. Por outro lado, a liberdade com que o autor nele se manifesta, de forma nem sempre auspiciosa, sobre pessoas do seu círculo de relações sugere que ele não estava destinado à publicação, pelo menos não sem antes sofrer criteriosa edição, do que não encontramos sinal no manuscrito. No mesmo sentido, operam os registros de expressões abertamente misóginas e racistas, atestando sem filtro ou mediações o repertório de verbalização das elites da época e seus valores. Essa é mais uma razão para sublinhar o interesse do diário, retrato sem retoques das expansões privadas de seu autor e do universo social por ele compartilhado.

Quando entramos em contato com o documento aqui transcrito, uma nova mudança estava em curso. O Museu Paulista havia cerrado suas portas ao público e tapumes e lonas estavam dependuradas na fachada do imponente prédio para evitar que rebocos das paredes da antiga construção caíssem nas cabeças dos transeuntes desavisados. Recebendo das mãos de um guarda uniformizado um capacete amarelo, daqueles que se usam na construção civil, nossos olhares percorriam o *hall* de entrada, onde as peças da exposição – que um dia foram dispostas por ordem do próprio Afonso Taunay – estavam embaladas em caixas de madeira e enroladas com plástico filme para protegê-las do transporte, que as levariam para galpões alugados pela USP, para que se iniciassem as obras de restauro do edifício. Compartilhando a atmosfera de provisoriedade, própria das situações de mudança, a documentação estava agora distribuída em 23 pastas plásticas e presas com elástico.

No meio de uma parafernália de papéis familiares, bilhetes, *croquis*, desenhos, recortes de jornal, testemunhos do cotidiano e da contabilidade doméstica, havia dois cadernos manuscritos: o diário encadernado com capa e contracapa, onde o jovem engenheiro fez anotações diárias, durante 114 dias narrando detalhadamente a viagem da família à Europa em 1909, e um caderno de anotações com dados técnicos referentes aos quadros pintados pelo seu bisavô, Nicolas-Antoine Taunay, espalhados por museus europeus. Percebemos aos poucos que esses apontamentos tinham estreita relação com o texto publicado na revista do Instituto Histórico e Geográfico Brasileiro (IHGB) em 1911 intitulado "A missão artística de 1816", parâmetro polêmico, mas incontornável dos estudos de história da arte no Brasil.

A pressa se impunha para que a documentação fosse fotografada antes que o prédio ficasse inteiramente interditado aos pesquisadores, de modo que nos aproximamos do documento primeiro pela sua materialidade, e pela fotografia, para só depois penetrar no seu conteúdo, seguindo em viagem ao lado do engenheiro Afonso Taunay, de onde brotava um historiador. O olhar do fotógrafo e do *flâneur*, que ganhamos a partir desse momento, graças à colaboração inestimável de Marcus Vinicius Ozores, impregnou de modo profundo a experiência da exploração desse relato, estendendo-se também à pesquisa das imagens que seriam incorporadas a essa edição. Esse olhar se expressa na relação às vezes cúmplice, às vezes tensa com o autor do diário – o engenheiro formado na Escola Politécnica do Rio de Janeiro, em 1900, um ano após a morte do seu pai, o visconde de Taunay – na centena de dias em que anotou, com péssima letra, suas experiências, seus gostos e suas opiniões de lugares santos e mundanos e, principalmente, onde deixou anotada a sua posição de bom moço, em busca de um lugar na sociedade paulistana.

A tensão se explica porque o *flâneur* é, quase que por definição, um ser que desfruta a ociosidade e que pode dispor de uma manhã ou um dia inteiro para zanzar sem direção e descobrir os encantos de uma cidade quase que por acaso. O *flâneur* fotógrafo é aquela pessoa que persegue a luz do sol, pelas ruas estreitas da velha Paris, na busca de um ângulo único, ou então se esconde atrás do muro para fotografar um *clochard*, ou busca os grandes *boulevards*, em noite de lua cheia, para registrar aquele momento único em que uma velha senhora atravessa a rua com um *terrier* branco e preto, preso à coleira. O *flâneur* deixa-se levar pelos cheiros, pela música e pelos antros, cantos e encantos da cidade.

Já o engenheiro Afonso d'Escragnolle Taunay jamais se deixa levar pelo espírito do descaminho. Ao longo do seu relato, todos os dias têm um objetivo, seja adquirir novas informações ou ampliar seu relacionamento social. Mesmo quando caminha pelas ruas de Paris, Afonso nunca deixa transparecer que a escolha do caminho pelo *boulevard* A ou B tenha sido fruto do acaso. Tudo tem um sentido, um objetivo ou um destino.

Essa tensão está presente no repertório de imagens que percorremos sobre a Paris de 1909, em grande parte devedora do olhar de Marcus Vinicius Ozores e de suas argutas sugestões. Ao olhar disciplinado do jovem engenheiro, ávido de tudo registrar, pensamos corresponder o rico repertório de cartões-postais de época, encontrados sobretudo no acervo da Bibliothèque National de France (BNF), bem como testemunhos visuais das artes e dos espetáculos que ele presenciou na vida cultural e boêmia da capital. Mas consideramos que valia a pena matizar esses registros com a percepção refinada das fotos de Eugène Atget[1] com as quais nossos olhares dialogaram durante a transcrição. Como inventariante da velha Paris ameaçada pelo urbanismo moderno, ele fotografou ruas, mansões, igrejas, edifícios antigos e os precários vestígios da atividade humana: comércio ambulante, lojas antigas, lugares habitados e espaços vazios, marcados às vezes apenas pelas sombras de seus moradores. Algumas vezes esse exercício ganhou também a companhia imaginária de um outro grande *flâneur*, o cronista carioca João Paulo Barreto, o João do Rio, que esteve na Europa entre dezembro de 1908 e abril de 1909 e publicou algumas de suas saborosas crônicas sobre o Velho Mundo na *Gazeta de Notícias* do Rio de Janeiro, enquanto o nosso engenheiro desfrutava a estada parisiense. Embora não haja registro de que alguma vez se tenham encontrado, assim como Atget, João do Rio ajudava a acrescentar matizes e sabores à bem-comportada narrativa de Afonso.

As anotações se interrompem, sem maiores explicações, em setembro, muito embora o retorno da família ao Brasil só viesse a se dar em 17 de fevereiro de 1910. Duas notas do *Correio Paulistano* nos indicam a presença da família na Europa até fevereiro daquele ano. A primeira, datada de 5 de fevereiro de 1910, a partir de um telegrama da Itália, nos fala de uma conferência proferida por Afonso Taunay, na Universidade de Roma.

> Uma conferência sobre a história do Brasil
> O professor brasileiro dr. Escragnolle Taunay ofereceu na Universidade dessa capital uma conferência sobre a história do Brasil.
> O conferencista discorreu brilhante e proficientemente sobre o assunto, sobrevindo do numeroso público grandes aplausos.

A referida conferência deve ter-se dado nas vésperas do retorno, pois o mesmo *Correio Paulistano*, em 18 de fevereiro de 1910, traz a informação de que "acompanhado de sua exma. família regressou ontem da Europa o dr. Afonso d'Escragnolle Taunay, lente da Escola Politécnica e do Ginásio de S. Bento".

A interrupção das anotações cinco meses antes do retorno da família ao Brasil coloca-nos uma primeira inquietante indagação. Por que teria ele deixado de anotar no momento do retorno a Paris, ao final da vilegiatura por Suíça, Itália e Alemanha?

Descarte-se desde logo que a interrupção seja resultado do descuido ou do enfado. Afonso Taunay escreveu em seu caderno todos os dias, em metódica e disciplinada prática. Há, nesse detalhado registro, pormenores que interrogam o observador mais atento e nos advertem para que não nos enganemos com a expressão "notas a esmo", que encabeça as anotações. Ela é talvez uma mera concessão à retórica própria do gênero – relato de viagem, nesse início do século XX, quando a viagem conta já com elementos de grande previsibilidade e quando também o lazer e o desfrute cultural ocupam o lugar dos inventários e da precisão inerente aos relatos dos naturalistas.

A resposta à pergunta sobre por que teria se calado sobre a segunda parte da viagem pode estar no âmbito da vida privada, pois é possível que os meses finais da gravidez de Sara e o nascimento do bebê, o primeiro menino, desviassem a atenção do viajante para outros temas e o fizessem interromper as anotações. Ou, quem sabe – e aqui talvez esteja uma razão mais satisfatória –, nessa segunda metade da estada, ele não se percebesse mais como viajante, já ambientado em seu cotidiano parisiense e na rotina de estudos e pesquisas que passou a ser a sua paixão. Todos os indícios levam a crer que foi nesse momento que ele desenvolveu a escrita do trabalho "A missão artística de 1816", que marcaria seu ingresso no ofício de historiador e nas instituições em que ele praticava, como o Instituto Histórico e Geográfico.

O certo é que o viajante, que aqui se camufla em turista elegante em visita à Europa, traz consigo inquietações diversas, que escapam pelas frestas de uma escrita de decifração difícil, mas ele as contém com firme disciplina, indicando, de certa forma, a inclinação metódica e sistemática presente em sua formação de engenheiro e que acompanharia suas escolhas como historiador. Uma hipótese possível é que o nosso autor estivesse a treinar uma escrita dentro desse gênero tão apreciado no século XIX – o relato de viagem, gênero que sempre teve forte interlocução com a escrita da história. Certo é que ele se aventurava, nesse mesmo período da vida, em outro gênero correlato – o romance histórico. Seu livro *Crônica do tempo dos Filipes* seria publicado por uma editora francesa, E. Arrault et Cie., em 1910, certamente ao final de sua estada em Paris.

A leitura das anotações diárias, que podem ocupar algumas poucas linhas ou, conforme o volume de atividades desempenhadas, páginas inteiras, permite desvelar questões próprias do tempo em que nosso viajante está inserido e que perpassam as suas observações. É preciso recordar que, no momento do embarque, Afonso Taunay não era ainda o renomado autor do *Era das bandeiras*, publicado em seus grossos 13 volumes, ou mesmo o diretor do Museu Paulista, cargo que ocupará por quase trinta anos, e sim um professor de química, física e história do Ginásio São Bento; e que, apesar de recém-casado com uma Souza Queirós, não possuía um lastro econômico familiar que o equiparasse à esposa. Isso porque a fortuna acumulada no enlace entre os Taunay e os Teixeira Leite, sua ascendência paterna e materna respectivamente, escasseava desde os anos iniciais republicanos, impactada pela política econômica de Rui Barbosa.

Se faltavam recursos financeiros avantajados a Taunay, sobrava-lhe um capital cultural a seu alcance, possível para ser agenciado, uma vez que sua linhagem paterna esteve ligada não apenas a postos políticos do Império, mas às letras e às artes, e que remontavam à chegada de seu bisavô, o paisagista Nicolas-Antoine Taunay, junto de um grupo de artistas franceses afamados, ao Brasil, em 1816. A ida à Europa estava, certamente, entrelaçada aos desejos de remontar a história familiar, fincada em apenas um dos três ramos franceses, os Taunay – o que obscurecia, de certa medida, os Escragnolle e os Beaurepaire –, e de criar para si uma genealogia que o ombreasse a seus pares e justificasse, pelos usos do passado, o seu lugar social, naquele momento presente.

A viagem, antes de mero desfrute por lugares distantes, até então apenas conhecidos pelos relatos de outrem, não deixava de comportar uma "missão", que desembocará na "Missão". Por isso, no acúmulo de linhas que compõe o relato, é possível identificar um corte de ritmo em que a diversão da rua tumultuada por transeuntes cede, em certa altura da narrativa, lugar ao trabalho meticuloso no interior silencioso dos arquivos, dos museus e das bibliotecas.

O domínio do francês, o hábil manejo das teclas do piano, o traquejo no sociabilizar deixam transparecer a criação esmerada daquele homem que chegou à fase adulta e dominava os códigos sociais valorizados à classe a que pertencia, introjetados desde a infância, sobretudo pela expressiva vigilância do pai, o Visconde de Taunay. Como o/a leitor/a perceberá desde o início, o relato da viagem não começa a ser redigido em terras estrangeiras, mas uma parte significativa se faz em meio ao Atlântico, na travessia de ida à Europa, dentro do navio. É do alto da primeira classe do moderno Orcoma, com todas as comodidades reservadas, que Taunay narra os dias passados no interior do transatlântico, compartilhados do convívio com tripulantes de variadas nacionalidades, entre eles, alemães, ingleses, portugueses, peruanos, argentinos, chilenos e uruguaios. Se, durante o dia, o convés é o lugar da sociabilidade, com o cair da tarde, após o jantar, o salão torna-se, na observação astuta de Taunay, o reduto da música, da dança – e das tensões. Desse modo, o salão onde o nosso viajante ganhará relativa projeção, justamente pela habilidade com o piano, serve como uma espécie de amostragem das rusgas políticas entre as nacionalidades em curso no continente, e carregadas para dentro do navio, seja de alemães com ingleses, ou mesmo em relação aos portugueses. Do mesmo modo, é durante a travessia que o autor se permite, de forma mais livre, a expressão de suas opiniões sobre as hierarquias sociais, as disputas entre os valores e comportamentos entre velhas e novas fortunas e o distanciamento cuidadosamente cultivado dos setores populares.

Nos comentários contidos no manuscrito sobre as animadas noites no navio, Taunay observa com desdém a presença de ritmos populares, como a "*zamacueca*", cuja *performance* foi realizada, para a sua desaprovação, pelo embaixador chileno. O possível desajuste, ou o inconveniente, na visão de Taunay, estava naquela dança tida por indecorosa ("cafajéstica"), realizada por alguém confiado para ser representante de seu país no estrangeiro. A tensão se coloca aqui entre a música dita erudita e a emergência da "cultura popular", cujos sons e ritmos adentram (a contragosto seu) o salão da Primeira Classe e para a qual os adjetivos empregados são os mais pejorativos possíveis. Vale notar que o Orcoma, divulgado na época como um navio moderno, elogiado por Taunay pela sua estabilidade em alto-mar, não teria um destino trágico como o do Titanic, que afundaria anos depois, mas seria "recrutado" pela marinha inglesa durante os conflitos armados da Primeira Guerra Mundial.

É preciso observar que os cartões-postais e as fotografias inseridos no decorrer do diário, indicados em nota, não pertencem à coleção da Família Taunay, ou mesmo ao próprio Afonso. A partir de uma pesquisa iconográfica no *site* da Bibliothèque Nationale de France (Gallica), que reúne uma expressiva documentação textual e visual relacionada à história da França, pudemos localizar imagens dos lugares em que Taunay esteve, muitos deles tão afamados à época da viagem, que foram convertidos em cartões-postais para a sua divulgação a um público amplo. Além deles, ainda nas notas de rodapé, é possível consultar os programas de concertos, óperas e peças teatrais, bem como os catálogos das exposições e de museus frequentados por Afonso.

A narrativa que emerge das anotações de Afonso Taunay permite segmentar a viagem em distintas etapas. Em cada uma delas, são notórias as mudanças da percepção do tempo e do ritmo da narrativa, como também são distintas as práticas de escrita mobilizadas pelo viajante para transmitir suas impressões sobre lugares, pessoas e experiências, como se as dimensões de "inventário" e "aventura" presentes na experiência da viagem permitissem divisar uma terceira perspectiva. Cada vez menos aventura e mais inventário, a narrativa parece incorporar também a ideia de "missão", no sentido que a língua francesa atribui a esse termo: a missão de estudos, nesse caso, é já parte da formação do historiador. É da formação sobretudo que aqui falamos, uma das muitas leituras possíveis desse rico documento e dessa experiência polissêmica.

Nesse sentido, além do diário transcrito acompanhado das notas explicativas, a presente publicação é composta de 4 capítulos. Wilma Peres Costa, Lucia Maria Paschoal Guimarães, Carlos Lima Junior e Joana Monteleone buscam perseguir os rastros desse historiador em formação, desvendar as relações sociais travadas em solo estrangeiro, bem como problematizar o impacto desses meses no exterior nos anos subsequentes ao retorno ao Brasil, quando o nome de Afonso Taunay ganha projeção em instâncias de consagração paulista e carioca, como o Instituto Histórico e Geográfico Brasileiro (IHGB) e o Instituto Histórico e Geográfico de São Paulo (IHGSP). Adicionamos na Introdução uma breve nota sobre os desafios da transcrição e a escrita das notas técnicas, que foi supervisionada por Wilma Peres Costa. Vale observar que se optou por atualizar a grafia de todas as palavras para o português contemporâneo.

Como se vê, produzir este trabalho foi mesmo um esforço coletivo em que a oficina da história se exerceu de modo fecundo e extremamente prazeroso. Em longos e agradáveis encontros de trabalho e aprendizado, acompanhamos Afonso Taunay pela Europa e em seus estudos e suas pesquisas, em visitas a galerias e museus e pelas ruas, em suas caminhadas de *flâneur* contido.

Oferecemos aos/às leitores/as e pesquisadores/as essas possibilidades, esperando que encontrem muitas outras, nas palavras, agora decifradas, desse grande historiador.

Nota

[1] Eugène Atget nasceu em Libourne, em 1857, e algumas fontes sugerem que ele teria sido marinheiro. Em 1882, tornou-se diretor do semanário humorístico *Le Flâneur*. Começou a fotografar em 1888 e, por volta de 1890, passou a fotografar paisagens e plantas para artistas usarem como base para suas pinturas. No final da vida, fotografou parques e vitrines com reflexos que o tornariam famoso entre os surrealistas. Man Ray publicou anonimamente três de suas fotografias na edição 7 da revista *The Surreallist Revolution*, em 1926. Para um percurso de sua obra, ver <https://gallica.bnf.fr/conseils/content/eugene-atget>. Acesso em 15/5/2023.

VIAGEM PELO ORCOMA.

NOTAS TOMADAS A ESMO[1]

Afonso d'Escragnolle Taunay, 1909

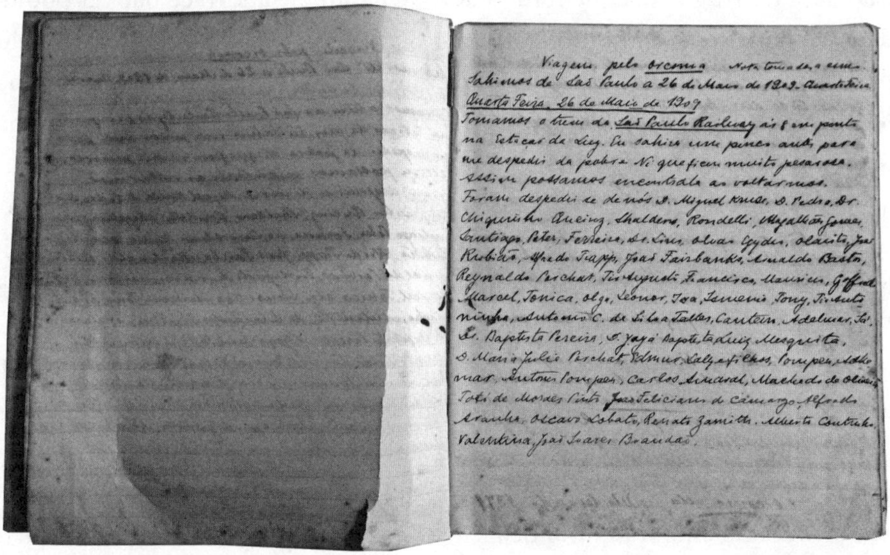

Imagem 1 – Trecho inicial da narrativa, em que se vê a listagem da comitiva que foi se despedir de Afonso e Sara, na Estação da Luz. Crédito fotográfico: Marcus Ozores.

Saímos de São Paulo a 26 de maio de 1909 – quarta-feira.

Quarta-feira, 26 de maio de 1909

Tomamos o trem da São Paulo Railway às 8 em ponto na Estação da Luz. Eu saíra um pouco antes para me despedir da pobre Ni que ficou muito pesarosa. Assim possamos encontrá-la ao voltarmos. Foram despedir-se de nós:[2] D. Miguel Kruse,[3] D. Pedro, Dr. Chiquinho Queiroz, Shalders, Rondelli,

Magalhães Gomes, Santiago, Peter, Ferreira, Dr. Lins,[4] Olavo Egydeo,[5] Olarito, João Rubião, Alfredo Trapp, João Fairbanks, Arnaldo Bastos, Reynaldo Porchat,[6] tio Augusto, Francisco, Mauricio, Goffredo, Marcel, Tonica, Olga, Leonor, Ida, Ismênia, Tony, Tia Antoninha, Antonio C. de Silva Telles, Canteiro, Adelmar, Sá, Dr. Baptista Pereira, D. Yayá Baptista, Luiz Mesquita, D. Maria Julia Porchat, Edmur, Laly e filhos,[7] Pompeu, Adhemar, Antonio Pompeu, Carlos Amaral, Machado de Oliveira, Totó de Moraes Pinto, João Feliciano de Camargo, Alfredo Aranha, Oscar Lobato, Renato Zamitti, Alberto Coutinho, Valentina, João Soares Brandão.[8]

Abracei a todos muito comovido, sobretudo à pobre mamãe que fica tão só e ao bom tio Augusto a quem tudo devo. Quanto me aborrece não ter podido deixar as aulas de geografia a Goffredo![9] Seria alguma coisa em favor daqueles parentes excepcionais a quem tanto e tanto devemos. Meu sogro, D. Vitalina, Marina, o bom Domingos e Ida[10] acompanha-nos a Santos a bordo do Orcoma. Seguimos Sara, eu, a pequenina e Emília.

A manhã estava esplêndida e a viagem correu ótima até Santos, entretendo-me eu a conversar com o Domingos. Causa-me intensa satisfação o arranjo que acabo de fazer com Pérsio[11] a fim de trabalhar para a casa Souza Queiroz. É um rapaz excelente como poucos e sofria muito da inação.

Chegamos a Santos às 10 hs.; Pérsio nos esperava com as carroças a fim de levar as bagagens a bordo. Meu sogro conduziu-me à Rotisserie,[12] onde almoçamos.

Às 12 entramos no navio que às 2 deve zarpar. Tive boa impressão do vapor que é enorme, mas grandíssima decepção com o nosso camarote acanhadíssimo embora muito bem situado e arejado. O Orcoma[13] está repleto levando 1.371 pessoas entre passageiros e tripulantes. Entre os passageiros de 1ª classe vejo numerosíssimos ingleses, uns argentinos e chilenos. São ao todo 280 os viajantes de 1ª classe. O comandante Sr. Kite, diz-me um *steward* canadense que é um verdadeiro lobo marinho. O Orcoma desloca aproximadamente 11.600 toneladas e faz a sua segunda viagem de volta, tendo sido lançado ao mar há menos de dois anos. Tem duas ordens de camarotes de 1ª classe, bom salão, boa sala de jantar, excelente passadiço e bar. Simples, mas confortável.

À 1h ½ retiram-se os parentes e Álvaro Queiroz, que viera também despedir-se de mim, assim como, um pouco antes o coronel Juca Telles. Fiquei muitíssimo sensibilizado ao me separar de meus excelentes sogro e sogra que são tão afetuosos e bons, tão simples nos seus atos quanto inteiriços de coração, de Marina tão boa quanto os pais, do ótimo Domingos e da não menos boa Ida. Senti uma sensação de isolamento realmente desagradável ao vê-los afastar-se, o bom Pérsio foi o último que vi.

Mais ou menos às 12hs45 pôs-se o Orcoma a andar e dentre em breve saía barra fora dando-me logo excelente impressão de estabilidade e segurança, pois estando o mar um tanto picado, mal balançava ligeiramente ou antes quase imperceptivelmente.

Percorri o navio vendo conhecidos apenas o Ângelo Mendes de Almeida[14] e o irmão Pennaforte Mendes. Segue conosco o Luís Correia Galvão, genro do barão de Pirapitingui.[15] Apenas o conheço de vista. Dirigiu-se a mim o Sr. Antonio Bento de Paiva Azevedo, que vai a passeio a Europa, moço que muito lembra o modo de pensar e falar do Octaviano Prado a ponto de parecer querer imitá-lo. Disse-me ser bacharel em direito e irmão do meu nada brilhante aluno João Evangelista Paiva Azevedo. Tem ares de ser bem-educado e não é antipático antes simpático. Propus troca de cabine, mas acho que nada conseguirei, repleto como está o vapor. Os Mendes vão a Lisboa a negócio de família, recebimento de herança, contam-me. Custei a alojar Emília que afinal ficou perto de nós na cabine 352, mesmo corredor, sendo os nossos números 182, 183 e 184.

Com ninguém mais falei nesta tarde; a viagem correndo magnífica não senti o mínimo enjoo e, cansado, fui deitar-me às 10 ½, tendo em vão procurado parceiro para xadrez. Sara já dormia assim como a pequenina. Esqueci-me de dizer que achamos o jantar pouco *apetisant* [?] e parco.

Quinta-feira, 27 de maio de 1909

Acordei às 6hs vendo montanhas e logo depois bicos de gás; depreendi que fosse Copacabana, vesti-me às pressas e subi ao tombadilho para não perder a entrada da barra que me extasiou mais uma vez de modo espantoso. Ninguém, ou quase ninguém se mexera das camas para contemplar tão extraordinário espetáculo!

Ancoramos em frente a Ilha Fiscal e junto ao Catinat, navio de 4.000 toneladas da marinha francesa de guerra, feio e desgracioso, todo pintado de preto.

Esperamos muito tempo antes que chegassem as visitas da saúde do Porto, da Polícia e da Alfândega.

Às 9 horas apareceram na lancha Carioca, da Companhia de Comércio e Navegação, Alfredo, Carlos Kendall, Violante, Flora, Marietta e Valentina sempre tão afetuosas e gentis. Logo depois entraram o Raul, a sogra, D. Antonietta Cerqueira, e a cunhada, D. Dionysia. D. Antonietta convidou-nos a almoçar.[16] Desembarcamos às 10hs no cais Pharoux.[17]

Sara seguiu para a casa do general e eu, acompanhado de Carlos e Alfredo, tomei um automóvel, fui ao correio buscar uma ficha de identidade que o Washington Luís[18] mandou dar-me e depois fui à central procurar a capa que Sara esquecera em São Paulo e que Edmur remetera.

Tudo isso me fez perder muito tempo; voltei à cidade, comprei punhos e colarinhos, farinha láctea, mamadeira, bombons para Antonietta e para nós, levei para viagem e para Ni. Escrevi numerosas cartas ontem à noite para parentes e amigos; despedindo-me ainda de muita gente.

Almocei com o Carlos e o Alfredo no hotel Madrid achando-os tristes, sobretudo o segundo, o que é muito natural pois luta atualmente com dificuldades. Coitado! Bem digno de melhor sorte! Bom coração e bom caráter! O Carlos que é também mui excelente rapaz espera uma colocação na Agência Financial Portuguesa.

À 1 hora cheguei à casa do general, cuja família fizera afetuosíssima recepção à Sara; fiquei cativo de tanta gentileza. Achei a casa em enorme rebuliço com a política fervente do dia; o Hermes demitiu-se do Ministério sendo chamado a substituí-lo o Mendes de Moraes. A D. Antonietta falou-me em saída dos batalhões para a rua. Queira Deus que o *sargentismo* tome uma lição mortal. Verdade é que para subir um sujeito como o Ruy é bem preferível o domínio do soldadão.[19] Escrevi às pressas ao meu sogro pedindo-lhe que no caso de baixa de câmbio devido a alguma bernarda[20] possível me mandasse logo mais 5.000 francos.

Paramos ao voltar da casa do general, às 1h½, em casa de tia Adelaide[21] dizendo-lhe rapidamente adeus e à Cecília. Chegamos do cais às 2hs lá achando o Carlos e o Alfredo com quem tornaria a embarcar no Carioca.

Ao avistarmos o Orcoma logo vi tio Goffredo[22] e a Jacobina que conversavam e tinham vindo a bordo dizer-nos adeus. Pouco poderia conversar. Tio Goffredo deu-me ofício do Bernardelli[23] para o Diretor da Escola de Belas Artes de Paris. As 2hs½ despediram-se os bons parentes e às 3 largou o vapor. Soube que também me procuraram a bordo D. João Peters e D. Amaro Van Emelen.[24]

Saímos com esplendorosa tarde que mais realçava a imensurável majestade da paisagem. Fui procurando ver a costa e afinal nada divisei de notável a não ser uma linda e pequena praia, cercada por imensos penedos onde havia fortíssima arrebentação e limitada por uma verdejante mata que vai morrer à base da penedia, a prumo com uma centena ou duas de metros de altura. Lindíssimo o conjunto de montanhas cujo último plano é ocupado pelos Órgãos.

O navio não joga absolutamente; o mar não está revolto, mas se eu não estivesse num vapor provavelmente já estaria às voltas com o enjoo. A menina passou bem; Sara também.

Travei relações com o Sr. Leão Bergmann, antigo professor de Pérsio, hoje industrial e capitalista em São Paulo. Parece-me homem de certa instrução. Conversamos muito acerca de sua pátria, a Holanda; conheceu bastante a papai: *type très chic*, disse-me. Falamos muito de música, toquei um pouco e deitei-me às 11hs, cansado. Comecei a ler o livro do Pierre Denis[25] por sinal que bem cacete.

Sexta-feira, 28 de maio de 1909

Noite esplêndida; dormimos todos os três perfeitamente. Acordei às 6hs ½ vesti-me, subi ao convés, onde pensava só ver a água e o céu da *gioconda* mas ainda avistei, e isso durante quase todo o dia, montanha do lado do oeste. Com certeza, costas do Espírito Santo e do Sul da Bahia, quiçá alguns ilhéus da Ilha da Trindade. O Orcoma comporta-se admiravelmente; não joga absolutamente nada; verdade é que o mar está muito manso. Ontem à noite, porém, esteve bastante picado e o navio não o sentiu; também leva 12.000 toneladas de carga.

O horário é o seguinte: almoço às 9hs, lanche às 1h; jantar às 7hs. A comida é boa e abundante. Os criados muito respeitosos e atenciosos; impossível encontrar gente mais cheia de respeito. O comissário e o ajudante Eduardo são amabilíssimos.

Houve uma reunião para tratar de esportes e divertimentos, concorri com uma libra para a caixa. O meu *stewart* e a *stewardess*[26] são bons e prontos a atender os chamados. O *maître d'hôtel* cheio de sorrisos e homem educado. Tomei um banho quente muito agradável. As acomodações, sem exceção, esplêndidas. É impossível pedir coisa melhor mais confortável.

Ainda não conheço ninguém a não ser os dois Mendes de Almeida, Ângelo, e Pennaforte e senhora – o Bergmann é casado com uma brasileira, D. Leonor do Valle, de Alegrete, que me parece excelente pessoa.

A tarde passou depressa. À noite tivemos esplendoroso luar, coisa realmente de uma beleza espantosa. Pela primeira vez pude verificar a inteira justeza dos dois versos [de Lamartine (?) creio], tão grandiosos, diz o Guy.

> "seule au dessus des mers la lune voyageant
> laisse sur le flots noirs tomber ses pleures d'argent".[27, 28]

A percepção do efeito era ontem perfeita; o mar estava absolutamente negro; a lua corria velozmente despejando irradiações prateadas.

Houve umas danças muito frias entre ingleses. A gente que vem a bordo não se conhece e não me parece muito sociável. Vamos a ver se os dias vindouros farão quebrar o gelo.

A sogra do Raul contou-me um fato sobre o Baptista que me deixou pasmado; e segundo ela relatado pelo Campista.[29] Parece que o Baptista mandou pôr sobre as malas de um enorme sortimento trazido da Europa pelo nojento judeu Dreyfus e a sua digna consorte, a costureira, as etiquetas do arquivo da missão da Haia, de modo que tudo passou na Alfândega sem pagar vintém como se se tratasse de correspondência nacional! Coisa de algumas centenas de contos, umas duas pelo menos, em selos! É de força o rapaz!

Em casa do Dionysio a politicagem fervia de modo espantoso. Todos hermistas furiosos. Pudera! O Hermes prometeu ao general o ministério da Guerra! Queira Deus que o Brasil não sofra a degradação de ter à testa do governo um soldado quase analfabeto. Entre ele e o Ruy, porém, mil vezes seja o eleito.[30]

Hoje disse-me um inglesito ao lhe contar que não era súdito britânico: "what a pity for you!".[31]

Fizemos de 5 da tarde de ontem até hoje meio dia 251 milhas.

Sábado, 29 de maio de 1909

Noite esplêndida; dormimos bem; não havia mar [*sic*] e o Orcoma mais tranquilo do que as barcas de Petrópolis.

Fizemos, nas vinte e quatro horas de meio a meio dia, 320 milhas, a saber 13,3 milhas por hora. As nossas coordenadas foram hoje 16° 2' latitude sul 37° 25' longitude oeste de Greenwich.

O mar anilado está admirável. Faz algum calor, mas no convés o vento fresco é agradável quanto possível. Travei relações com o Luís Galvão que me pareceu muito amável e bem-educado. Diz-me o Ângelo Mendes que o tal Sr. Paiva Azevedo herdou uns dinheiros do pai, horrendo *harpagão*[32] que desgraçou a muita gente em São Paulo e agora está a esbanjar esse dinheiro roubado. *Just retour...*

Fiz conhecimento hoje com o Rev. Fr. Francisco de La Cuesta, dominicano espanhol, missionário apostólico da missão de Madre de Dios em Ecosñipata na Montaña, região amazônica do Peru. É um sacerdote de bonitas maneiras, de modo de falar distinto, amável e discreto. Vai a Coruña buscar reforços para as suas missões. Por seu intermédio travei relações com um meninote oficial da Marinha peruana que o governo de seu país manda à Europa; casado há um mês com uma mocinha bonitinha, o Sr. Luiz Aubrey.

Conversei também com um inglês de Morro Velho, o Sr. J. Dustan, homem bastante educado, com vinte e sete anos de Brasil. Deu-me interessantes informações sobre o Brasil, quero dizer sobre a mina.

Sara passou muito mal o dia, muitíssimo enjoada e indisposta. À noite me afligia o seu estado. Saí a busca do médico a quem não ousei falar aterrorizado com o seu aspecto de *grand escogriffe*[33] vermelhão com jeito de alcoólico. Procurei pelo navio água de melissa inutilmente.

Domingo, 30 de maio de 1909

Contra minha expectativa a noite correu calma. Sara dormiu alguma coisa, a menina e eu como dois anjos. Mar sempre bom, hoje um pouco mais picado; o navio balança ligeiramente. O peruano oficial da marinha parece-me um bobinho. Conhece o Lisboa Shanghai e não conhece o Jeronymo Figueira. Sara pode de manhã tomar chocolate.

Nas últimas 24 horas andamos 344 milhas ou uma média de 14,3 milhas. Coordenadas: 10°40' lat. S e 33°22' long. O. Greenwich. Conversei longamente com um inglês que há vinte e cinco anos mora em Morro Velho. Ainda não encontrei parceiro para xadrez. À noite conversei com o oficial peruano.

Disse-me que serviu quatro anos na Marinha Americana onde há grande número de oficiais de seu país. Viajou muito. Extasiou-se ante a paga dos nossos oficiais e parece não ter grande admiração pelo grau de cultura de seu país.

À noite tivemos mar picado; o navio chegou a jogar bastante; fiquei bastante atordoado, mas combati o mal-estar tomando gelo às pedrinhas. Sara deitou-se e passou o dia mal o que muito me tornou apreensivo pois a bordo não há absolutamente recursos médicos, quer me parecer.

Segunda-feira, 31 de maio de 1909

A noite ia insuportavelmente quente; sufocávamos literalmente dentro das cabinas; suávamos os três em bicas. Horas verdadeiramente aflitivas. Ao meio dia o ponto era 4°55' Lat. Sul e 33°5' Long. Distância vencida 371 milhas ou uma média de 15,04 realmente excelente.

Travei relações com um velho chileno, o Sr. C. A. Lopez de Vargas, morador em Valparaíso, que segue para a Europa com a mulher, duas filhas e um filho. Endereço em Paris: Avenue de Messina 11. Fez-me enormes cumprimentos sobre o meu piano, *usted tiene un gusto! ma que gusto! es un verdadero artista!*[34] A filha mais moça solteira canta nada mal e é muito simpática. Acompanhei-a pondo-se ela a *chantonner* umas árias, um tanto acanhada. A mais velha é casada e o rapaz tem a mão artificial. Apresentou-me o Sr. Vargas a outro chileno, o Sr. Bussey, que viaja com a senhora e duas filhas mocinhas meninotas. Fizeram-me tocar uma *zamacueca*[35] e o hino chileno. Passei umas duas horas nessa sessão musical sempre debaixo de uma saraivada de elogios do velho e das senhoras assim como de um alemão, o Sr. Seckel, negociante em Valparaíso.

Às quatro da tarde vimos Fernando de Noronha, cujo aspecto é muito pitoresco, mais ou menos no meio da ilha se eleva um pico que tem a feição de verdadeira torre. Infelizmente o Orcoma passou muito longe da ilha com verdadeiro desapontamento meu, que contava ver um pouco daquela terra.

Com o binóculo percebi que é escalvada, o que concorda com a descrição que ainda utilmente li.

Destacado de Fernando de Noronha (Imagem 2) percebi um rochedo que deve ser alguma das Ratas. O aspecto em perfil de Fernando assim se representava:

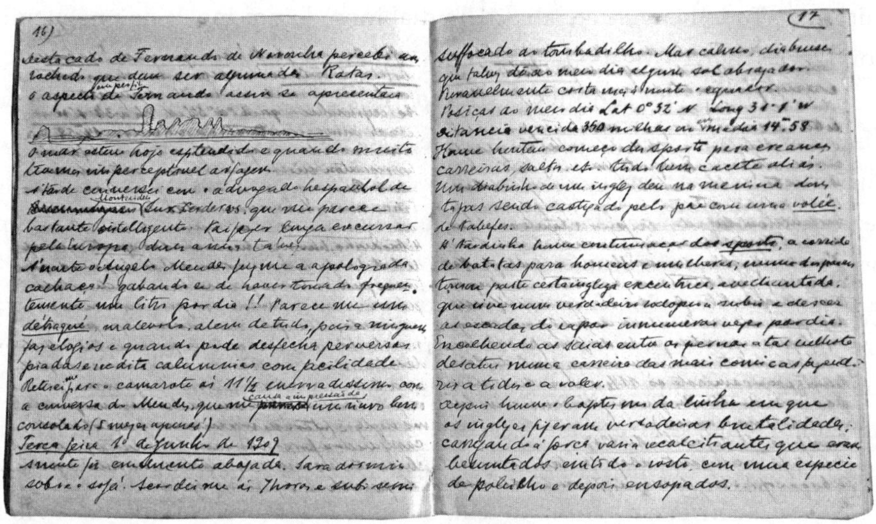

Imagem 2 – No desenho feito por Taunay, um trecho da ilha de Fernando de Noronha, com o pico que tinha "feição de torre", conforme suas observações. Crédito fotográfico: Marcus Ozores.

O mar esteve hoje esplêndido e quando muito tivemos imperceptível aragem.

À tarde conversei com o advogado espanhol de Montevidéu Sr. Cerderos, que me parece bastante inteligente. Vai fazer longa excursão pela Europa, dois anos talvez.

À noite o Ângelo Mendes fez-me a apologia da cachaça! Gabando-se de haver tomado frequentemente um litro por dia!! Pareceu-me um *détraqué*[36] malévolo além de tudo, pois a ninguém faz elogios e quando pode desfecha perversas piadas e credita calúnias com facilidade. Retirei-me para o camarote às 11½hs., enervadíssimo com a conversa do Mendes, que me causa impressão de um viúvo bem consolado (cinco meses apenas!).

Terça-feira, 1º de junho de 1909

A noite foi cruelmente abafada. Sara dormiu sobre o sofá! Acordei-me às 7 horas e subi semissufocado ao tombadilho. Mar calmo, dia brusco que talvez dê ao meu dia algum sol abrasador. Provavelmente cortamos à noite o Equador.

Posição ao meio dia Lat 0°32' N Long 31° 1' W. Distância vencida 350 milhas ou em média 14,58m. Houve ontem começo dos esportes para crianças: carreiras, saltos etc. Tudo bem cacete aliás. Um diabinho de um inglês deu na menina dois tapas sendo castigado pelo pai com uma *volée* de tabefes.

À tardinha houve continuação dos *sports*, a corrida de batatas para homens e mulheres; numa das quais tomou parte certa inglesa excêntrica, avelhantada, que vive num verdadeiro rodopio a subir e descer as escadas do vapor inúmeras vezes por dia. Encolhendo as saias entre as pernas a tal velhota desatou numa carreira das mais cômicas fazendo rir a todos e a valer.

Depois houve o batismo da linha[37] em que os ingleses fizeram verdadeiras brutalidades; carregando à força vários recalcitrantes que eram besuntados em todo o rosto em uma espécie de polvilho e depois ensopados.

Comigo não se atreveram a caçoar. O Paiva Azevedo foi arrastado apesar dos protestos de que não era inglês e a custo escapou às garras dos caçoadores.

Estive a conversar por muito tempo com a Sra. D. Sofia Williamson, filha do velho Lopez Vargas e com a Sra. D. Enriqueta Errázuriz de Prieto, distinta senhora chilena da família de dois presidentes, sobrinha do primeiro e prima irmã do segundo,[38] prima também do ministro D. Isidoro Errázuriz que morreu no Rio de Janeiro de febre amarela[39] e irmã de D. Mathias Errázuriz, que tantas vezes esteve em casa em companhia de D. Daniel García-Mansilla,[40] hoje residente em Paris, desde que se casou com uma argentina rica da família Alvear. D. Enriqueta é viúva, tem uma única filha com quem viaja; a moça não é bonita, porém bastante simpática.

A mãe sim parece ter sido lindíssima, tem os traços corretíssimos e ainda hoje é bonita; de maneiras muito distintas. Vê-se que não é gente enriquecida de ontem. À tarde joguei xadrez com um alemão pouco simpático, o Sr. Mecklemburg (pichotíssimo).

À noite houve concerto entre passageiros; tocaram piano a quatro mãos as duas meninas do simpático Sr. Bussey (inglês casado com uma chilena, Puelma Tupper, parente de Lara Tupper corretor no Rio de Janeiro), as filhas do Sr. Bollini, argentinas, cantaram uns ingleses, houve monólogos e eu tive que tocar o *Feuillet d'Album*[41] a minha grande peça de resistência e o Tango de Alexandre Levy.[42] As argentinas executaram mal a *overture* do *Barbeiro*[43] e as chilenasinhas bem a marcha nupcial de Mendelssohn. Cantou também a senhorita Lopez Vargas bastante bem e um dos oficiais de bordo, com excelente voz de barítono arrematou o programa com duas melodias. Tudo acabou pelo *God Save*.[44] Conversei com um chileno que ficou meio pancada com a morte dos dois únicos filhos, D. Antonio Alamascerda, patriota energúmeno que me disse mil vezes:

"Chile es una nación enérgica, caramba! Se nos tuvieramos pueblo nosotros seriamos dueños de toda la América del Sul, caramba! Un hombre chileno puede hacer frente a cento e cincuenta hombres de cualquier país, caramba!".[45]

Um engenheiro de Morro Velho, Sr. Dunston, deu-me uma circunstanciada descrição da mina e seus trabalhos.

Deitei-me às 11hs ¾.

Quarta-feira, 2 de junho de 1909

A noite foi muito boa e fresca; a menina e Sara passaram bem. Levantei 8⅓hs tendo virado na cama a ler *La mort de Philae*[46] que realmente é lindíssima.

Ao meio dia nossa posição era: 6° 1' Lat. N 28° 31' Long. O; marcha nas 24 horas 361, ou seja, quinze milhas por hora.

Conversei longamente com o Sr. Bussey sobre o Chile; deu-me interessantes informações acerca das salitreiras, dos araucanos, da revolução balmacedista,[47] etc. É um homem muito simpático e educado.

Tive ontem no tal concerto formidáveis aplausos que me encalistraram a valer o que é estar em terra de cegos; musicalmente falando!

Partimos de Santos, há oito dias, hoje. Gastei dez libras até agora das quais umas 7 no Rio de Janeiro com compras, automóvel e etc.

O dia hoje está encoberto e fresco. Parece que depois de amanhã chegamos a São Vicente,[48] pelo meio dia. Ontem cruzamos a uma distância de uns cem metros com um vapor da Prince Line. Temos nestes últimos dias avistado alguns vapores sempre distantes.

A jovem peruana, recém-casada, parece que anda doente pelo que diz o marido, o Tenente Aubrey. É muito bonitinha e simpática.

Visitei o navio, a popa e a proa. Está calando atualmente 29 pés ingleses, ou seja, 9 m 57.

As acomodações da classe intermediária são suportáveis, mas as da 3ª classe, santo Deus! Pobre *bétail humain* que lá vai amontoado! E assim mesmo o Orcoma é um navio de primeira ordem. Imagine o que não será nos demais. O Ângelo Mendes, que assistiu ao jantar na terceira classe, voltou horrorizado dizendo que parecia comida distribuída a porcos, absolutamente horripilante de aspecto.

À tarde houve o sensaborrões *sports*; corrida de moças que entregaram linha e agulhas a marmanjos para que as enfiassem; luta de galo, simulado por indivíduos amarrados com um pau passado pelas axilas e mãos atadas, a se empurrarem dentro de um círculo, o vencedor é o que consegue expulsar o competidor fora do risco.

Fui apresentado ao Sr. Enrique Willshaw, genro do velho Lopez, e ao Sr. Adolfo Ortega, cônsul chileno em Hamburgo cuja senhora já conhecia, primas da Sra Errázuriz. O Sr. Ortega leva a bordo uma filha já grande afetada de paralisia, consequência da *febre típhica*.[49]

Todos à porfia gabam o Rio de Janeiro, *muy preciosa ciudad*. Quando não querem elogiar, ou antes, quando depreciam, empregam o *odioso* [a *tous bout des champs*],[50] tempo odioso, mar odioso, hora odiosa, acompanhamento de canto odioso este etc.

À noite conversei com as Sras. Errázuriz de Prieto e Bussey sobre a vida no Brasil. Ambas se queixam muito de que no Chile as velhas famílias coloniais estão em profunda decadência financeira, havendo em seu lugar começado a aparecer com muita empáfia e arrogância os *parvenus*,[51] os indivíduos sem família, exatamente o que sucede no Brasil com os velhos *landlords* cuja descendência hoje está tão mal amparada, geralmente.

O Bergman ofereceu-nos *champagne* e provocou o estonteamento de um pobre português, o Sr. Manuel Ferreira Pinto, caixeiro da loja do Japão em S. Paulo,[52] que ele tomou para seu divertimento. Realmente o Sr. Ferreira presta--se bem a ser debicado pois é de uma simplicidade paradisíaca. Para matar o tempo trouxe para bordo *A filha do Vedor*, enorme linguiça literária no gênero *montepinesco*[53] e essa escolha lhe tem valido os maiores debiques, que o pobre diabo, completamente *depaysé* fora das velas de cera, em que já consumiu 25 de existência do balcão, vai engolindo mais ou menos sem compreendê-los.

Quinta-feira, 3 de junho de 1909

Noite ótima, vento fresco e constante. Dormimos admiravelmente. Posição de meio dia 11° 28'; 26° 54' distância vencida 341 milhas em média ou 14,3 milhas. Acordei cedo e subi ao tombadilho já cheio de gente ansiosa pelo ar delicioso da manhã. Dia monótono. Continuaram os desenxabidos *sports*. À tarde conversei com D. Enriqueta Prieto, a filha D. Sofia Williamshaw, o velho Lopez e a Sra.

Lopez. São gente muito educada e lida, admirei-me de ver as filhas do Sr. Bussey conhecedoras de tantos livros o que não sucede senão muito raramente no Brasil, sobretudo tratando-se de meninas de quinze anos. Estarão no Chile as mulheres tão desenvolvidas assim?

A menina Prieto parece ter uns vinte e quatro anos; não é bonita e não herdou a formosura materna; é bastante lida, muito lida mesmo, mas me parece um pouco enjoada.

À noite houve dança; toquei piano executando algumas músicas brasileiras, entre outras "Margarida vai à fonte"[54] que foi aplaudidíssima por todos. O Bergman tanto atormentou o pobre Ferreira que afinal o fez entoar um fado. O citado suava por todos os poros e teve formidável ovação; acabada a prova, porém, ficou muito ancho de si e envaidecido. Deitei-me às onze e meia; a menina acordou várias vezes, mostrando-se rabugenta.

Sexta-feira, 4 de junho de 1909

A noite foi fresquíssima, deliciosa, dormimos muito bem; levantei-me às 7 horas. Hoje às 11 devemos chegar a São Vicente. Pus no convés inúmeras cartas e cartões.

Às 11 começamos a avistar as costas da ilha de S. Vicente verdadeira terra de desolação e às 11 ½ entrávamos no porto tendo sobre a ilha a mais desagradável impressão; verdadeiro prolongamento do deserto. S. Vicente não mostra um cantinho que não seja calcinado, sem um arbusto sequer.

Em frente à povoação há um ilhéu com farol. Apenas atracamos fomos cercados por inúmeros botes tripulados por negros repugnantes, cor de chocolate amarelado, nus ou seminus, a fazer um barulho infernal em que se distinguia "*ai sai*" "*ai sai*" provavelmente "*I say*". Começaram logo as clássicas provas de mergulho e natação de esportes africanos em que realmente os tais crioulos são extraordinários. Foram pescar moedinhas no fim do porto, passaram por baixo do Orcoma, etc. subiram a bordo muitos mascates vendendo bugigangas, cartões-postais, rendas e crivos, etc., tudo por um dinheirão.

Às 2hs fui a terra em companhia do jovem Hugo Haus, rapaz riograndense empregado do Banco Alemão e que à Europa vai por uns quatro meses.

Arrependi-me da empresa, primeiro por ter tido receio, na ida e na volta, de naufragar, pois partira num grande bote de mau aspecto com 18 pessoas, inclusive com dois remadores negros de péssima catadura e depois porque S. Vicente é ignóbil. Casas infames, lojas miseráveis, mercado paupérrimo, população pedinte, a implorar um *pennique* em todas as línguas, quase tudo negro e mulato com a cor característica dos vicentinos.

Vi, contudo, algumas mulatas bonitas. O único edifício digno de certa menção são a da Western Telegraph, que ali mantém oitenta infelizes degredados e suas famílias; o palácio do governo é indecente assim como a matriz. A alfândega é melhorzinha.

O Ângelo Mendes e o Paiva judiaram a valer com o pobre Ferreira querendo por força que o pobre português se embeiçasse por uma mulata abjeta.[55]

Às 4hs estava de volta a bordo, bem pouco satisfeito do passeio; alguns passageiros visitaram o Principessa Mafalda,[56] grande navio do Lloyd Italiano que como o Orcoma estava tomando carvão. Às 5hs suspenderam o ferro e partimos com o mar muito picado e cerração fortíssima além de um vento muito fresco.

As névoas encobriram quase completamente a ilha de S. Thiago em frente a S. Vicente e que senti não ter podido ver distintamente; notei-lhe apenas uma altíssima serrania que pelo menos é tão elevada quanto os Órgãos.

Conversei à noite com Mme. Audrey, a jovem peruana que me parece muito engenhosinha e *bébête*.[57] Muito feminina e atraente em sua simplicidade, porém, quer me parecer bastante *petite crush*.[58] Joguei xadrez com o Sr. Burdidje, pichotíssimo, ganhando-lhe duas partidas. O torneio de xadrez anunciado tem sido uma verdadeira patacoada.

Deitei-me às 10hs ½ cansado e aborrecido.

Sábado, 5 de junho de 1909

Dormi excelentemente a noite, acordei-me às 8hs ½. A nossa posição era às 12 horas 20° 17 Lat., 23° 1' Long. Distância percorrida 233 ou seja uma média de 12,9. O mar esteve toda a noite e continua picado.

Joguei dama com o Sr. Dunstan, à moda inglesa, muito singular. Travei relações com o Sr. Samuel Gil, jovem uruguaio que acompanha à Europa um tio tabético[59] e parece ser de uma ignorância absoluta.

Divisa do retrato de Pief Heyer:

Pierre Henri
Son nom est petit

Les actions ont été grandes
Il a vaincu la flotte d'argent

Em holandês
Piet Heyer
  Teyne name is Klein
Jayne dadewaren groot
Hy heift overwonnen
De zilver vloot [*sic*][60]

Divisa dos ingleses, segundo o Bergman me contou.
Tout prendre rien rendre, toujours prétendre.[61]
Dos holandeses segundo os ingleses é curiosa.

Fiquei também conhecendo Sr. Eneas Ceagrietti, comerciante italiano de Santiago, simpático e amável, porém muito vulgar de maneiras. *Very vulgar!*

A bordo temos também um *U.S.A. minister*, velho diplomata que vem do Chile. O Sr. Hicks, com uma fisionomia de pouca inteligência, assaz pronunciada. É velho, bem velho, parece doente e viaja com a filha, o filho e a nora. Estes dois têm um filhinho, que é uma criança realmente robusta como poucas e muito bonitinha. Hick Jor muito amável e cumprimentador causa a impressão de um sujeito ignorante como poucos. Em frente do nosso camarote vive um casal de velhos ingleses rabugentos e metidos consigo. Ao velho os brasileiros chamam Antônio Prado[62] por parecer-se extraordinariamente com o prefeito paulista. Vive dormindo ou *grognant*[63] com os criados sobretudo com um *stewart* canadense meio desabusado, a quem ameaça fazer demitir por umas ninharias.

O velho Bergman é judeu de pura raça. Fala bem seis línguas: o holandês, alemão, inglês, francês, português e italiano e arranha espanhol.[64] Tem 74 anos e parece não haver ainda atingido os 60. Fortíssimo; verdadeiro prodígio de conservação. O genro do velho Lopez y Vargas é Willshaw. A tarde toquei piano no salão conversando com as Sras. Errázuriz, Willshaw e Bussey.

À noite joguei xadrez com o primeiro maquinista Graham (força média) e com Sr. Júlio Causse (*idem*), inspetor de tráfego da Leopoldina e residente em Porto Novo; ambos levam um tempo infinito a realizar um lance e por isso as duas partidas foram muito cansativas. A segunda acabou às 12½hs. Fui deitar-me muito cansado.

Domingo, 6 de junho de 1909

Passei mal a noite e acordei estonteado, tendo-me sentido muito moroso o dia todo.

Joguei xadrez com o Sr. Causse, ganhando-lhe uma partida e com o maquinista Graham, com quem empatei.

Travei relações com o diplomata chileno Sr. Juan Bello, secretário da legação junto ao Vaticano, neto de D. Andrés Bello,[65] antigo oficial da Marinha que no Cochrane assistiu à revolução de 15 de novembro, tendo tomado parte na guerra civil de 1891 como partidário do Congresso. Ao meio dia a nossa posição era 25° 7' Lat. e 20° 4' Long. distância vencida 333 milhas em 13,8m.

O Sr. Bello tem aspecto pouco diplomático, barba inculta, feições de quem gosta de chupitar os seus copitos. Entrou para a carreira agora e desde alguns anos deixou a marinha.

À tarde acompanhei ao piano a Srta. Isabel Lopez y Vargas que se ensaia para o concerto de terça-feira. Amanhã deverá haver baile a fantasia.

O mar tem continuado admirável.

À noite tive forte discussão com o Paiva Azevedo e Ângelo Mendes que reeditavam todas as [ilegível] e infâmias inventadas sobre os Prados, chegando a afirmar que D. Veridiana[66] tivera três filhos com o Barão de Iguape! Ambos manifestavam furibunda *pradofobia* que é uma das curiosas manifestações da psicologia paulista, paralela à não menos interessante *pradolatria*.

Segunda-feira, 7 de junho de 1909

Passamos excelente noite, fresca quanto possível. O ponto ao meio dia deu 31° Lat [...]

Distância percorrida em média [...]

Conversei longamente com os Srs. Causse e Dunstan, que são duas pessoas muito atenciosas e educadas.

Opinião dos ingleses sobre os holandeses:

"In matter of commerce the fault of the Dutch is in going too little and taking too much"[67] (o velho Bergman).

À noite houve baile a fantasia; dos que se puseram em *travesti* das senhoras se destacavam: Mrs. Douglas, uma peruana com modos de *cocotte* que flerta de uma maneira horrível por todos os cantos do vapor, umas outras com fantasias de mau gosto, uma era sorvete, outra em espanhola etc., apareceu uma menina fantasiada em bandeira brasileira (horrível) e outra em bandeira chilena (Srta. Eugenia Bussey). Houve japonesas, cholas, etc. e uma velhota muito gorda e baixa e vermelhona em Rainha Vitória, com quem aliás se parece bastante.

Dos homens, um se vestiu em banhista, outro em cozinheiro, outro em marinheiro etc.

O melhor incontestavelmente foi um tal Sr. Bridger, inglês residente em Punta Arenas e segundo me dizem homem riquíssimo. Vestiu-se de patagão caracterizando perfeitamente o tipo.

O jovem Lopez Vargas fez de negro americano; o ministro Hicks, dos Estados Unidos, em oficial da Pacific, um rapazola inglês do Rio de Janeiro em *suffragette* e o Sr. Bello, diplomata chileno, em gaúcho.

O baile foi no convés completamente fechado por bandeiras e panos de modo a cortar o vento. Esteve bastante animado; dancei duas vezes, uma com a Sra. Lorre, mulher de um francês negociante em Maldívia, muito simpática e delicada, realmente agradável e outra com a Srta. Vargas, uma valsa que foi verdadeiro desastre.

O tal Sr. Bello, que me parece um diplomata *piètre*[68] (neto de Dom Andrés Bello e sobrinho do presidente Don Aníbal Pinto), dançou a *zamacueca* com a mulher que se fantasiara em chilena do campo. Achei uma dança muito cafagéstica e própria de gente do povo, a tal cueca, uma espécie de caninha verde ou de fandango,[69] imprópria para gente de distinção.

Também bailaram o jovem Lopez e o Sr. D. Emilio Crisóstomo, um *hacendado* de Punta Areñas e sujeito metido consigo e com a aparência de boa pessoa, embora com físico muito vulgar.

D. Antonio, entusiasmado ao paroxismo, disse-me "*Hasta en sus bailes Chile es una nación viril, un pueblo fuerte*".[70]

Acabado o baile com o Sr. Roger de Coventry e o *God Save* dirigiram-se os homens para o bar onde houve longa sessão *bacchica*. Na nossa roda, Bergman, Ferreira, A [ilegível], Paiva, Mendes e Dunsant. O champanhe esquentara sobremaneira as cabeças, o Ângelo Mendes estava embriagado, o Paiva muito tocado, assim como o Ferreira.

O Mendes pôs-se a deblaterar, em altas vozes contra os ingleses a quem insultava com o perigo de provocar uma rixa e aliás altamente grosseiro com o simpático Dunsant que se sentara conosco. O Paiva secundava-o tanto quanto lhe permitiam os fraquíssimos pulmões, encerrados numa caixa torácica de raquítico. Houve um momento em que vi iminente um conflito com os ingleses, indignados com tal incorreto procedimento de indivíduo sem educação e só explicável pelo abuso do álcool.

Chamei à ordem os imprudentes com toda a energia e saí da roda. Felizmente o Sr. de Bruyne, cônsul holandês em Punta Arenas, homem muito delicado, atencioso e simpático, falando muitas línguas, pôs-se a cantar umas canções holandesas sendo nisso acompanhado pelo Bergman, excessivamente assanhado e tal diversão serenando os ânimos.

Continuaram os ingleses com os seus coros cantando a *For he is a jolly and good fellow* diversas vezes. Tal barulho fizeram o Mendes e os outros que os ingleses, querendo dar uma mostra de cordialidade puseram-se de pé e brindaram ao Brasil sendo então correspondidos pelos insensatos, que depois disso se voltaram para o Ferreira a quem obrigaram a mais sandices dos improvisos sobre a música do *Oravaitu*.[71]

O pobre português disse as maiores imbecilidades saudadas com enormes surriadas. Entre elas as seguintes quadrinhas:

"No mar havia outr'ora
Muitos navios piratas
Eu vi em S. Vicente
Um baile de mulatas" etc.

Fui deitar-me a 1hs da madrugada arrependido de ter perdido tanto tempo de sono ao ouvir baboseiras e expressões *bacchicas*.

Terça-feira, 8 de junho de 1909

A noite foi muito boa (Imagem 3) [ilegível]. Nossa posição era 34° e 38' [ilegível]. Distância percorrida 344 milhas, ou seja, uma média de 14,3.

Durante o dia joguei xadrez e conversei com um [ilegível].

À noite houve concerto e distribuição de prêmios. Tirei o primeiro lugar no torneio de xadrez, ganhando por isso uma libra.

O programa do concerto foi executado na íntegra. Toquei uma das *Soirées* de Rio, do A. Napoleão, *Pensée*, creio.

Mr. Walker e Mrs. Dyson estavam muitíssimo medíocres. As duas *misses* Bussey executaram a quatro mãos uma dança básica e as *misses* Bollini (argentinas, filhas de um tal Cândido Bollini, indivíduo que passa os dias a jogar com uns chilenos), *Dança Macabra:* A Mrs. Brice Douglas recitou um monólogo espanhol, interminável com uma voz tão [ilegível] não ouvia.

No meio [página danificada] Maria e teve de calar [ilegível] desenxabida.

Diz o Bergman que é muito mais perua do que peruana [ilegível]. Isabel Lopez cantou a Gioconda [ilegível] a delicadeza de não me prevenir que desejava não ser acompanhada como combináramos de modo que me adiantei para o piano, dela então ouvindo que "estaba mui nerviosa y deseava no tener acompanhador".[72, 73] Felizmente estava eu de pé junto ao piano e nessa circunstância me salvei de um fiasco, não percebendo a assistência a grosseira recusa, o que podia ter sido evitado se me prevenisse pelo irmão ou pelo pai que não a acompanhasse.

Mr. Mills tocou a *serenata* de Chaminade (muito medíocre); a parte de Mr. Cameron também deixou bastante a desejar e o canto de Mrs. De Bruyne (La Chanson de Fortunio ou de Florian, de Godard) esteve pavoroso. O monólogo do médico de bordo Dr. O'Farrell foi de atroz desenxabimento.

A triunfadora da festa foi uma inglesinha bonitinha Mrs. Edge, casada com um mocinho inglês muito simpático, moradores em Buenos Aires. Mrs. Edge tem uma voz linda, de uma suavidade extraordinária, embora pouco volumosa, teve estrondosa ovação que com certeza havia de desapontar as outras cantoras, recebidas com frieza. Foi obrigada a inglesinha a cantar mais duas peças extra programa. Cantou também um oficial do Orcoma com excelente voz de baixo *Asleep in the deep*.[74] Acabado o concerto começou nova sessão, aí só masculina, de libações. Houve cantigas em diversas línguas, os chilenos dançavam indefectível e estúpida *zamacueca*. Mr. Gibbs, quero dizer, Mr. Hick Jr. o filho do ministro americano, dançou o *cake walk*[75] com um inglês com cara de *clown*, a dança do ventre rebolando, verdadeira indecência. O Lopez Vargas Jr. também dançou uma série de *maxixes*, ou antes maxixes e *cancans* de um cafajestismo *nec plus ultra*. O velho Bergman cantou diversas cançonetas como por exemplo *I take some Whiskey when I am dry* etc. e dançou uma giga com o tal *clown* que tem uma cara impagável. Acompanhei ao piano diversos ingleses como Mr. Cameron, Mr. Barclay, e fui forçado a pedido geral a ficar no bar até 1h½ tocando piano. Fui deitar-me arrependido de me ter deixado ficar naquele meio grosseiro em que os mais delicados eram os ingleses porque os mesmos não fizeram indecências como os outros.

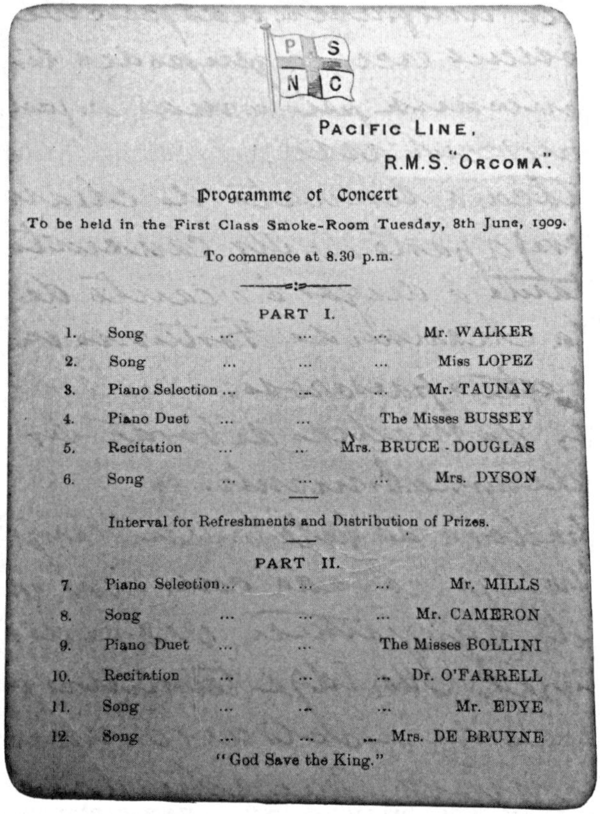

P S N C

PACIFIC LINE.

R.M.S. "ORCOMA".

Programme of Concert

To be held in the First Class Smoke-Room Tuesday, 8th June, 1909.

To commence at 8.30 p.m.

PART I.

1.	Song	Mr. WALKER
2.	Song	Miss LOPEZ
3.	Piano Selection	Mr. TAUNAY
4.	Piano Duet	The Misses BUSSEY
5.	Recitation	Mrs. BRUCE - DOUGLAS
6.	Song	Mrs. DYSON

Interval for Refreshments and Distribution of Prizes.

PART II.

7.	Piano Selection...	Mr. MILLS
8.	Song	Mr. CAMERON
9.	Piano Duet	The Misses BOLLINI
10.	Recitation	Dr. O'FARRELL
11.	Song	Mr. EDYE
12.	Song	Mrs. DE BRUYNE

"God Save the King."

Imagem 3 – Programa do concerto de 8 de junho de 1909 preservado no manuscrito do relato da viagem. Confiado ao "Mr. Taunay" estava o "Piano Selection". Muitos dos nomes indicados aparecem na narrativa sobre aquela terça-feira, na qual Taunay tocou até o avançar das horas. A noite na "First Class Smoke-Room", que, apesar de ser considerada "muito boa" no início do relato, terminou com Taunay indo dormir arrependido e aborrecido por ter ficado por tanto tempo "naquele meio grosseiro". Coleção Família Taunay. SVDHICO – MP – USP. Crédito fotográfico: Carlos Lima Junior.

Dois médicos recém-formados em Montevidéu um tal Albert Mañe e um tal José Traola cantaram à guitarra uma série de coisas picarescas. O primeiro é muito gordo e parece-me extraordinariamente pretensioso, disse que nunca pôde aprender a dançar porque "los estudios son tan severos en nuestra Universidad que a nosotros no es possible perder un dia solo".[76] O outro tem cara de magano espanhol fadista.

Um dos heróis da *soirée* foi o exótico e quixotesco D. Antonio, de quem muito abusam os compatriotas e os outros hispano-americanos. Fizeram o pobre diabo recitar, improvisar, discursar. Levando-o a um desfrute imenso.

Por último o agarraram pelas pernas do banco onde trepara um italiano, o Sr. Enéas Scaglietti, comerciante em Santiago, tipo de italiano cafajeste e pôs-se a dançar pela sala o que foi de uma comicidade extraordinária, sobretudo graças aos protestos da vítima que me deu o aspecto do Don Quixote suspenso pela mão à parede da estalagem por artifício de Maritornes.

Quarta-feira, 9 de junho de 1909

A noite foi boa. Acordei muito cedo para poder bem apreciar a entrada no Tejo. Tive grande decepção, julguei que fosse mil vezes melhor o panorama. A costa é baixa e descarnada, sobretudo a margem esquerda. O Orcoma avançou lentamente permitindo minuciosa inspeção com o binóculo da terra que se ia descobrindo. Assim pois fomos vendo *Belém*, os *Jerônimos*, cacilhos e etc. A bordo não havia quem nos pudesse informar. À medida que nos adiantávamos, a impressão do panorama melhorou muitíssimo.

A vista de Lisboa achei-a esplêndida, do ancoradouro. Almoçamos cedo, Sara e eu, e abandonada, muito a contragosto meu, a ideia de ficarmos um dia em Lisboa, resolvemos aproveitar o mais possível a curta passagem pela capital portuguesa (o Orcoma devia partir às 3hs). Tomamos a uma grande lancha e fomos com os demais em trânsito; após um quarto de hora na navegação a tal lancha, que é uma verdadeira caçamba, desembarcamos perto do Terreiro do Paço.[77]

Ajustei logo um automóvel por quatro horas e partimos imediatamente a toda a velocidade para S. Vicente de Fora.[78] Fui logo tendo ótima impressão de Lisboa, como movimento, calçamento, asseio, edificação. Parei um instante à rua d'El Rei, nº 56, para entregar ao Alfredo Kendell, irmão de Carlos, um embrulho que Marietta mandava à cunhada. Não o encontrei e dei o embrulho ao porteiro.

Passando por uma série de ruas tortuosas, muito íngremes com boas edificações chegamos à vista do grande templo de S. Vicente cuja fachada é imponente, erguendo-se em frente a uma pequena praça. A igreja é enorme, simples, porém majestosa não há dúvida. Passamos por um claustro que se assemelha muito ao do Mosteiro de S. Bento no Rio de Janeiro, tendo, porém, as paredes cobertas de azulejos representando ingenuamente cenas religiosas.

Após uns quinze minutos de espera abriu-se de repente a porta de um cômodo acima do qual está uma placa dizendo que ali é o jazigo dos membros da casa de Bragança, mandado fazer pelo rei D. Fernando II em 1855.[79] Entramos num corredor escuro, onde na parede estão em frente um do outro os túmulos do duque e da duquesa de Saldanha e afinal na galeria onde descansam os Bragança. À direita da porta numa sepultura de mármore, pesada e feia está D. João IV e ao lado a rainha D. Luiza de Gusmão.

A capela mortuária é muito longa e estreita relativamente ao comprimento. No sentido da maior dimensão há ao longo das paredes uma armação que lembra a das sacristias portuguesas como a do Rio de Janeiro, em S. Bento, e sobre essa armação estão simplesmente arrumados os esquifes dos monarcas e príncipes, em caixas que parecem baús de couro. Os pobres soberanos não se podem gabar de descansar em ricos mausoléus. Tudo é pobre, porém tem uma característica de especial simplicidade cristã que me tocou muito. Será ato de humildade dos príncipes bragantinos terem os seus dentro de caixas dignas de pobres diabos, em sepulturas tão modestas quanto frágeis?

Os esquifes de pessoas reais trazem coroa e cetro. Vi os de D. João V, D. Pedro II, D. José I, D. Pedro III, D. Maria I, D. Maria II, D. Pedro V, D. Luís I, D. Fernando II, das rainhas D. Estephania, o príncipe de Leuchtenberg, primeiro marido de D. Maria II, da Imperatriz do Brasil, D. Amélia, e de sua filha, de muitas infantas e infantes, entre outros o do príncipe do Brasil, D. Theodosio, filho de D. João IV.

Senti grande comoção ao avistar, logo à entrada, um esquife com a bandeira imperial do Brasil; era D. Pedro II, tendo ao lado a imperatriz D. Thereza Maria Christina e sua madrasta, a imperatriz D. Amélia de Beauharnais.

No centro da capela estão os túmulos em mármore de D. Carlos I e do príncipe D. Luiz Philippe assassinados em fevereiro de 1908.

Disse-nos o guarda que não os podíamos ver porque muito se decompuseram. Soube depois, pela Jesuína Paço d'Arcos, que a razão é outra, alguns miseráveis têm ido a S. Vicente insultar e profanar os túmulos dos dois infelizes príncipes. O cuidado com que o guarda fechava a porta faz-me crer que tais cenas se tenham dado com efeito.

O nosso imperador D. Pedro I também está numa posição com destaque, entre os seus. Seu túmulo traz a coroa imperial e real e está próximo dos de D. João VI e de D. Carlota Joaquina, de memória pouco augusta.

Os únicos corpos visíveis são os de D. Luiz I e o do imperador D. Pedro II. O primeiro está horrível com a cara cheia de cogumelos brancos, um rito hediondo; verdadeiramente repugnante o pobre soberano. Vi depois o pobre D. Pedro II, sumido, encolhido, com a barba verde, tão desagradável de se ver que não me quis demorar na contemplação de seus restos. Pobrezinho! Vê-se distintamente o saco de terra brasileira que lhe puseram sob a cabeça. Seria muito mais respeitoso proibirem a visita desses despojos reais, a não ser como exercício de mortificação e recolhimento acerca da inanidade das coisas humanas. Com o mau espírito que há em Portugal atualmente é bem possível que a canalha se precipite sobre o modesto jazigo bragantino fazendo o que se fez em Saint Denis.[80] O governo brasileiro bem devia transportar para o Brasil o resto do grande imperador.[81]

Às paredes do claustro de S. Vicente vi diversos nomes conhecidos, o do Batista Pereira, do Adelmar, etc. – que mania! O claustro está cheio de sepulturas cujas inscrições são ilegíveis.

Saídos de S. Vicente, subimos por umas ruas muito íngremes e fomos a um ponto de onde se descortina esplêndida vista sobre a cidade e o Tejo. Causou-me o maior prazer esse panorama que tem bastante de parecido com a vista do morro de S. Antônio sobre o do Castelo.[82]

Daí partimos a toda da velocidade; atravessando feias ruas chegamos ao Campo Grande, que é o *Bois* lisbonense e onde há bela vegetação, uma alameda para cavaleiros, lagos com botes e um pequeno jardim com curioso chalé feito com varas e bambus. Atravessamos as diversas ruas do bairro novo, com ótimas construções, passamos pela Avenida D. Amélia (muito bonita), vimos uma grande praça de touros e voltamos ao centro da cidade, ao Terreiro do Paço, onde o *chauffeur* nos mostrou o lugar do atentado de 1º de fevereiro, fomos ao correio, percorremos as ruas principais como Augusta, Ouro, Rato, e daí seguimos para Belém.

Vimos o palácio das Junqueiras, do Conde de Burnay (bom aspecto, grande chácara), diversas casas nobres e passando por várias ruas com fábricas e estabelecimentos comerciais (nada bonitas tais ruas), chegamos a uma grande praça, onde há uma estátua de Afonso de Albuquerque e depois dos Jerônimos, que me deixaram uma impressão admirável. Que lindíssima aquela joia da arquitetura manuelina. Que altura de colunas, que riqueza de lavores, primor de elegância da parte central do templo! Tudo o mais muito despido, nu, pobre mesmo, dando a impressão de não acabamento, que é a nota verdadeira do maravilhoso edifício, misto de majestade e pobreza. Na capela mor notei quatro sepulturas reais: D. Manuel o Venturoso (Magnus Emanuel) e a rainha D. Maria, à esquerda; D. João III e a rainha D. Catharina de Áustria em frente.

Na capela do cruzeiro, à direita vi D. Sebastião (*sivera est fama*, diz o epitáfio, o túmulo contém os despojos do vencido de Alcácer-Quibir), diversas sepulturas de príncipes portugueses e no centro os dois cenotáfios em mármore branco e estilo manuelino de Camões e do Gama. Na capela da esquerda, fechada, só pude distinguir o túmulo do cardeal rei D. Henrique.

Todas essas sepulturas reais são parecidas. Grandes urnas de mármore que me pareceu cor de rosa ou avermelhado. Sustidos por dois elefantes cinzentos com presas de marfim verdadeiros.

Vimos depois o maravilhoso claustro, que é um primor, com dois andares, sobre um *jardinete* e onde jogavam *football* uns meninos, pois os Jerônimos foram convertidos em asilo; os lavores do claustro são tão vários quanto notáveis. Fomos depois à rica capela, onde se acha o túmulo de Alexandre Herculano, dali ao refeitório muito longo e comprido, nada notável, ao coro onde há dois enormes órgãos e de onde se percebe a amplidão da enorme nave de onde subia delicioso perfume de incenso e saímos, parando dali a minuto à porta do museu de coches reais.[83]

A coleção de coches é interessantíssima e dizem que a mais rica do mundo. A mais antiga sege é a que serviu a Philippe II para a sua viagem a Portugal em 1581. Depois dessa há muitas outras de diversos monarcas entre outras as de D. João V, D. José I, D. João VI, D. Pedro I, D. Carlota Joaquina, infanta D. Maria Benedicta, rainha D. Maria Sophia, etc.

É notável a que o papa Bento XIV deu a João V. Todas elas são enormes, pesadíssimas, cheias de figuras, linda obra de talha. A caixa do veículo é suspensa por grossas correias e o movimento devia-lhes imprimir um movimento de navio sacudido por fortes vagas.

Um empregado do museu abriu todas as portinholas dos carros mostrando-nos os assoalhos de marfim e tartaruga. Cada carro precisa para mover-se de oito a dez cavalos possantes. O cicerone disse-nos muitas asneiras e ficou desapontadíssimo com a gorjeta que lhe dei (200 réis fortes), pouco correspondente aos milhares de *excias.* com que nos mimoseou.

Partimos do museu a ver o exterior do Paço das Necessidades, enorme casarão, feio e acaçapado, no gênero do palácio de S. Cristóvão. Ao lado do palácio há um enorme jardim com densa vegetação e cercado de alto muro. Pareceu-me muito bonito.

Seguimos pela estrela que tem uma bonita igreja em frente ao Jardim Botânico, que me pareceu bem tratado e agradável e por um dédalo de ladeiras e ruelas fomos ter a rua de São Cyro, onde, no número 65, reside a família do conde do Paço d'Arcos.[84]

A rua é modestíssima, a casa também, entrada estreita e feia, teto muito baixo, sem gás. Após longa demora apareceu D. Isabel e depois D. Jesuína e a cunhada que achei bem feia, com cara de sapo. A condessa entrevada e doente não pôde e não quis aparecer. O Henrique, atualmente professor numa escola de torpedos de Além Tejo, não estava em Lisboa.

Conversamos uma meia hora acerca do atentado de 10 de fevereiro, vimos as 3 filhas mais velhas de Henrique, uma das quais paralítica, afetada por paralisia infantil. Todos eles falantes, desembaraçados, afáveis. O Henrique já de uma feita passou dois anos em África sem ver a família! Creio que a gente Paço d'Arcos vive muito apertada, embora guarde ainda muitas coisas bonitas que lhe provém da estada em Macau. Despedi-me, prometendo ao voltar deter-me uns dias em Lisboa.

Com efeito sinto imenso não visitar Batalha, Mafra e Sintra, sobretudo a primeira. Da casa do Paço d'Arcos continuamos a visitar a cidade, vimos o palácio do Duque de Palmella (ar de solar velho, distinto), a Escola Politécnica (excelente edifício), o Palácio das Cortes, antigo mosteiro beneditino, a igreja de S. Roque (boa, e característica), o Chiado e a avenida de Liberdade.

Essa rua é de aspecto agradabilíssimo. Tive ocasião de ver as estátuas do Duque de Saldanha, Camões, D. José I, D. Pedro IV, Duque de Terceira, Afonso de Albuquerque, Vasco da Gama, e o monumento comemorativo da restauração em 1640.

Tomamos pelo Chiado e fomos à rua Augusta onde Sara fez umas compras; seguimos para o mercado onde compramos ½ libra de frutas (cerejas, pêssegos, abrunhos, ameixas, morangos) e tocamos para o cais de Sodré pagando eu 3 lb. de automóvel, sendo explorado pelos *chauffeurs* e um tal intérprete que se agregou a nossa comitiva. Dei-lhes 15$20 fortes em vez de 9$. Disse-me alguém que consultou a tabela e entretanto os ladrões reclamaram! Noutra vez que tenha automóvel em Lisboa hei de ser mais cauteloso.

Às 4h½ saiu o Orcoma; em terra ficaram o Pennaforte e família, Ângelo Mendes, Ferreira e Paiva Azevedo.

Durante algum tempo vimos terra de Portugal, Cascais, Estoril, Espinho, mas tudo isso muito feio de bordo, chato e sem vegetação. Ao longe me indicaram o castelo da Pena de Sintra.

Joguei xadrez com o Sr. Causse, ganhando-lhe duas partidas. À noite conversei com o Sr. Bussey, que me contou as proezas de um tal Dubois, espécie de Jack estripador que cometeu misteriosos assassinatos no Chile.

Quinta-feira, 10 de junho de 1909

Noite boa, fria. Acordamos em Leixões, nada pude ver do lugar a não ser um molhe de quebra-mar através do meu óculo de camarote. Quando subi ao convés já Leixões estava longe. Hoje às 7 devemos chegar a Corunha, onde desceu o dominicano frei Francisco de la Cuesta e vários espanhóis, entre outros D. Ramon Cambon, negociante em Buenos Aires, velhote gorducho e simpático e o advogado de Montevidéu, José R. Cerderos.

Viaja conosco um outro diplomata chileno, Raimundo Charlin, 2º secretário junto à legação do Vaticano, filho, segundo me dizem, do melhor cirurgião do Chile e casado com a filha do atual ministro do Interior, fato que provavelmente lhe valeu a nomeação. É muito moço e parece muito mais que a mulher, que é feia e antipática. Passa os dias a jogar.

Às 7½ chegamos a Corunha onde desembarcaram uns dez passageiros de primeira classe e uns 300 de segunda e terceira, em meio de uma balbúrdia pavorosa, gritaria insuportável de barqueiros, gente da alfândega, tudo em atropelo. Na Corunha, ficaram o padre dominicano e o Sr. Ramon Cambon, velho e gordo espanhol, negociante em B. Aires.

Embarcaram alguns passageiros de primeira classe em Lisboa entre os quais uns *portuguesões* corados e gordos e um simpático Sr. Macieira, negociante de vinhos acompanhado da irmã e sobrinha que, muito doente, vai a Paris tratar-se. Coitado, tem úlceras no estômago, mas é bem possível que seja algum cancro. Na Corunha vieram para bordo uns espanhóis, entre os quais uma senhora paralítica carregada na cadeira.

Despedi-me do padre La Cuesta e ofereci-lhe préstimos em S. Paulo, sugerindo-lhe a fundação de uma casa de sua província no Brasil. Disse-me o Sr. Dubray, o oficial peruano, que lhe contara que falaria a este respeito com os superiores.

À noite no bar houve animada cantoria de ingleses, chilenos, etc. O Bergman cantou a sua famosa *The Kaiser speaks of war*, que os ingleses aplaudiram estrondosamente com grande desgosto dos três antipáticos alemães de bordo, Seckel, Mackelburg e um outro.

Um dos espanhóis recém-chegados pôs-se a vaiar, o que quase provocou uma grande batalha. Mr. Edds, um inglês de B. Aires, disse-lhe: "Senhor, aqui todos nós somos homens de educação!". O espanhol, completamente bêbado, quis retrucar e disse com a voz trêmula: "Soy un teniente de la marina hespañola".[85] "Não lhe faz honra", pespegou-lhe o inglês. Quis o tal tenente agredir o inglês, mas os companheiros, muito antipáticos aliás, porém menos borrachos, levaram-no para o camarote.

A Corunha parece ser um lugar grande; bem iluminado com edifícios de bastante porte.

Houve um concerto de despedida no bar em que toquei *Souhait* de Massenet e acompanhei diversos cantores. Hicks Jr. fez várias peloticagens.[86]

Sexta-feira, 11 de junho de 1909

O dia acordou muito feio, frio e nebuloso e assim se conservou sempre. Devemos à noitinha chegar a *La Palisse*. Estive conversando com o pobre Macieira e com o Srs. Bello e Willshaw. O primeiro pediu notícias do crime do Lacerda contra a viúva Bezanette e eu falei-lhe de várias chilenas que existiram outrora no Brasil, Jupper, Ortez, etc. Ortez era irmã de um tal Baldomen Pacheco, o que me parece não ser exato pelas informações que me deu.

Às 7½ começamos a ver os faróis da costa francesa. Logo depois, a ponte da ilha de Ré e afinal, às 9½, ancoramos em La Palisse. O comandante do Orcoma pretendia que desembarcássemos, mas houve greve geral dos passageiros de primeira e segunda classe. Quando o médico de bordo, digo, do porto quis dar franquia ao navio, isso às 10½, houve uma revolta de todos de modo que, bondosamente, ante essa atitude de centenas de pessoas, entre as quais crianças e senhoras doentes, indivíduos inválidos, acedeu ao pedido quase unânime dos passageiros e declarou ao capitão Kite que o Orcoma só partiria no dia seguinte.

Aliás, o agente da Pacific, homem bem-educado e amável, acedeu também a essas aclamações justíssimas de modo que passamos a noite a bordo. Tal deliberação contrariou a alguns egoístas entre os quais Luiz Galvão e um francês com ares de cafajeste e insolentíssimo que insultou o representante da Pacific, escapando de tomar umas taponas de alguns passageiros indignados.

Estada na França

Sábado, 12 de junho de 1909

Às 6 horas desembarcamos em La Palisse[87] no rebocador Coligny. A alfândega não nos incomodou absolutamente; nem sequer quis abrir-nos as malas.

Tivemos um trem especial, que saiu daquele porto às 8hs para La Rochelle. Tomei passagens de 1ª classe para Paris, gastando com elas e bagagens 162 frs. Tive pela primeira vez ocasião de conversar com Mme. Bonvalot, senhora francesa que mora em Punta Arenas e que veio a França visitar uma filha. A mãe, velha muito simpática, esperava-a aqui. Madame Bonvalot, que se diz parente do explorador,[88] foi nossa companheira de viagem, é simpática e muito inteligente. Sinto realmente não ter cultivado a bordo essas relações, no meio daquela monotonia cacetíssima.

Em La Rochelle a maioria dos companheiros de viagem almoçou no *buffet* da estação, que ficou apinhado. Fiados na promessa de um *wagon restaurant* deixamo-nos ficar no trem, motivo pelo qual nada comemos a não ser uns presuntos, patê, pão, coisas que não constituem almoço sólido.

Em La Palisse estava à espera, da irmã e da sobrinha, Mathias Errázuriz, antigo conhecido de Petrópolis, hoje habitante de Paris, desde que se casou com a milionária argentina D. Josephina Alvear.[89]

Está muito gordo, calvo, com uma belíssima barba ruiva, sempre simpático e amável. Passou a noite a bordo e fez-me excelente acolhimento, falando com grande entusiasmo de Papai. Contou-me que o García-Mansilla,[90] hoje ministro argentino em Lima, conserva uma espécie de culto pela memória de Papai; está casado com uma menina da família Rodríguez Larreta[91] e muito inclinado ao misticismo, já tendo querido uma vez entrar numa Trappa.[92]

Às 11 horas saímos de La Rochelle. Pus-me a observar atentamente a paisagem tão diversa das nossas. Chata, plana a perder de vista, sempre uniforme. A princípio é muito agradável a vista das culturas diversas, depois torna-se cansativa. A sucessão de casas, aldeolas.

Gostei muito da passagem do Loire em Tours, numa ponte soberba. Paramos em Niort, Thouars, Chartres e Versailles. O aspecto do palácio de Versailles é admirável. A entrada de Paris não me entusiasmou demais; achei a torre Eiffel muito menor do que me parecia dever ser.

Chegamos às 7hs com atraso de uma hora à gare Montparnasse, onde estavam as boas Guida e prima Chiquinha, acompanhadas de Aluízio e Zezé. Maurillo, por muito constipado, não pudera vir.[93]

Guida e Sara partiram à frente, fiquei com a prima Chiquinha para deslindar a questão com o *octroi*[94] que se portou com a mesma gentileza do que a alfândega. Embarquei as malas em uma galera e tomamos pelos *boulevards* de Montparnasse e Invalides, pont de l'Alma, Avenue Marceau e Étoile.

Impressão espantosa, sobretudo do movimento que é assombroso, por toda a parte. Cheguei a avenue Friedland[95] tendo ótima ideia do apartamento (Imagem 4) mobiliado que nos fora reservado e cuja planta é a seguinte:

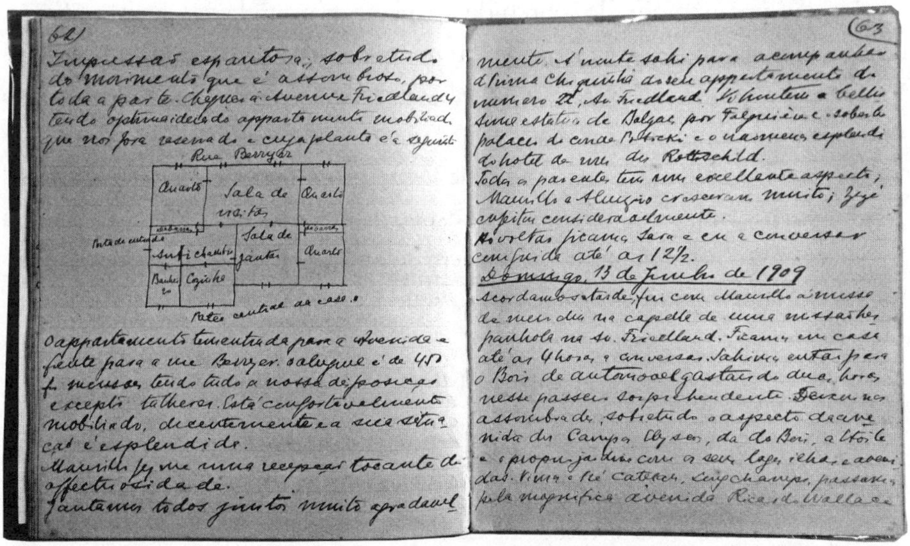

Imagem 4 – Página do caderno de viagem na qual Afonso desenhou a planta do apartamento em Paris. Coleção Família Taunay. SVDHICO – MP – USP. Crédito fotográfico: Marcus Ozores.

O apartamento tem entrada para a avenida e frente para a rua Berrier: o aluguel é de 450 frs. mensais tendo tudo à nossa disposição, exceto talheres. Está confortavelmente mobiliado, decentemente e sua situação é esplêndida.

Maurillo fez-me uma recepção tocante de afetuosidade. Jantamos todos juntos muito agradavelmente.

À noite saí para acompanhar a prima Chiquinha ao seu apartamento de número 22, av. Friedland. Vi ontem a belíssima estátua de Balzac por Falguière e o soberbo palácio do conde Potocki e o não menos esplêndido hotel de um dos Rothschild.

Todos os parentes têm um excelente aspecto; Maurillo e Aluízio cresceram muito, Zezé enfeitou consideravelmente.

Ao voltar, ficamos Sara e eu a conversar com Guida até 12½.

Domingo, 13 de junho de 1909

Acordamos tarde, fui com Maurillo à missa de meio dia na capela de uma missão espanhola na av. Friedland. Ficamos em casa até as 4 horas a conversar. Saímos então para o Bois[96] de automóvel gastando duas horas nesse passeio surpreendente.

Deixou-nos assombrado sobretudo o aspecto da avenida de Campos Elíseos, da do Berri, a Étoile e o próprio jardim com os seus lagos, ilhas e avenidas. Vimos o Pré-Catelan,[97] Longchamp,[98] passamos pela magnífica avenida Ricardo Wallace.[99]

À noite veio visitar-me o Lyra, que já me procurara de dia; está no hotel Anglo Americano, onde também se hospedou o Tininho Paixão. Já visitou a Inglaterra e deve partir para o Brasil em setembro. Saí a acompanhá-lo pelo boulevard Haussmann etc. Vi as estátuas de Shakespeare e Alphand.

Segunda-feira, 14 de junho de 1909

Acordei tarde e saí para ir ao Jardim das Plantas; os museus estavam fechados, a *menagerie*[100] é pouco notável, os hipopótamos, muito menores do que supunha. Avistei as estátuas de Lamarck, ontem inaugurada, Buffon e B. de Saint Pierre no jardim; Diderot e Chappe no boulevard Saint-Germain e a casa de Buffon ao lado do Museu de Zoologia.[101] Passei por diversas ruas e *boulevards* e voltei cedo para casa. Impressão sempre forte.

Terça-feira, 15 de junho de 1909

Notícia da morte quase súbita do Afonso Penna vitimado pela *influenza*. Vai o Brasil ser dirigido pelo Nilo![102]

Passei a tarde no Salon,[103] onde notei algumas obras que me pareceram extraordinariamente belas, tais como um Gobelins: *Abelardo fazendo uma conferência* e outro, quadro: *La morte réveille* de Bennett [ou Bonnat?], *Troupeau sur une falaise*, de Deyrolle, *Les résignés* de Madame Carpentier, de uma tristeza empolgante e sobretudo de um colorido que achei estupendo. Na escultura nada me impressionou extraordinariamente, o que achei melhor foi *Le mur* de Moreau Vauthier, símbolo das vítimas das guerras civis. Há grupos imensos entre os quais três juntas de boi lavrando um campo.

Comprei uns livros na Flammarion.[104]

Voltei cedo para casa.

Quarta-feira, 16 de junho de 1909

O Betim[105] veio procurar-me cedo; fomos ao Bois e depois ao seu hotel onde almocei. O Paulo Queiroz trouxe-me em automóvel às 2 hs, hora marcada ontem para a visita do Victor Taunay,[106] que eu ontem visitei à rue du Bac, 93, 2º andar.

Recebeu-me o velho primo com grande afetuosidade no seu bom apartamento onde há muitas curiosidades e velharias tais como tapeçarias, antiqualhas de diversas espécies, um cravo do século XVII, quadros, louças, móveis, um *bric à brac* completo.

Tem muita coisa do Avô;[107] estampas, desenhos, retratos, miniaturas, fotografias, notas, documentos e um grande busto.

Fizemos excelente camaradagem e ele falou de modo muito amigo da visita de Papai e Mamãe em 1878.

Hoje veio ver Sara, trazendo-lhe um belo *bouquet* de rosas vermelhas. Vieram também D. Izar Paes Leme, D. Augusta Queiroz e Lili (Hotel Richmond, rue du Helder).

Saí com o Victor e depois à tarde fui a ópera comprar bilhetes para o *Fausto*.[108]

Fomos Sara e eu a esse espetáculo. Fiquei pasmo com a riqueza do edifício; a representação me agradou muitíssimo; coros e orquestra esplêndida; Margarida ótima, o Mephistopheles também muito bom, os outros regulares. Conjunto estupendo. O Heitor assistiu também ao Fausto, desencontramo-nos dele à saída.

Quinta-feira, 17 de junho de 1909

Fui com o Betim à Comédia Francesa.[109]

Davam *Monsieur Perrichon* e *Il ne faut jurer de rien* (Musset). *Monsieur Perrichon* esteve admirável pela homogeneidade da *troupe*, Monsieur Perrichon foi o De Féraudy (estupendo).[110]

Vi numa escada do edifício um busto de Ducis de *tonton* Auguste.[111] Esplêndido sobretudo na expressão da boca. Está assinado e foi dado por Ducis a Gerard,[112] o grande pintor e por este legado a Comédia Francesa. Tive também impressão violenta ante o *Voltaire* de Houdon.

Saí com o Betim e fomos pela *rue* de Rivoli a uma casa de chá muito elegante, um tal Rumpelmayer,[113] onde encontrei o Paixão e Schmidt (Eduardo).

Saímos depois, Betim e Paixão, a passear a pé pelo cais passando pela Gare d'Orléans, Instituto de France, ilha de France, Conciergerie, Palácio da Justiça e Notre Dame. Sensação profunda produzida pela catedral. Estátuas avistadas: *Voltaire*, *Condorcet*, *Henrique IV*, *Carlos Magno*, *Olivier* e *Roland*, as três últimas num grupo por Rochet.[114]

Voltei para casa muito deprimido e cansado. O Betim muito desigual de gênio.

Visitei o Louvre por fora; pasmei-me do tamanho das construções. Vi os monumentos de *Gambetta*, *Lafayette* e o *Quand même* de Mercié.[115]

Deitei-me cedo tendo lido umas 100 páginas de *Blancador L'Avantageux*, de Maurice Maindron[116] (muito aquém da expectativa). O jardim das Tulherias causou-me bastante decepção, gostei muito dos dois grupos de animais (leões e rinoceronte e leão e leoa).

O monumento de *Gambetta* é grandioso; o de *Lafayette*, medíocre.

Sexta-feira, 18 de junho de 1909

Saí com o Betim as 2½. Antes, de manhã fora ver o Victor, que parte hoje para a Bélgica, onde deve ficar uns oito dias. Escrevi a Cecilio Mejescases e diversas cartas para o Brasil.

Fui ao Consulado e depois ao *Courrier du Brésil* onde conheci o simpático José Delgado de Carvalho, redator chefe, que se queixou muito do cunhado Costallat, por quem se diz roubado.

Vi também Pedro Torres, muito simpático; fora ver-me, não me encontrando. Saímos para ver a exposição dos *100 retratos de mulheres* no pavilhão do Jeu de Paume no Jardim das Tulherias. Gostei imenso, mais da escola francesa do que da inglesa. Quadros de Gainsborough, Reynolds Lawrence, Hogarth, Greuze, Fragonard, Deucher, Nattier, Madame Vigée Lebrun, etc.; o que mais me agradou foi, porém, um Laurence, *Mrs. Maguire e seu filho Arthur Fitz James*. Gostei muito também do retrato da marquesa Boglione por Nattier; os Greuze são lindíssimos.[117]

Saímos da exposição, fomos ao Louvre, no arco do Carrossel vi as duas damas e o Coriáceo de *tonton* Auguste.[118] Junto ao Louvre, o Cristo de Raffet e a estátua de Meissonier por Mercié (esplêndida).

Continuamos a pé pelo cais onde comprei um *bouquin* com gravuras de batalhas da Revolução e do Império, entre as quais quatro de quadros do Avô (*Pas de Ebersberg*; *Passagem da Ponte de Lodi*; *Travessia da Sierra do Guadarrama*; *Combate de Cossaria)*. Acaso extraordinário. Paguei pelo livro 15 frs.

À noite fui visitar D. Augusta Queiroz e o Bergman (Grande Hotel), não os encontrei, voltando pelo metrô via *Opera – Villiers – Étoile*.[119]

Sábado, 19 de junho de 1909

Fui à casa Westhill [ilegível] na rue Auber encomendar roupas; dois ternos de *paletot* e um *frack*; entrei no Louvre pela primeira vez e passei de relance pelas salas egípcias indo às salas da Escola Francesa na ânsia de ver os quadros de meu bisavô.

Tive forte sensação ao avistar inesperadamente o Escriba Acocorado e a Victoria de Samotrácia; grande choque deu-me também a Joconda. Pensei que a impressão dos grandes quadros antigos ficasse muito aquém do que devia ser mas enganava-me redondamente, extasiei-me com os italianos da Renascença, que aliás vi a correr pelo adiantado da hora; nas salas da Escola Francesa reconheci logo um mundo de quadros velhos conhecidos; entre os que avistei primeiro estavam *Le radeau de la méduse, Le serment des Horaces, Les pestiférés de Jaffa, Le sacre de Napoleón, Le sommeil d'Endyimion, Les Sabines s'interposant entre les Romains et les Sabins*, etc.[120]

Debalde procurei Taunay, comprando um catálogo vi que só existe um hoje: *Pedro o eremita pregando a primeira cruzada*. Ao sair comprei uma fotografia da tela que deve ser linda. Amanhã hei de procurá-la.

À noite fui à ópera onde assisti a uma parte de *Boris Godunov*, ópera de Modesto Mussorgsky[121] e os bailados as *Sylphides* e os *Festins*.

Boris Godunov é uma obra admirável, uma espécie de Macbeth russo de uma intensidade dramática prodigiosa. A ação passa-se no século XVII aproveitando o libretista o episódio do falso *Demétrio*, a música é grandiosa extraordinária de inspiração. Desempenha o principal papel o tenor Chaliapine,[122] artista estupendo quer como trágico quer como cantor. A cena da alucinação de Boris Godunov torturado pelos remorsos foi representada de modo a causar arrepios. Cenários e vestuários extremamente curiosos da Rússia antiga.

A ópera estava apinhada não havendo sequer um *strapontin*[123] desocupado.

As Sylphides são um bailado sobre música de Chopin, orquestrado com muita felicidade. A música do *Festins* foi feita por diversos compositores russos, alguns dos quais de grande nomeada como Glinka e Rimsky Korsakoff. Parece que na Rússia se conserva em sua integridade a antiga escola coreográfica francesa do século XVIII contemporânea de Vestres.

Achei muito enfadonho os dois bailados. Voltei a pé para a casa pelos *boulevards* encontrando nas vizinhanças da Ópera enorme rio de povo.

Domingo, 20 de junho de 1909

Abri ontem na agência W do Crédit Lyonnais, no boulevard Haussmann uma conta corrente com 6.500 francos. O Bergman veio visitar-me. Saí com ele de carro e fui ao Grande Hotel.

Dali saí para a Magdalena onde se celebrava a festa de Corpus Christi. Achei a música medíocre e o órgão fanhoso; ao se fazer a elevação rompeu das galerias uma estridentíssima fanfarra que levou uns cinco minutos a fazer um barulho infernal, tal qual como outrora no Brasil. Ao acabar a missa cantada das 10 outra banda tocou com grande alarido a *Marcha do Propheta*. Bom modo de respeitar o *motu proprio*.

A procissão organizada logo após a missa percorreu a colunata que cerca o templo e foi majestosa quer como aparato, quer como respeito e recolhimento dos milhares de acompanhadores.

A 1½ da tarde cheguei de novo ao Louvre com Maurillo. Começamos a percorrer as salas egípcias, babilônicas, cipriotas, persas.

Chamaram-me a atenção sobretudo os imensos touros alados, o vaso colossal de *Selinunte* e os capitéis do palácio de Artaxerxes, imensos tendo na arquitrave umas cabeças de touro de real beleza. Essa parte do museu vi muito rapidamente, hei de visitá-la novamente.

Voltei às salas da Escola Francesa; as ontem visitadas e outras que ainda não conhecia. Entre os quadros que me causaram grande impressão destaco: um retrato de Winterhalter (*Retrato de Mme. Rimsky Korsakoff*), *Santo Agostinho e Santa Mônica* de Ary Scheffer, o *Diógenes quebrando a cuia* de Poussin, os grandes quadros alexandrinos de Lebrun.

Na sala La Case impressionaram-me sobremaneira os Ribera sobretudo do *Le pied bot,* que é extraordinário.

Subindo ao 2º andar fomos ver as salas Thomy-Thiéry[124] e umas outras de pintores do século 19. Ali vi vários Léopold Robert, Corot, Daubigny, Meissonier, Diaz de la Peña, etc.

O *enterro de Ornam*, de Courbet, que está no primeiro andar é admirável de realismo. Na sala de Thomy-Thiéry estão os bronzes de Borye, o célebre animalista (lindíssimos). Saindo dessa seção do museu percorremos o Museu da Marinha que é interessantíssimo, com os seus inúmeros modelos de construção naval. Dentre as que mais me interessaram destaco: um modelo de triera ateniense feito por ordem de Napoleão III, outros de tri-remos, varia de caravelas e galeões, varia de altibordo, galeras, etc. Notei também uma enorme aquarela do almirante Paris representando uma vista do Corcovado em 1830 e de uma fidelidade surpreendente.

Procurei os quadros de Taunay por toda a parte, sem resultado. Estudando o catálogo, verifico que atualmente estão retirados, circunstância que sobremaneira me aborreceu. Hei de falar a esse respeito com o conservador Sr. Le Prier.

Voltei pelo metrô até a estação de Alma.

De noite vieram o Betim e o Luna convidar-nos para assistirmos ao teatro francês Le Foyer; mudamos de opinião e fomos à ópera cômica ouvir *Manon*, de Massenet; teatro magnífico, orquestra afinadíssima e cenários riquíssimos. Gostei muito de *Manon*[125] que pela primeira vez ouvi inteira pois os italianos que vão ao Brasil costumam cortar o ato da cena de feira de *Cours La Reine* e a cena da tacolagem. A ópera teve excelente desempenho. Riqueza de cenário igual a suntuosidade dos trajes da comparsaria.

O *foyer* da ópera cômica é também belíssimo. Voltamos às 12 ½ para casa.

Segunda-feira, 21 de junho de 1909

Fui de manhã ver o Mrs. Pommier no boulevard Raspail 140; não o encontrei; às 2 horas veio ver-me com o filho Auber. São simpáticos; o filho advoga em Paris. O velho Pommier levou-me ao seu apartamento, rue Sainte Beuve e ali me mostrou diversos pastéis que trouxe para Paris. O *bonhomme,* além de conservador do museu de Nantes é pintor nas horas vagas. Disse que o quadro do Avô é excelente. Vou mandar fotografá-lo.

Da rua Sainte Beuve fomos juntos ao Salão dos Artistas Franceses, onde apreciei muito três grandes telas de Menard destinadas a decoração da Faculdade de Direito de Paris, dois retratos de Boldini, um quadro de Burnant (os discípulos após a morte de Cristo).

De escultura vi um Cristo de Rodin; em arquitetura gostei da maquete de um enorme templo do Pensamento Humano sobre um rochedo e consagrado a Beethoven.

Tenho visto nesses últimos dias os monumentos de Coligny, Julio Simon, Lavoisier, Molière por Pradier, Alfredo de Musset, Marechal Moncey.

No salão grande do Grand Palais assisti a uma sessão de recitação de poesias pelos autores e por artistas de nomeada entre os quais M. de Max e a Bortet (?).[126] Cacete.

À noite não saí.

Terça-feira, 22 de junho de 1909

Num quadro de Heim (Louvre), *Carlos X distribuindo aos artistas as medalhas correspondentes ao Salon de 1824*, há um retrato de Taunay. Comprei uma fotografia dessa tela.

Voltei ao Louvre; descobri dois altos-relevos de *tonton* Auguste na sala da escada que vai do fundo da galeria das antiguidades egípcias ao primeiro andar. Representam a Agricultura e o Comércio.

Percorri a galeria das antiguidades egípcias onde admirei muitas coisas, entre outras uma esfinge cujo rosto é de beleza admirável. A coleção é riquíssima; passei depois a visitar a escultura da média idade e do começo da Renascença. Chamaram-me a atenção sobretudo os dois escravos de Miguel Ângelo, René de Bisogne, de Pilar e a *Diana* de Jean Goujon.

Várias estátuas tribais são também lindíssimas. Atravessei a sala das antiguidades cristãs (muito curiosa) e subi indo ter à Galeria de Apolo onde vi a *Regente* e o Lancy, a maravilhosa espada da coroação de Carlos X, um *pendentif* de Catharina de Medicis. A *Regente* é deslumbrante.

A galeria de Apolo é de uma riqueza inexcedível e suas coleções são preciosíssimas (cristais, joias, esmaltes). Vi um cofre de ouro que pertenceu a Anna d'Áustria, verdadeira obra-prima.

Fui depois percorrer a galeria das escolas italianas começando pelo salão. Tive uma fortíssima impressão de respeito sagrado ao avistar *A bela jardineira*, *São Miguel e o Demônio*, a *Joconda*, *As bodas de Canna*, os Ticianos e os Andrea del Sarto, os Dominiquines e Tintorettos.

Que superioridade a dos mestres italianos! Que coisas estupendas! Fiquei extasiado e, no fim de algum tempo, cansadíssimo. Passei depressa pela grande galeria para me avistar com os grandes quadros conhecidos e assim percebi os Murillo, Velasquez e Rubens, os Durer, Holbein e Cranach, etc., etc. Tudo isso fica para mais tarde. Visitei também a [ilegível].

Fui experimentar roupa e voltei às 6 ½ para casa. À noite fui ao Palais d'Orsay visitar Betim, que não encontrei.

Às 11 em ponto voltei para casa.

Quarta-feira, 23 de junho de 1909

Fui visitar o Betim; não o encontrei e então tomei um *bateau mouche*[127] fazendo a viagem desde a ponte de Grenelle até a de Austerlitz. O panorama é lindíssimo.

Às 6 horas fui visitar o Ivan (Vidien, 130) com quem me entretive uma hora em conversa animada.

À noite procurei o Lyra e não o achei no hotel; assisti à apresentação do Grand Guignol,[128] rue Chaptal. Ali me encontrei com os dois médicos orientais companheiros de viagem do Orcoma, Maíre e Iraola. Devem ficar em Paris dois anos a praticar cirurgia.

O espetáculo de Grand Guignol não me impressionou muito; é uma espécie de ducha escocesa de dramas horríveis e *pochades*[129] ultra hilariantes. Representaram como dramas: *L'inspecteur de la 3ème section*, cenas entre terroristas russos (muito bem feitas), *Le testament* extraído de um conto de

Guy de Maupassant ou pelo menos nele inspirado e *La Grande Mort*, o *clout* do espetáculo, em que se pintam as angústias de um engenheiro inglês perdido num deserto asiático a construir uma estrada de ferro, alucinado pelo terror da peste a ponto de assassinar um companheiro. As comédias achei-as imbecis, menos a primeira, *Le bec de gas*.

Quinta-feira, 24 de junho de 1909

Dia de anos de Aluízio nascido em 1900. Fui de manhã à Galeria La Fayette[130] comprar brinquedos.

O Heitor veio de tarde ver-me, saímos a passear e percorremos o Museu de Luxemburgo, que achei muito pequeno...

Se o Estado não compra quase quadros, quem há de dar vazão à enorme produção artística anual? Gostei enormemente do *Le Labourage Nivernais* de Rosa Bonheur, quadro cheio de sol, verdadeira obra-prima; do *Cain* de Cormon, do *Retrato do Cardeal Lavigerie*, de Bonnat. O *Rêve*, de Detaille, causou--me decepção. Na escultura notei sobretudo os Rodin, Gerome e Falguière, destacando *La Pensée* de Gerome, digo de Rodin e um lindíssimo Bonaparte no Egito, de Falguière.

O Jardim de Luxemburgo é bem bonito sobretudo na parte central onde há tanques e repuxos. Em torno do maior tanque há uma série de estátuas das rainhas de França e personagens femininas célebres, entre outras Maria de Médicis, Anna d'Áustria, Bianca de Castella, Margarida de Provença, Margarida de Anjou, Clemence Isaure, Mlle. de Montpensier, Jeanne d'Albret, Margarida de Valois etc.

Entre os monumentos modernos vi os de Watteau, George Sand, o economista Le Play, Bailly, o poeta Gabriel Vicaire.

Voltei a casa às 5hs.

À noite fui a casa de prima Chiquinha onde encontrei os pais da Therèse, Monsieur e Madame Mortres, muito simpáticos, e um amigo deles Sr. George Frontier, pessoa também muito simpática.

Sexta-feira, 25 de junho de 1909

Fui procurar o Betim, com quem saí.

Ontem a D. Izar me apresentou a uma amiga, pianista corsa, primeira premiada do Conservatório, Mme. Paulette Denneri, rue Truffaut, 69, que deseja dar concerto em Buenos Aires e no Brasil. Encontrei também o Abreu. Passei pelo Consulado do Brasil onde achei três cartas, duas de tio Goffredo.

Após várias corridas fomos ao Museu Carnavalet,[131] onde há coisas muito curiosas, sarcófagos antiquíssimos, esqueletos achados nas diversas pontes de Paris, antiguidades merovíngias entre as quais francisques[132] e punhais carolíngios, dos quais a mais curiosa é uma estátua de Carlos Magno, contemporânea desse imperador. Tudo isso foi visto muito rapidamente. A série das plantas de Paris é interessantíssima assim como a galeria da Revolução. Li autógrafos de Marat, Bailley, Pettuen, uma petição muito engraçada do marquês de Sade, e a última ordem do punho de Luiz XVI no dia [...] de agosto de 1792 aos pobres suíços; isso numa caligrafia toda trêmula: "*Le Roi ordenne aux officiers de déposer leurs armes et de faire rentrer les soldats dans leurs casernes. (assyg) Louis*".[133]

O hotel Sévigné é onde está hoje o Museu. Vi o berço do príncipe imperial, a estátua de Luiz XIV de Coysevox e um quadro atribuído a Taunay: *La Clinique du Docteur Dubois sur la restauration*, que me desagradou pois é um esboço que não foi acabado com as figuras muito vagas.

À noite fomos com o Betim, D. Izar e o Lyra à Comédie Française ouvir *La rencontre* de Pierre Berton, o autor da *Zazá*.[134] Peça muito medíocre no gosto das *piéces à adultère* de que tanto gostam hoje os frequentadores dos teatros parisienses.[135]

Sábado, 26 de junho de 1909

Fomos com D. Augusta, Lili, Julieta e Antoninho Assumpção a Saint Germain en Laye.[136] O caminho nada apresenta de notável quanto ao castelo, causou-me decepção. O museu de antiguidades galo-romanas tem coisas notáveis. Apreciei sobretudo o túmulo de guerreiros gauleses, uma construção dos acampamentos de César em torno de Alésia, segundo os estudos de Napoleão III, diversos facsímiles de trabalhos militares dos romanos, armas, joias, ornatos, sinetes etc. A capela de Saint Germain também não é das mais notáveis. A igreja conserva o túmulo de James II Stuart.

Demos uma volta pela floresta, feia com árvores raquíticas. A vista da famosa Terrasse[137] é bem bonita não tanto quanto celebram as guias pois o que se vê é a planície parisiense monótona. Destaca-se o Bois de Vésinet entre as melhores coisas.

Voltamos às 6½.

Domingo, 27 de junho de 1909

Fui assistir à missa em S. Eustache, bela e majestosa igreja, infelizmente maltratada e muito suja. Gostei do túmulo de Colbert, cuja estátua é uma obra de valor. Ouvi a missa *du prône*[138] cuja música me causou decepção; os órgãos são bons, mas às vezes deixam a desejar; é possível que as cerimônias tenham decaído com as últimas perseguições, ou antes é muito provável que tal haja acontecido.

O cura anuncia num impresso que em 1908 teve 12.000 francos de déficit num orçamento de 45.000.

Fui com a família de D. Augusta assistir ao *grand prix*.[139] Hipódromo apinhado, colossal enchente. Ms. Fallierès[140] tomou uma pequena vaia ao entrar no recinto do *pesage*. Arquibancadas atopetadas; subimos ao andar superior de onde assistimos ao grande páreo, realizado em magníficas condições. Os grandes favoritos William IV, Negofol e Union foram batidos por Verdun, de um dos Rothschild.

O único conhecido avistado foi o inefável Galeno. O desfile das carruagens (calculei-as em 500) foi imponente.

À noite fomos à *Carmen* representado admiravelmente, como nunca me sucedera, com as companhias italianas. Mme. Merencié foi uma ótima Carmen; o Escamillo foi o único que deixou um pouco a desejar.

Assistiram ao espetáculo os *maires*[141] italianos, vindos a Paris por ocasião do jubileu de Solferino;[142] em sua honra tocaram a *marcia reale*, como sempre indecorosa por falta de inspiração e depois a Marselhesa. Um dos *síndicos*[143] soltou um *Viva la Francia*! que me fez lembrar de S. Paulo.

Segunda-feira, 28 de junho de 1909

Estive a passear pelos *boulevards*; comprei o Baedeker do Reno, Bélgica e Holanda e Londres e Joanne[144] dos arredores de Paris e Suíça. Mandei a D.

Augusta um Baedeker da Palestina. Comprei também para o Betim, *Saint Cendre* e *M. de Clerambon*,[145] e para Maurillo um livro de Jules Verne.

Fui visitar D. Enriqueta Prieto, Hotel de Deux Mondes, na avenida da Ópera e não a encontrei. Deixei-lhe uma carta. Vi a D. Aurélia Ortuzar com quem troquei palavras. Estive em casa de um negociante de gravuras e quadros que me disse ter vendido para os Estados Unidos dois quadrinhos de Taunay por 2.000 francos; simples esboços de paisagens. Encomendei-lhe as gravuras de Lechecourt e Decourtils (rua Chauchat).

Fui à casa [ilegível] Arann e Clement, av. da Ópera; pediu 100 frs. por cada reprodução; escrevi a tio Goffredo contando-lhe isso. Os quadros de Versailles são 9, dos quais oito sobre assuntos militares.

Voltei cedo para casa passando a noite com Guida que amanhã parte para Jersey; fui despedir-me da prima Chiquinha em cuja casa encontrei Ivan e o Pedro Torres.

Terça-feira, 29 de junho de 1909

Os viajantes não partiram por causa de um engano de trens; almoçaram e jantaram conosco. Saí com Maurillo e fomos ao Trocadero, cujos museus percorremos. Gostei muito do de escultura comparada e do cambojano e menos do de etnografia. Coisas que mais me impressionaram: *portail* da catedral de Beauvais, túmulo dos últimos duques de Bretagne, reprodução da estátua de Colleone, *portail* da catedral de Bordeaux, poço de Meysés(?), a cartuxa de Dijon onde há uma figura admirável de velho.

No museu etnográfico gostei muito das salas peruana e mexicana. Na primeira admirei a colecção dos retratos dos incas pintados sobre algodão.

No museu cambojano há coisas esplêndidas; capelas inteiras; admirei-me das enormes mãos que devem ser símbolos religiosos *Kmers*. Há uma grande reprodução dos imensos edifícios de Angkor Vat, trabalho que me interessou muito.

Fomos depois ao 3º andar da Torre Eiffel, cujo panorama nada tem de extraordinário, como ponto notável só destaquei o Sacré Coeur de Montmartre e os Inválidos.

Estão demolindo a Galeria das Máquinas.[146]

À noite não saí.

Quarta-feira, 30 de junho de 1909

Um tal Sr. Leonce Beneditte, conservador do Luxembourg, num trabalho sobre os artistas do século 19 *malmène* bastante a reputação do Avô. É preciso *le tancer vertement*[147] tanto mais quanto mostra uma ignorância absoluta acerca das obras do mestre.

Fui a Notre Dame cuja visita me maravilhou. Que majestade, que coisa grandiosa! Vi com especial interesse as quimeras de entre as quais destaco: *O diabo acoudé*, a leoa, o judeu, o pelicano, a cabra, a coruja.

Conversei com a sineira, viúva do último sineiro. A vista do alto das torres é muito linda. Visitei também o tesouro que possui obras riquíssimas entre as quais o relicário que guarda a Santa Coroa de espinhos. Causou-me sensação a batina de Mons. Darboy[148] varada pelas balas que o assassinaram. O túmulo do duque d' Harcourt é também notável.

De noite fomos a *Sansão e Dalila*,[149] não gostei da execução, esperava maravilhas do *voici le printemps* e tive decepção; no Rio com a Montalcino[150] a impressão foi muito mais forte. A Dalila de ontem, *Mademoiselle* Charbonnelera, desagradável, feia, desgraciosa, com uma voz antipática. O Sansão muito fraquinho. Acabou o espetáculo com *Gavotte*, bailado de Saint-Säens, que é um cochilo do grande mestre; pantomima cacetíssima. Não aturamos até o fim.

Sábado ouvi na esplêndida sala do Trocadero a *Damnation de Faust*. Acústica péssima a prejudicar a audição. Orquestra esplêndida; executou perfeitamente a dança das sylphides e a marcha húngara, que foram bisadas. O Fausto (Albanis) muito elogiado aliás, tinha uma voz muito fraca que se perdia na diluição da enorme área da sala; o Mephistopheles (Fournetz) é um excelente barítono; cantou perfeitamente a *chanson de la pucce* e a *serenata*.

A Margarida (Dubel, da ópera) também saiu-se muito bem. A canção de rei de Thulé disse-a adoravelmente. O Brauder (Jessen) não foi mau. Os coros estiveram bem fraquinhos e a orquestra desmaiou na *Course à l'abîme*. Era preciso que os antigos se contentassem com as orquestrações de violas dos mestres italianos para se espantarem da sonoridade dos efeitos de Berlioz, que hoje me parecem tão fracos junto dos de Wagner e Debussy. O *dueto de Fausto e Margarida* esteve belíssimo apenas prejudicado pela voz de Fausto. Que obra--prima, que coisa incomparável aquela música!

Acabei *Blancador l'Avantageux* e *Saint Cendre* de Maindron. Muitíssimo abaixo do que eu esperava fiado na crítica do Larousse.[151] Blancador é até cacete, longo demais; que diferença com a crônica de Mérimée![152] *Saint Cendre* é melhor, mas assim mesmo comprido demais, com pouca ação, no tocante aos costumes pervertidos do século e à anarquia que reinara então em França dizem ser de uma exatidão prodigiosa. É massudo, porém, pesadão. Fui visitar Dr. Captain (Ursuline nº 5) e não o encontrei. O endereço do Azevedo Castro é Woodville Road 8, Ealing.

À rue Laffite descobri uma livraria modesta onde posso consultar muitos livros que me são úteis. Alugam-se-os por pouco preço.

Ontem visitei o Victor que partiu à tarde para Alençon devendo voltar segunda.

Quinta-feira, 1º de julho de 1909

Endereço do simpático e amável George F. Bussey: Ejército Libertador 306, Santiago; c/o G.G. Bussey and Cº Ld Peckham, Londres; dos Sr. Dufast e Cia., fotógrafos do museu de Nantes, Quai Cassard 5 Nantes; do Sr. Maurie Ferraie, colecionador de gravuras: rue de l'Élysée 12; Pinat e cia, Quai des Grands Augustins 49; Gaulthier et Villars, Quai des Grands Augustins, 59. Cavalcanti, rue Saint Hubert 47.

Fui com Sara ao *Louvre* e de lá ao Museu Social (*Rue Las Cases* 5) procurar o Lichtenberger, a quem dei a carta de apresentação de tio Goffredo.

Recebeu-me muito amavelmente e com ele conversei cerca de uma hora: fez-me mil oferecimentos e convidou-me para o *five o'clock tea* do jornal l'Opinion (rue Chauveau Lagarde) de que é redator, jornal de Mr. Dounier.

Estive muito tempo a *bouquiner*[153] e nada achei que me interessasse nos cais.

Sexta-feira, 2 de julho de 1909

O Betim veio procurar-me às 2 horas. Saímos juntos e visitamos o monumento expiatório de Luiz XVI e Maria Antonieta,[154] no boulevard Haussmann. A capela tem dois grupos de estátuas muito belos; Luiz XVI e o abade Edegeworth de Firmont sob a aparência de um anjo, Maria Antonietta e Mle. Elisabeth sob a alegoria da Religião.

No pequeno gramado que precede a capela estão enterradas inúmeras vítimas da Revolução; Danton, Carlota Corday, Hebert, Madame Roland, Lavoisier, Bailly etc., etc.

Quando em 1815 foram abertas as valas onde os seus restos haviam sido atirados, nenhum esqueleto pôde ser identificado. Luiz XVI e a rainha estavam dentro de caixões onde os colocara a piedade corajosa de um realista [?].

Estive algum tempo no *Courrier du Brésil*[155] onde encontrei o Pedro Torres; saímos juntos, fomos ao Café de la Paix onde estivemos a conversar. À noite o Betim e eu assistimos na ópera a *Tristão e Isolda*[156] em que tomaram parte a Litvinne (Isolda) e Van Dick (Tristão) e o Daufranne. Cantaram os três admiravelmente.

A ópera é grandiosa, porém cansativa pela falta completa de árias a que geralmente se está habituado. Sempre o mesmo efeito do desenho orquestral sustentando o canto, com ele casando-se, fundindo-se num conjunto admirável.

Ouvi a seguinte reflexão de um *habitué* da ópera: "Le philtre de *Tristan et Isolde* commence à produire son effet à partir de la sixième fois que l'on entend jouer l'opéra: après cela vous n'en voudrez pas d'autre musique".[157]

Ao sairmos fomos ao Café de la Paix,[158] onde nos esperavam Sara e D. Izar que tinham ido ver dançar a *Madeleine* hipnotizada que executou uma série de evoluções.

Sábado, 3 de julho de 1909

Fui ao Instituto Católico (Vaugirard 74), à livraria Flammarion instalada nas galerias do Odéon, à Sorbonne, passei no Jardim de Cluny[159] e estive a *bouquiner.*

À noite veio visitar-nos o Pedro Torres com quem conversamos muito. Saí com ele e fui parar no Cabaret de l'Enfer,[160] gênero de diversão totalmente imbecil, muito longe das cores com que mo pintava o Adelmar. Verdade é que não estive no *Néant*[161] devido à má vontade de Pedro. Grande movimento nos bulevares exteriores de *cocottes* de ínfima classe e de indivíduos mal-encarados.

Domingo, 4 de julho de 1909

Fomos a Versailles, onde chegamos às 2 horas. Grande decepção com aspecto externo do Palácio com o seu pátio mal calçado e sobretudo com os dois feios e degradados casarões que precedem o castelo e parecem duas alas suas.

As estátuas que cercam o pátio são belíssimas, notei as de Richelieu, Duguay-Trouin, Colbert, Turenne, Trouville. O palácio estava apinhado por ser dia de grandes águas.[162]

Mal se podia andar nos diversos cômodos. Esta primeira visita foi de orientação e destinada a reconhecer o lugar das principais curiosidades *versalhesas*.

Assim, pois, nada examinei; passeando pelas salas a seguir, tive grande satisfação em ver diversos quadros de meu Avô: *O ataque de Cossaria*, *Entrada dos franceses em Munique*, *Volta da guarda imperial a Paris*, *Bonaparte no campo de batalha de Lodi*, *A travessia dos desfiladeiros do Guadarrama*, *Parada no monte São Bernardo*, e *O combate de Dierdorf* (de que nunca ouvi falar). De todos gostei imenso, menos do quarto que achei menos *réussi* que os outros. Não pude avistar a *Batalha de Ebenrsberg*, a *Batalha de Nazareth* e o retrato de *Gérard Spalde...ck*. Descobri também o busto de Miron (Jean Baptiste) feito por *tonton* Auguste e logo depois o próprio busto de Nicolau Antônio Taunay, o que me causou muito real prazer. *Cela flatte la vanité à Papa.*[163]

Passeamos pelo Parque para ver as grandes águas. As do *parterre*[164] do Castelo são medíocres, mas as do *bassin de Neptune* realmente lindas; o que mais me encantou foram as da colunata. Que coisa lindíssima! Versailles graças a imensa extensão da fachada é muito acaçapado. O aspecto externo me deu forte desilusão. A galeria dos espelhos também não me embasbacou.

Do museu tudo vi a passar; pretendo logo ali voltar. O caminho é horrendo desde Paris até lá!

Voltamos às 6 ½. Não saí de noite.

Segunda-feira, 5 de julho de 1909

Fui a Saint Denis. O caminho é pavoroso, parece com os subúrbios do Rio, lugares há que é pior. A basílica[165] não me causou forte impressão; é grande e tem certa grandiosidade, mas está muito abaixo do que esperava. Os cenotáfios reais quase todos são medíocres. Distinguem-se os de Francisco I, Henrique II. A cripta deixou-me inteiramente frio. O *caveau* dos Bourbons é lôbrego e de uma simplicidade absoluta; os últimos doze personagens reais enterrados em Saint Denis estão em muito pior situação do que os Bragança na sua modesta sacristia de S. Vicente de Fora que ao menos não descansam numa espécie de *oubliette*.[166] Quanto aos féretros de couro de S. Vicente, são comparáveis aos de cobre de Saint Denis.

O Betim e a Luna jantaram conosco; estivemos conversando até tarde. Conheci o médico Mauricio de Medeiros irmão do Ms. Albuquerque e do Max Fleiuss. Parece inteligente.

Terça-feira, 6 de julho de 1909

Dia de chuva forte e contínua. Fui a casa do Victor onde redigi uma carta a Bonnat, pedindo-lhe uma entrevista. Dali saí às 5 horas para visitar o Georges Dumas (49 Bd Saint Germain).[167] Recebeu-me ele amabilissimamente; conversamos cerca de duas horas, fez-me os maiores oferecimentos.

Voltei cedo para casa e não saí à noite.

Quarta-feira, 7 de julho de 1909

Fui visitar o Pantheon, onde vi belíssimas figuras e quadros de Cabanel, P. Chavannes, Jean Paul Laurens, Bonnat[168] etc. O Purvis deixou-me completamente frio; julgava-o outra coisa. Visitei também os túmulos, vendo os de Voltaire, Rousseau, Zola, Victor Hugo, Berthelot, Turenne, Lannes. Num grande *caveau*, entre uma série de anônimos, o grande Lagrange e noutro Bougainville entre diversos desconhecidos. Saí dali para a igreja de Saint Étienne du Mont, que é notável pela sua beleza arquitetônica. Tem lindos vitrais e um *jubé*[169] de belíssimo efeito. Vi os túmulos de S. Genoveva e o de Pascal e Racine. À porta, encontro interessante com um intérprete que me quis levar ao Palais de Crystal, para os lados da Bolsa diz ele. O Betim partia para Barcelona com a família. Ali devem tomar um paquete italiano para o Brasil. À noite fui ouvir o *Crepúsculo dos Deuses*,[170] assombroso como poesia e como música. O último ato, o cântico das sereias, é das mais belas produções do engenho humano.

Quinta-feira, 8 de julho de 1909

Fomos Sara e eu ao Trocadero ouvir o Cid pela trupe da Comédia Francesa; sala apinhada, representação popular, que começou com o discurso *patriotard* do Sr. Charles Dazel, membro do Instituto e alto funcionário da Instrução Pública. Representaram os dois Mounet[171] a Segond-Weber.[172] O Mounet-Sully com as suas *gateseonias* [*sic*] pareceu-me ridículo. Direção admirável. A Segond Weber, o Delmas, o Paul Mounet, ótimos. Tivemos também umas cançonetas pela Germaine Gallois[173] (mediocrérrimas) e um bailado por duas russas e a Cléo de Mérode[174] (vestida de gato). A Cléo tem um lindo rosto, mas é ridiculamente magra e pequenina. Acabou a representação com *Le Misanthrope et L'Auvergnat*,[175] admiravelmente bem levado. Ri a valer. Fui à cidade ver o quadro que o Sr. Gérard (Chauchat 9) tem do Avô: *Les osés du frère Philippe*. Gostei muito, é uma miniatura. À noite, por causa da chuva, não saí.

Sexta-feira, 9 de julho de 1909

Fui ao Victor que me mostrou lindos retratos de parentes, a avó Rendel e os filhos, *tonton* Auguste. Combinamos ir ao Mr. Gérard às 6 ½. Estive depois no Louvre onde visitei as galerias de escultura antiga e moderna, as de mobiliária e joias, desenhos e cerâmica modernas assim como a sala da Mastaba.[176] Tudo muito de relance.

Fui depois ao Jardim das Plantas onde encontrei Sara que levara a pequena ver a *menagerie* e voltamos pelo *bateau mouche*; desci na Concórdia e fui ao encontro de Victor e dali à rua Chauchat.

Voltei às pressas para casa, à espera do Pedro Torres que convidara para jantar. Não veio nem me explicou os motivos da ausência.

À noite não saí.

Sábado, 10 de julho de 1909

Fiquei com o quadrinho de Taunay que achei lindo. Visitei Saint Germain l'Auxerrois, que é uma igreja que convida a orar, solene e cheia de majestade. Fui depois ao Louvre procurando Mr. Le Prieur que me recebeu muito amavelmente e me apresentando o adjunto Sr. Desmonts, moço muitíssimo cortês.

Falei-lhes acerca dos quadros de Taunay; estão à espera da mudança do Ministério das Colônias para recolocá-los. Tive notícia pelo Sr. Desmonts da existência de quadros do Avô em Saintes, Donai, Alger, Nice, assim como de uma grande coleção de desenhos (coleção Denon) sobre a campanha da Itália, a maioria dos quadros está em Versailles. Copiei-lhes os títulos e todas as indicações a respeito. Sexta devo voltar para vê-los e ao quadro de Pedro, o Eremita.

À noite fui visitar o Luís Galvão (Hotel Yena) e não o encontrando fui ao Pedro Torres, com quem conversei cerca de uma hora. (Boulevard Perreire 188)

Domingo, 11 de julho de 1909

Trinta e três anos! Pouco brilhantes. *Go ahead*...

Saí com Sara e visitamos os *Invalides*, gostei muito do túmulo de Napoleão, que é grandiosíssimo. Os de Duroc e Bertrand também impressionam, mais que os de Vauban e Turenne. O pobre José Bonaparte está deslocado entre os companheiros de necrópole, assim como Jeronymo seu irmão.

Percorri depois o Museu de Artilharia; a sala das armaduras é interessantíssima; a das armas também. Não vimos o museu histórico do exército. Fomos depois ao Bois dar um passeio de carro com a pequenina. À noite não saí.

Segunda-feira, 12 de julho de 1909

Dumas convidou-me para jantar, quinta feira.

Visitei as arcadas do Palais Royal[177] onde há lojas de várias espécies e livrarias pornográficas. Fui depois ao Museu das Artes Decorativas, bastante interessante e onde vi a série original das gravuras dos quadros de Taunay feitas por Descourtis (muito belas). A exposição do vestuário do século XVIII é muito interessante assim como as coleções de móveis das diversas épocas francesas e dos diversos países principais da Europa. Devo consultar a biblioteca que é muito rica.

O Victor jantou conosco; conversamos muito e passamos a noite agradavelmente. O Museu das Artes de Decoração encerra a coleção legada ao Estado pelo Sr. Moreau Nélaton, rica em Corot (39 quadros), Delacroix, Manet, Monet. Nela existe o famoso *Déjeuner sur l'herbe* do Manet.

Terça-feira, 13 de julho de 1909

Hoje visitei o arquivo e achei-o fechado. Fui ao Museu Carnavalet e de lá a casa de Victor Hugo, onde há coisas muito interessantes.

Passei o dia indisposto. A menina também está doentinha. O Pedro jantou conosco; saímos juntos às 11 horas e fomos a pé até o Café de la Régence. Voltei tarde, encontrando a menina mais febril. Deitei-me às 2 ½.

Quarta-feira, 14 de julho de 1909

Perdi a revista de Longchamps por causa da noite mal dormida. Fui à Étoile ver passar o Falliéres[178] e as tropas. O Falliéres tomou alguns assobios; perto de mim uma mocinha bem-vestida apitava com força, animada pelos pais.

À tarde fui ao Jardim da Aclimação[179] cujas estufas são bem regulares. Gostei de ver a *faisanderie*, o jardim possui uma linda girafa, várias hamadríades, *igalks*, pavões brancos, porcos espinhos, guanacos, vicunhas, lhamas, *mouffleuses* e outros animais que me interessaram.

À noite fui assistir da ponte da Concorde o fogo de artíficio do Hotel de Ville, que por sinal esteve bem medíocre. Dei uma volta pela cidade para observar as iluminações que achei fracas. Voltei cedo para casa e chamei o Dr. François Franck para ver a menina, que passou o dia febril e está muito abatida.

Quinta-feira, 15 de julho de 1909

Ana passou bem a noite. O Dr. Franck, que eu chamara para a manhã, escreveu-me que só pode vir das 5 ½ às 7.

Visitei a Sainte Chapelle, que é absolutamente admirável, e percorri o imenso Palais de Justice,[180] cuja sala dos Pas Perdus é notável.

Voltando para casa encontrei a pequena pior; fui chamar o Dr. François Franck (5, St. Philippe du Roule) indo depois jantar com os Dumas. Lá encontrei o Sr. Diehl,[181] antigo discípulo da Escola de Atenas, hoje professor na Sorbonne de história bizantina e a mulher, bonitinha e inteligente, *espiègle*[182] um pouco sem modos. Mme. Dumas é muito simpática e bonita; amabilíssimos tanto ela como o marido. A conversa que foi das mais agradáveis durou até as 11 e versou sobre muitos assuntos literários, científicos, musicais.

Mme. Dumas toca admiravelmente piano. Mme. Diehl embora muito lida pareceu-me muito fútil. Parece que faz traduções do alemão para o francês. Enfim foi uma noite esplêndida.

O Sr. Diehl expôs as campanhas arqueológicas de Morgan e do Hornolle, e relatou diversos fatos muito curiosos das escavações em Creta e na Grécia. É o que falta no Brasil, gente que converse sobre tais assuntos em vez de se ocupar quase exclusivamente de politicagem e da vida alheia.

Achei ao voltar a menina com febre. Veio o Dr. Franck que recomendou muito cuidado e disse que ela tem o peito tomado.

Sexta-feira, 16 de julho de 1909

Ana passou a noite regularmente. O Lyra apareceu lá e almoçou conosco. Saí com ele, fomos ao Consulado. Não havia cartas para mim. Fomos depois ao Louvre, percorrendo algumas salas. Despedi-me dele e estive com o amável Sr. Desmonts, conservador do Museu que me mostrou o quadro do Avô, *Pedro, o Eremita*, e vários dos seus desenhos acerca da campanha de Itália. Encontrei também o Sr. Le Prieur, conservador das pinturas, amável e delicado, porém teimoso quanto a não ceder a um pedido que lhe fiz, aliás simplicíssimo.

Visitei a Igreja de Saint Germain des Prés, onde vi os túmulos de Boileau, de dois Douglas, do rei João Casemiro da Polônia etc.

Quinta visitei a Igreja de São Roque, que é enorme e onde há os túmulos de Le Notre, Mignard, de uma princesa de Conti, etc. Seu aspecto é imponente. Vi também a igreja dos Blancs Manteaux, onde há um silêncio e uma tranquilidade encantadores e a igreja de Saint Leu, sombria e lúgubre. Saint Germain des Prés é interessante com arquitetura romana.

Fui ver o Victor, atarefadíssimo com o seu congresso de Londres em setembro próximo. À noitinha veio ver a menina o Dr. Franck, homem simpático quanto possível, chão, liso, que nos contou logo que depois de uma longa vida felicíssima tivera nos últimos dez meses muitas infelicidades. A mãe lhe morrera, logo depois o genro, excelente homem, médico distinto, aos 41 anos, após longa e dolorosa moléstia, proveniente de uma febre tifóide, logo depois duas únicas netinhas estavam a morrer de apendicite, e agora Mme. Franck se achava em estado quase desesperador.

Gostei muito do velho médico do tio Augusto, hoje respeitado como um dos maiores clínicos de Paris e professor no Colégio de França.

Achou Ana melhor e recomendou cuidado.

Sábado, 17 de julho de 1909

Ana amanheceu com uma pequena erupção.

Endereço dado pelo Dr. Franck: Dr. Ramond, médico, 6, rue du Commandant Rivière. Mr. Bertrand, dentista, rue de Miromesnil 129, digo 29. Endereços: Dr. Schulmann: Broad Street House, New Broad Street London, E.C. Francisco Barros do Amaral – School House. Eastbourne College. St. Bedes' School. Abbe Sentroul, 12, rue d'Ostende, Bruges. Chico Fonseca, Quitanda 59, Rio de Janeiro.

O Hilario Ribeiro faleceu a 10 de outubro de 1886. O Viotti encomendou-me na livraria Masson (120, rue digo boulevard Saint Germain), Paul Broca:

Instructions générales à faire sur le vivant pour les recherches anthropologiques.[183] Monsenhor Macedo Costa pede *L'âme prière*. Dr. Pichavin, 98, rue de Berlin. Só saí de casa às 3 ½, por causa da menina. Fui ao Sacre Coeur, que é uma basílica imponente.

Dr. Franck veio à noitinha e declarou a existência de um sarampo benigno. Esteve à noite o Heitor, com ele saí, fomos ao Cabaret du Néant,[184] totalmente imbecil e no gênero do L'Enfer, muito aquém do que as floreadas descrições de Adelmar descreveram. Em todo caso há melhores jogos de ilusão óptica do que o Inferno. Conversei algum tempo com o simpático Dr. Franck que me deu ideia do modo porque se fazem os cursos no Colégio de França e se preenchem as vagas na Congregação do estabelecimento.

Domingo, 18 de julho de 1909

Fui à missa em Saint Philippe du Roule, igreja que nada tem extraordinária. O Lyra veio ver-me às 2 horas. Fomos ao parque Monceau, belo jardim, onde muito apreciei os monumentos de Chopin (lindíssimo) e Guy de Maupassant. Lá vi também os de Gounod, Ambroise Thomas, Pailleron. A tardinha fui à casa do Pichavin, pedi-lhe que viesse cedo ver a pequena.

Segunda-feira, 19 de julho de 1909

Endereço do peruano Luis Aubry: London, Hampstead; 34, Ingrid St. Veio o Lyra a 1 hora: dei-lhe o dinheiro de que necessitava para a viagem à Alemanha, fomos ao Consulado, deixei-o na rua de Rivoli; passei três horas na biblioteca das Artes Decorativas[185] agradabilíssimas; sala deliciosa para o trabalho; empregados atenciosíssimos. Tomei muitas notas e percorri coleções de estampas. À tarde fui visitar o Pedro Torres, que não encontrei.

Terça-feira, 20 de julho de 1909

Comprei um bom sobretudo por 25 francos nas Galerias Lafayette, assim como um *Gondinet*, no Louvre.

Estive trabalhando na biblioteca das Artes Decorativas onde se deu um incidente desagradabilíssimo com um velhote implicante que me parece bibliotecário. Custei a não lhe atirar com um livro às ventas e saí dando-lhe as costas quando queria explicações. Ficou furioso a esbravejar; tenho de renunciar a ir a essa biblioteca tão cômoda e agradável.

O Lyra veio jantar conosco. Saímos juntos, deixei-o na gare Saint Lazare e fui à cidade onde os moleques dos jornais anunciavam a queda do ministério Clemenceau[186] (felizmente!) derrubado sobretudo pelo Delcasse!

Quarta-feira, 21 de julho de 1909

Endereço do Sr. Desmonts (Louis) 15, avenue Matignon. Mle.Cerciat (?) rue d'Alésia, 26.

Fomos Sara e eu a Saint Cloud[187] pelo Sena e voltamos de bonde. O parque é lindo e tem ruas de belíssimas árvores copadas.

À noite veio visitar-nos o Pedro Torres.

Quinta-feira, 22 de julho de 1909

O Lyra veio despedir-se. Parte para Haya e dali para a Alemanha.

Estive nos cais, em diversas livrarias. Comprei o *Annuaire de la Noblesse de 1864*[188] e tomei notas para consultar o *Arfeuil*[189] sobre a família d'Escragnolle (Robert Sire d'Escragnolle).

Encontrei um beneditino muito simpático, Dom Quantin, de Solesmer, atualmente em Wight. Trabalha com o abade [ilegível] na revisão dos diversos textos da Vulgata. À noite fomos ao *Hamlet*. O Mannet Sully representa muito bem, mas é um tanto ridículo; o conjunto, perfeito. Ofélia esteve esplêndida na cena da loucura (tradução de Alex Dumas e Paul Maurice). Os versos são sofríveis. A peça deixou-me profundíssima impressão.

Sexta-feira, 23 de julho de 1909

Dia feio e chuvoso. Visitei o museu de paleontologia e antropologia e zoologia do Jardim das Plantas. Esplêndido. Lá vi o *diplodoco*, num lago magnífico, o megatério, etc., etc.

As vitrines de anatomia comparada são magníficas. As coleções de conchas e fósseis devera são enormes.

À noite não saí por motivo do mau tempo.

Sábado, 24 de julho de 1909

Voltei ao Jardim das Plantas onde visitei as galerias de zoologia (enormes e interessantíssimas). Procurei o Victor, que partiu para Nancy, e o A.G. da Cunha – rua Meissonier 3, a quem não encontrei.

Não sei onde descobrir o quadro do Avô que está no Jardim das Plantas.

Não saí à noite por causa do mau tempo.

Domingo, 25 de julho de 1909

Fui visitar o Alfredo Torres a quem não encontrei e o Arthur Cunha que me recebeu muito amavelmente, prometeu-me arranjar um fotógrafo barateiro e deu-me boas indicações para a viagem à Suíça. Simpatizei muito com ele, parece um homem de educação muito fina. Ao voltar da rua Meissonier quase fui vítima de um bonde, o que me causou imenso susto. Incidente desagradável com um velhote impertinente.

Fui a Saint Denis com Sara visitar os cenotáfios reais. Lá vimos o conde Álvares Penteado[190] e a competente Elisa Musa [ilegível termo francês grifado], como dois amantes em lua de mel. Que tipo!

Voltamos para Saint Ouen percorrendo lugares horrorosos. Esses lados de Paris nada têm por si.

Segunda-feira, 26 de julho de 1909

Temperatura muito inconstante; ora a chover ora a fazer sol passou-se o dia. Fui à rua J. J. Rosseau, 19,[191] Livraria Lemerner e lá comprei a estampa do quadro de Boilly, *Portrait d'Isabey et de Taunay*, depois fui à ópera comprar bilhetes para as representações da Aída e Huguenotes.

Ao sair encontrei o simpático Dom Henri Quentin (88 rue du Cherche Midi) que me levou à Biblioteca Nacional,[192] onde muito de relance vi as salas de exposição de manuscritos incunábeis, cartas.

Dali fui ter com o Plon (rue Garancière) recebendo-me o gerente da casa Sr. Bourdelle muito amavelmente. Nada vai fazer com *Retirada de Laguna*,[193] infelizmente. Ainda existem em depósito 330 exemplares.

Visitei depois a Igreja de São Sulpício, que pouco tem de notável. A fachada por acabar é grandiosa, a desigualdade das torres, porém, causa má impressão.

Em frente há uma fonte com as quatro estátuas de Bossuet, Fléchier, Fénelon, Massillon, fonte monumental.

À tarde veio o Pedro Torres jantar conosco; conversamos muito sobre diversos assuntos. Saí com ele às 11 horas e acompanhei-o até a porta de casa.

Terça-feira, 27 de julho de 1909

Hoje faz anos o Alfredinho, 33.

Fui ao Louvre onde trabalhei de 2 às 5 horas. O Sr. Le Prieur resolveu apresentar-me a Biblioteca Nacional. O Alfredo Torres veio ver-nos mas não nos achou. Estive no Louvre.

Quarta-feira, 28 de julho de 1909

Fui a Biblioteca Nacional de onde logo obtive cartão permanente por seis meses. Visitei o gabinete das estampas sendo muito bem acolhido pelo conservador Sr. Lemaine. Ali trabalhei de 2 às 4 muito proveitosamente. Passei-me depois para as impressões consultando o *Artfeuil.*

Estive no Louvre. Saí às 5 ½ para assistir à chegada do Blériot[194] que acaba de fazer a extraordinária proeza de atravessar o mar da Mancha voando.

À noite fomos assistir a *Aída*, levada com uma pompa espantosa. No 2º ato havia em cena talvez umas 300 pessoas. Aída (Mlle. Marignan) superou o Radamés afinado, mas com uma voz muito fraca. Amneris (Mlle. Flahant), esplêndida mulher parecendo uma Minerva, cantora medíocre.

Junto de nós sentou-se uma americana lindíssima.

Quinta-feira, 29 de julho de 1909

Fui ao Victor que encontrei adoentado; saímos juntos e fomos à casa de Dr. Pichavin, a quem pedimos atestado.

Trabalhei na Biblioteca Nacional (Imagem 5). À noite saí para dar um giro pelos *boulevards.*

Sexta-feira, 30 de julho de 1909

Assisti ao enterro de Lady Sassoon, filha do barão Gustave de Rothschild, que foi feito com grande pompa saindo da avenue de Marigny. Fui depois ao Louvre.

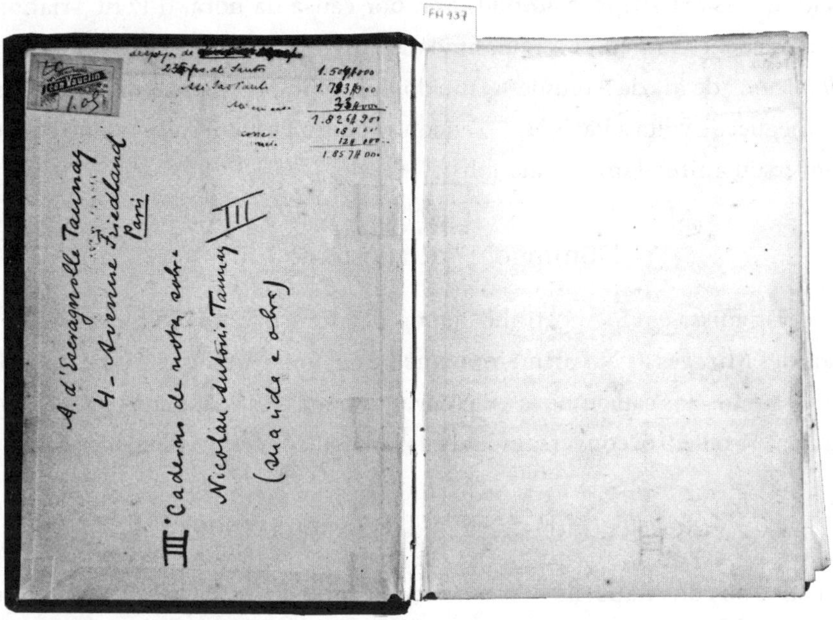

Imagem 5 – Caderneta de Trabalho de Afonso Taunay na Biblioteca Nacional da França (1909). Note-se o hábito de fazer contas de gastos cotidianos, presente em muitos papéis de Afonso Taunay. Coleção Família Taunay. SVDHICO – MP. Crédito fotográfico: Marcus Ozores.

Trabalhei na Biblioteca Nacional e voltei para casa. Às 6 horas.

Fomos aos *Huguenotes*[195] na Ópera e tive grande desilusão; pobre Meyerbeer! A que distância está da música moderna. Achei tudo tão fraco, tão *misère*. Mas tive ótima impressão do *coro dos punhais*, que é realmente grandioso.

Sábado, 31 de julho de 1909

Passei o dia em Versailles onde cheguei às 11 horas. Percorri o castelo de fio a pavio. Gostei imenso das telas de Vernet sobre as campanhas da Argélia. São realmente belíssimas. Os retratos de Winterhalter no *attique* Chimay lindíssimos. Os Nattier e a Vigée Lebrun e a Latours, encantadores. Procurei o amabilíssimo conservador Sr. André Peraté e fui tratado com a maior das gentilezas; acompanhou-me para mostrar os quadros do Avô e sobretudo a soberba coleção de seus desenhos.

Passeei um pouco no parque e fui visitar o Grand Trianon,[196] cujo aspecto externo é deplorável; está riquissimamente mobiliado e encerra notáveis preciosidades artísticas. Não pude ver, por causa da hora, o Petit Trianon,[197] visitei os coches imperiais (riquíssimos) e estive longo tempo sentado na praça do *hameau*[198] de Maria Antonietta, um dos lugares mais poéticos que tenho visto.

Cheguei de volta à Paris às 7 ½ encontrando Victor em casa; jantou conosco e conversou animadamente até 10hs½.

Domingo, 1º de agosto de 1909

Assisti missa em S. Agostinho, depois do almoço fomos ao Museu Grévin e Palais des Mirages.[199] No primeiro o que há de bom é uma série de cenas feitas sobre assuntos das catacumbas e das caves romanas. Cristãos entregues às feras. À noite veio o Pedro; conversamos até as 11½. Saí com ele e voltei para casa a 1h.

Segunda-feira, 2 de agosto de 1909

Estive no consulado, na Bolsa, no consultório do dr. Picheri e na Biblioteca Nacional onde trabalhei 2 horas.

Encontrei o Carlos Claudio, Rodrigo Octavio, Boa Vista e Wenceslau Guimarães. A noite em Luna Park,[200] apinhado. Repugnante um indivíduo que comeu serpentes vivas.

Terça-feira, 3 de agosto de 1909

Estive a *bouquiner* nos cais e em diversas livrarias. Fui depois ao jardim das plantas onde afinal descobri o quadro do Avô tão procurado, está no gabinete do conservador no museu de zoologia. Estive a trabalhar na Biblioteca Nacional e dali saí para procurar Sr. Henrique Lopes, espanhol conhecido de D. Miquel Kruse, avenue de Saint Mandé 39. Enganei-me de número e fiz a viagem inutilmente.

À noite não saí.

Quarta-feira, 4 de agosto de 1909

Levamos a pequena ao Jardim das Plantas, ao sair da sala de lá fui à Biblioteca Nacional onde trabalhei até as 6 horas. Voltei para casa às 6¾ e não mais saí.

Quinta-feira, 5 de agosto de 1909

De manhã visitou-me o Luiz Henrique Lopez com quem simpatizei, parece-me uma boa pessoa. Fui ao comissário André Vainer (Faub. Poissonnière 59) tratar do despacho da mala de Rachel. Estive no consulado e fui depois a Biblioteca Nacional, ainda trabalhei das 2 às 6 horas da tarde.

A noite não saí.

Sexta-feira, 6 de agosto de 1909

Fui ao consulado e à casa de André Vainer (59. Faub. Poissonnière), despachei para o Brasil a mala de Rachel e a licença para a escola.[201] Trabalhei na Biblioteca Nacional: estampas, Coleção [ilegível] e nos impressos, Quatremère de Quincy[202] das 2 às 6. À noite fomos ao Palais Royal assistir a *Monsieur Zéro*, muito *lesté*,[203] mas muito engraçado também.

Sábado, 7 de agosto de 1909

Trabalhei no gabinete das estampas e nos impressos de 1 às 6. O Victor veio jantar conosco e demorou-se até 11h. Acompanhei-o à rue du Bac e voltei às 12h.

Domingo, 8 de agosto de 1909

Fui a missa da 1h em São Felipe. O Lyra voltou da Alemanha onde esteve 15 dias.

Fomos Sara e eu a Enghien e Montmorency num dia de calor pavoroso.

O famoso lago é um açude de incrível mediocridade. O cassino é bonito e bem arranjado. Lá perdi seis francos numa espécie de roleta. Fomos a Montmorency subindo sempre. Mais pitoresca, com ruas muito arborizadas e algumas vilas de agradável aspecto. Vi o Mont Louis, a casa de J. J. Rousseau, agrestes onde também morou o Avô e onde creio haver nascido meu Avô.[204]

Segunda-feira, 9 de agosto de 1909

Voltei ainda à Biblioteca Nacional onde estive de 1 às 6. De noite não saí.

Terça-feira, 10 de agosto de 1909

Estive na agência dos caminhos de ferro suíços (12 rua Lafayette) na casa Old England e na redação da revista *Les Arts et les artistes*[205] de que comprei 2 números. Trabalhei na Biblioteca Nacional da 3 às 6.

À noite fomos assistir a *Miguel Strogoff* no teatro do Châtelet, dramalhão estúpido e metido a jocoso, mil vezes inferior ao livro de Jules Verne.

Quarta-feira, 11 de agosto de 1909

Como de costume voltei à Biblioteca Nacional e trabalhei de 2 às 6. À noite veio Victor jantar conosco. Conversamos até às 10½. Acompanhei-o à rua du Bac e voltei no mesmo carro.

Quinta-feira, 12 de agosto de 1909

Trabalhei na biblioteca de 1½ às 5½. Comprei os guias de Suíça e do Nordeste da França. Às 7 ¾ parti da gare Saint Lazare em direção ao Havre, às 10 e pouco desembarquei em Rouen e tomei quarto no hotel de Paris, no quai de Paris. Passeei um pouco, antes de me deitar estive a ouvir música no cais e entrei as 11½.

Sexta-feira, 13 de agosto de 1909

Às 7 levantei-me e saí a ver a cidade, visita que me encantou. O velho Rouen com o seu dédalo de vielas sem alinhamento e tortuosas cheias de becos e de passadiços, estreitíssimos cercados de casas dos séculos XVI, XV, XIV até 13, é delicioso. A catedral também me encantou sobremaneira, majestosa e sobretudo elegantíssima na sua arquitetura do mais puro gótico. Gostei também muito dos túmulos que encerra dos Brézé, dos cardeais de Ambroise, de Ricardo Coração de Leão, Henri [ilegível], da rainha Mathilde, Rollon, Guilherme Long Épée, etc. Ali se respira o perfume dos séculos.

Fui depois ver a igreja de Saint-Maclou[206] cujo exterior é lindíssimo e o palácio da justiça, antigo parlamento da Normandia, o pátio da entrada é admirável como harmonia, todo o edifício verdadeiro primor de elegância e de bom gosto artístico; esplêndida *salle des pas perdus*, dos antigos Estados Gerais (de Luiz XII); deliciosa biblioteca dos advogados. Seguindo a rua *aux juifs* passei pela *grosse horloge,* extasiei diante de uma série de adoráveis bicocas e cheguei à praça de Vieux Marché[207] onde queimaram Joana D'Arc. Inteiramente modernizado com um horrendo mercado de ferro no meio.

Vi ainda a igreja de Saint Ouen e o vistoso hotel de Bourgtheroulde (muito belo). Nas velhas ruas, de Ruão, no silêncio e na calma da manhã senti-me transportado a outras eras, parecendo-me que era naquele dia que se devia queimar a *Pucelle.*

Às 10 horas parti para o Havre, onde cheguei às 11. Almocei num restaurante em frente à estação e fui visitar o museu cujo conservador é o gravador Alphonse Lamotte. Bem pouco notável, aliás, esse museu; de tudo o que vi só me causaram impressão um quadro de Jean Paul Laurens: *L'interdit* e outro de Poussin: *Le lion d'Andrades*, que a princípio pensei ser do Avô. O museu ninguém tinha na ocasião, a não ser o guarda chefe.

Dali fui procurar ao Sr. Maurice Lehman a pedido de Pérsio. Percorri parte da cidade que é muito feia e sem o menor *cachet* respirando o comércio intenso que nela se faz.

O Sr. Lehman trabalha no escritório central do cunhado, Sr. Joseph Danon. Esperei-o algum tempo à *place* Carnot, número 5, e tive grande decepção ao vê-lo. É um tipo acabado de judeuzinho especulador e muito feioso. Contou-me mil prosas e mexericos atribuindo-se uma importância na casa do cunhado que absolutamente não tem, pois este em minutos de conversa comigo foi logo pondo os pontos nos *is,* e disse-me que o tal Lehmam é simplesmente seu interessado. O Sr. Danon pareceu-me um tipo de negociante *accompli* inteligente e conhecedor de seu comércio, aliando a isso belas maneiras e muita moderação no falar.

Fui com o Lehman assistir a bolsa de café muito desanimada dizem todos, depois da valorização.[208] Presenciei o fechamento dos cursos, que ficaram inalterados. O Sr. Danon criticou acerbamente a valorização, mas declarou-se confiante no futuro do mercado do café se para o ano houver pequena colheita. Visitei seus escritórios que são muito vastos e empregam sessenta ou mais pessoas.

Mandou ao Sr. Lehman que me acompanhasse numa visita ao porto; percorremos de carro diversos cais e *bassins*, visitei o La Touraine e a La Provence e imensos armazéns atopetados de mercadorias.

Parti do Havre as 6½, jantei no trem e cheguei a Paris às 11 ¼, cansado e enervado da companhia do tal Lehman.

Sábado, 14 de agosto de 1909

Estive na Sorbonne[209] onde assisti a *agrégation*[210] de história e geografia de que eram candidatas duas pobres velhuscas cujo ar acabrunhado muito me impressionou, parecendo-me mau presságio para as notas que acabaram de alcançar. Vi o belo anfiteatro decorado por Puvis de Chavannes, com um magnífico painel e dali fui ver o túmulo de Richelieu na igreja de Sorbonne. Ao lado está o duque de Richelieu, ministro de Luiz XVIII.

Na igreja vendem a fotografia do crânio de Richelieu em 1894, horrenda e repugnante. Pobre grande homem!

Passei depois ao delicioso museu de Cluny onde há tantas preciosidades encantadoras. Gostei imenso do estilo do edifício, da capela, do quarto nobre e de todas as velharias ali guardadas grande romaria às famosas cintas de castidade italianas.

De Cluny fui à Biblioteca Nacional onde trabalhei de 5 às 6.

Voltando a casa encontrei telegramas de Genebra anunciando quartos no Hotel Internacional. Decidimos partir no dia seguinte.

O Lyra veio despedir-se, parte para o Brasil a 3 de setembro. Saí com ele e levei-o a rue de Miromesnil; fui depois procurar uma galeria para as bagagens e em frente a gare de Saint Lazare encontrei o Alberto Pareto com que estive conversando uns 20 minutos.

Domingo, 15 de agosto de 1909

Partimos de Paris às 9h15 da *gare d' Orleans* do P.L.M.[211] Imenso *piriteu* [*sic*] fugindo do calor fortíssimo e desejoso de aproveitar a festa da Assunção.[212] Li depois que nesse dia saíram de Paris 900.000 pessoas!

Dia admirável, um pouco quente. Tínhamos a nossa disposição excelente *coupé* de 1ª classe arranjado pelo bom Victor. Seguimos via Melun Montereau – Dijon – Bourg – Ambérieu. Por toda a parte a França plana e feita para a agricultura, cultivada como um jardim, rica e ubérrima. Em Ambérieu mudou o cenário, começamos a subir o vale do Ródano em terreno montanhoso de aspecto mais pitoresco, que se não é um prodígio de belezas naturais, agrada.

Às 7h chegamos em Genebra alojando-nos no Hotel Internacional em frente à estação de Cornavin, em ótimos cômodos.

Estada na Suíça

Saí depois do jantar e pela rua du Mont Blanc fui ver o lago e a famosa ilha de Jean Jacques Rousseau. Enorme animação nas ruas embandeiradas e muito enfeitadas, devido isso ao grande concurso internacional de bandas de música que atraiu à cidade 200 filarmônicas suíças, francesas, italianas, alemãs e austríacas.

Segunda-feira, 16 de agosto de 1909

Desde cedo percorri diversas linhas de bonde, tendo de Genebra ótima impressão. Depois do almoço saí com Sara e a menina encontrando Sr. Augusto Queiroz e Lili, que estão aqui desde muitos dias, assim como Antoninho Assumpção (20, avenue de la Servette). Continuei a percorrer a cidade e visitei o Museu Rath[213] (insignificante, cheio de *croûtes*[214] de pintores suíços), salvando-se algumas estátuas de Pradier.[215] Fui depois visitar o Museu Ariana,[216] construído pelo escritor Gustave Revilliod *soi disant* para comemorar a memória da mãe Ariana de la Rive; é realmente um monumento levantado para ajudar a sua memória atravessar os tempos. Pouca confiança com certeza depositava nas obras que escrevera e resolveu edificar um templo à vaidade enchendo-o de *bric à brac* onde pouco há de notável. A arquitetura do Ariana é apreciável, o parque bem desenhado, o que nele mais me agradou foi a vista do terraço sobre o lago. Essa sim realmente linda.

Os quadros, quase todos, cópias e *croûtes*. Há algumas porcelanas e algumas tapeçarias dignas de exame.

À noite vieram visitar-nos o Antoninho Assumpção e Julieta com quem entretivemos até tarde cerrada palestra.

Terça-feira, 17 de agosto de 1909

Choveu o dia inteiro. Fomos almoçar em casa do Antoninho onde passamos o dia todo, a conversar com os donos da casa e mais dona Augusta e Lili. À noite fomos assistir ao concerto de órgão na Catedral de S. Pedro. O programa exigente compreendia o célebre *Trio dos Ismaelitas*, de Berlioz, o *Coral de Hans Sachs*, de Wagner, *Mestres Cantores*, pedaços de Mendelssohn, mas a execução deixou a desejar e muito. Um solista italiano tocava Sarabanda de Bach para violino só.

A grande catedral quase às escuras dava uma impressão de quietação muito agradável. Nela vi o túmulo do duque Tamerelle de Rohan, o famoso chefe calvinista do século XVII (riquíssimo) e várias pedras sepulcrais de antigas [ilegível] nobrezas.

No meio da igreja, como preciosa relíquia, a cátedra de Calvino, pífio personagem.

Quarta-feira, 18 de agosto de 1909

A situação da catedral é muito poética, uma velha pequena praça, de ar vetusto quanto possível. Fomos com a família de D. Augusta passear ao Salene, a 1.200 m sobre o mar e por onde se vai ter num *ferrocarril* elétrico. Lá almoçamos. O panorama é muito extenso, mas nada teve de grandemente impressionador. Vimos perfeitamente o Monte Branco descoberto com a sua enorme carapaça gelada. O dia estava esplêndido e a vista atingia a grande distância; percebia-se a grande extensão do lago Léman.

Incontestavelmente não vale o Salene do panorama do Corcovado.

Voltamos às 4½ bastante cansados pois muito andamos sobre a montanha.

Quinta-feira, 19 de agosto de 1909

Saindo de Genebra no vapor Géneve, fui a Montreux e dali desembarcando, visitei Vevey e Lausanne nada de muito extraordinário. O panorama do lago não me deslumbrou absolutamente. Pouco há que ver nas cidades ribeirinhas.[217]

Sexta-feira, 20 de agosto de 1909

Às 10 ¾ deixamos Genebra, baldeamos em Lausanne para outro trem em Vevey para 30 pessoas; no nosso não havia vagão restaurante. Seguimos a linha de Simplon[218] e o vale do rio Rhódano; natureza selvagem e grandiosa. Almoçamos muito bem no comboio. Às 3h25 descíamos em Visp e tomamos o trem para Zermatt. Durante 2 horas seguimos o vale do Viége, maravilhado com a assombrosa natureza daquelas passagens selváticas.

Panoramas inesquecíveis, de uma grandiosidade difícil de conceber. O Viége sempre encachoeirado. Corre num vale augusto limitado por paredões colossais que não têm menos de 2 mil metros de alto. Passamos por diversas localidades pitorescas quanto possível como Sankt Niklaus, Randa etc.

As margens do rio são emolduradas por planícies de um verde intenso, esmaltadas de flores, onde pastam inúmeros bois, carneiros e cabras. Perto da ladeira, frequentemente à beira de insondáveis abismos, lindos chalés rústicos e enegrecidos de madeira tosca. No encosto das montanhas as *glaciers* e os píncaros alterosos. Que conjunto! Chegamos a Zermatt às 6:15 hospedamo-nos no excelente Hotel Victoria.[219]

A deliciosa localidade muito pitoresca em situação esplêndida e dominada pela massa colossal e nívea do Cervino. Deitamo-nos cedo, cansados que estávamos da longa viagem e das deliciosas comoções causadas pela paisagem.

Sábado, 21 de agosto de 1909

Às 10 ½ partimos de Zermatt para o cume do Gornergrat devendo, pois, subir 1.600 metros pois esse cume está a 3.120 metros sobre o mar. Viagem indescritível; tivemos um dia como raros; céu de uma pureza inexcedível, o sol a dominar as cristas geladas dos colossos alpinos. O panorama do cume é por certo uma das maiores maravilhas do mundo. O Cervino e o Rosa destacavam-se sem o menor empecilho. Almoçamos no tosco restaurante do Belvedere a 3.200 metros de altitude.

A rarefação do ar causou-nos ligeira opressão. Inúmeros turistas encontramos pelo caminho subindo corajosamente os declives tremendos da montanha. A 1.800 a 2.200 já há grandes hotéis pertencentes ao grupo da família Seiller; breve inaugura-se no cume um terceiro hotel, grande edifício que, com certeza, há de atrair muita concorrência. Fica à beira de vertiginoso precipício e sobre um pequeno lago azul. Em torno há neves eternas.

Voltamos às 3 ½. Saí a ver a aldeia de Zermatt que é interessante. A pequena igreja católica característica e encantadora. Ao lado está o cemitério dos companheiros do famoso Whymper[220] (o primeiro que subiu ao cume do Cervino), mortos em um horrível acidente quando desciam, por haver falseado um deles e caído, arrastando mais três na horrível queda.

À noite houve sarau [ilegível] no hotel, muito pouco animado aliás. Gostei imenso de ver valsar um casal de ingleses, muito moços, dançando com verdadeira perfeição. À meia-noite fui deitar-me bem cansado.

Domingo, 22 de agosto de 1909

Saímos de Zermatt às 9 ½ debaixo de verdadeiro temporal. Cobraram-nos uma conta exorbitante, aladroada. Protestei contra diversos enxertos e assim mesmo paguei 85 francos por uma noite e um dia inteiro de pensão, menos o almoço.

O maldito temporal fez-nos perder a estupenda paisagem do trajeto de Zermatt a Viége.

Às 12:05 tomamos o expresso Lausanne-Milão. Logo depois, passávamos por Brigue e entrávamos no túnel do túnel do Simplon via Isella e Domodossola.

Estada na Itália

A paisagem no trajeto de Isella a Domodossola é muito movimentada. A linha, depois de atravessar largas descidas das *glaciers* alpinas, põe-se a costear o lago Maggiore, cujo aspecto é encantador. Infelizmente havia alguma serração de modo que não pude apanhar o panorama em todas as suas minúcias. Vi as ilhas Borromeu e deleitei-me com a beleza do lago.

Em Arona raspei grandíssimo susto escapando milagrosamente de seguir para Turim, por ter mudado de vagão enquanto Sara seguia para Milão sem dinheiro sequer para pagar o carro para o hotel! Teria sido horrível! De Arona em diante a planície lombarda monótona e cansativa. Atravessamos Legnano e Gallarate e às 4 chegamos a Milão indo hospedar-nos no Hotel d'Europa. No corso Vittorio Emanuele, 9.

À noite saí um pouco, avistei o Duomo, passei pela galeria Vittorio Emmanuelle – recolhi-me cedo ao hotel.

Segunda-feira, 23 de agosto de 1909

Saí cedo e fui logo ao Duomo onde gastei toda a manhã. Fiquei deslumbrado com aquela estupenda montanha de mármore lavrado.

Subi ao teto e à torre da cúpula de onde se avista toda a cidade com esplêndido panorama sobre os Alpes. Gostei muito do túmulo do Medici, irmão do papa Pio IV.

Depois do almoço fomos passear pela cidade, chegando ao museu de Brera[221] tarde, só podendo ver o Castelo Napoleone I, onde há a linda estátua do homem do século, por Canova, em trajes de imperador romano. Vimos por fora o castelo Sforzese. Visitamos depois o museu Paldi Pezzoli[222] onde me encantei com um estupendo Botticelli e um Piero della Francesca. Há um Ribera que também é extraordinário. À noite fomos ao *Da. Juanita*[223] no Teatro Lírico, coisa inteira maçante. *Borracheria* incrível! Pasma-me como semelhante *croûte* musical haja obtido sucesso e sobretudo conseguido manter-se em cena tantos e tantos anos. Voltei para o hotel de mau humor.

Terça-feira, 24 de agosto de 1909

Saí muito cedo, passei uma hora na catedral onde vi o corpo de S. Carlos Borromeu, mumificado, ciceroneando-me um simpático e amável seminarista (esqueci-me de dizer, relatando o dia de ontem que fomos a Santa Maria de la Grazie, onde vimos o Cenacolo Vinciano, a maravilhosa ceia deteriorada pelo tempo). O claustro do mosteiro está muito degradado e não lhe achei a mínima beleza. A igreja tem muito *cachet* e uma capela do Santíssimo Sacramento, curiosíssima (tudo parece muito *délabré*). Confessei-me com um padre que me pareceu alemão e falando regularmente o francês. Da catedral fui ver o Palazzo Reale na Piazza del Duomo. Tem diversos salões muito luxuosos, sobretudo a sala de baile que é esplêndida (*sala dei cariátide*) iluminada por seis mil velas em 30 candelabros creio. Por toda a parte retratos, estátuas e bustos de Napoleão I.

Do palácio fui a pé ao teatro da Scala (bem decorada, a sala enorme) e ao museu de La Brera onde muito me prenderam diversas telas sobretudo um Bernini (sacra família), o Rafael, único de Milão (os esponsais de N. Senhora), um Albano e um Correggio.

Há também muitos Bernardino Luini, Lucca Signorelli, de grande beleza, entre inúmeros quadros de primitivos, sobretudo da Escola Lombarda. De Leonardo só há uma tela duvidosa.

As escolas estrangeiras estão muito mal representadas; apenas 2 Van Eyck, 1 Rembrandt, alguns mais holandeses e flamengos. Depois do almoço fui ver os museus do castelo Sforzesco que é o nome [ilegível] do castelo de Milão. Gostei muito da sala das folhagens do grande conselho. O museu de arte moderna pouco ou nada vale, representando bem a deplorável decadência da pintura italiana. O Museo del Risorgimento[224] é curioso. Nele li as furibundas proclamações de [ilegível] e Radetzky aos italianos, muitas sentenças de morte contra patriotas, enfim mil coisas curiosas; grande número de relíquias de Napoleão I e III e de Eugénio de Beauharnais, manifestando uma gratidão que não é comum entre os italianos que hoje tanto má vontade têm à França a quem tudo devem.

Seria bom que sempre tivessem presente à memória as palavras que os seus principais próceres mandaram num brado de desespero à República Francesa, em 1848, após a derrota de Novara, numa proclamação que se acha no museu de Risorgimento

> Generosa Francia! In questo momento di angustia i nostro occhio sono voltate para te... etc. etc. [*sic*].[225]

O castelo Sforzesco é interessantíssimo; os apartamentos ducais, as coleções medievais e da renascença. A história do milanês, as coleções de retratos são opulentas e prenderam-me enormemente a atenção. Quis visitar a torre de Rocchetta onde esteve preso o infeliz D. Duarte de Bragança, mas soube que não é visível. Dei várias voltas pela cidade percorrendo os bairros novos bem arrumados e construídos e à tarde fui a casa Ricordi.[226]

Quarta-feira, 25 de agosto de 1909[227]

Às 7 saí de Milão com destino a Turim, esplêndida manhã. A paisagem nada tem de interessante. Passei por Magenta, Novara e Vercelli, cheguei a Turim às 9 ¼. Cidade bem arruada, com largas avenidas bem tratada, limpa, muito mais asseada do que Milão, onde no centro há uma infinidade de vielas, por assim dizer imundas. Esplêndido serviço de bonde, como em Milão aliás onde é impossível ser melhor.

Tomei um trem e fui ter à *piazza* Emmanuelle Felisberto, seguindo pela rua Roma, cheguei a *piazza* Carlo Felice. Muitas estátuas e, por toda a parte, vi os monumentos de Lagrange, Massimo d'Azeglio, Vittorio Emanuele II, Carlos

Alberto, Cavour, etc. Deixei a minha mala no restaurante Ligure e fui ver a Reale Pinacoteca, na Academia de Sciencias, antigo Colégio de Jesuítas onde está instalada a galeria dos duques de Saboia.[228] É muito rica e compreende a coleção dos mestres holandeses e flamengos do príncipe Eugenio.

O museu de antiguidades é também muito bom compreendendo uma rica coleção de objetos egípcios. Do museu saí a almoçar e depois fui a *piazza* Del Castello; estive na Real Armería ou museu de armas da casa de Saboia onde não há grandes coleções, mas onde existem muitos objetos curiosos. Ocupa a galeria Beaument do palácio real, nele vi a célebre armadura do cardeal Ascaneo Sforza, muitos objetos que pertenceram a Eugénio de Saboia. Uma grande cópia de arbaletos, arcabuzes, mosquetes [ilegível] dos príncipes de Saboia, bandeiras etc. Do museu fui ver o palácio real, muito rico e interessante gostei muito da sala das miniaturas onde há uma enorme série de príncipes da casa de Saboia. Noutra sala há todos os retratos dos príncipes canonizados da casa de Saboia.

Saindo do palácio fui ver a catedral, que é mesquinha, mas onde, ao lado, existe a riquíssima capela onde Carlos Alberto erigiu quatro faustosos monumentos aos seus mais célebres antepassados, Carlos Manuel, Manuel Felisberto, Umberto Biancamano, creio e um outro. A capela é de mármore negro e custou, dizem, 20.000.000 de liras.

Da catedral saí à percorrer a cidade de carro, vi os principais corsos, fui do jardim público, ao cais do Pó, depois a mole Antonelliana. Deixei de ir à Luperga por estar o dia muito enublado.

Voltei a Milão pelo trem de 10 ½ da noite.

Quinta-feira, 26 de agosto de 1909

Passamos o dia em Milão à espera do dinheiro que o Antoninho Assumpção devia mandar-me de um depósito que eu fizera em Genebra. Aproveitamos o tempo visitando a estupenda cartuxa de Pavia, monumento de uma grandiosidade espantosa e de uma riqueza colossal. Só o valor dos mármores brutos nele empregados ascende a 40.000.000 de liras, construiu-o o famoso Giani Galeazzo Vicenti, pai de Valentina, duquesa de Orleans e essa construção deve-se à sua devoção e munificência e sobretudo muito aos remorsos de uma consciência atribuladíssima. Da igreja tudo é de admirar-se.

A sacristia, o coro, as capelas laterais são esplêndidas. No centro da nave há um cenotáfio com as estátuas de Ludovico Mouro e Beatriz d'Este, sua mulher. No lugar onde esse soberano caipora escolhera o local do seu túmulo. Existe também um riquíssimo túmulo de Giani Galeazzo onde se acha o crânio do fundador da Certosa. O pequeno e o grande claustros do convento, o refeitório são curiosíssimos assim como os apartamentos isolados dos monges. Voltamos da Certosa às 6 ½. À noite não saí.

Sexta-feira, 27 de agosto de 1909

Saí muito cedo, fui do Duomo às velhas igrejas de S. Eustorgio, S. Ambrósio, S. Lourenço e S. Satyro. S. Ambrósio é curiosíssimo pois data por assim dizer do século IV contemporâneo do grande Doutor da Igreja.[229] Tem um cunho fortemente característico e mostra relíquias de antiguidade remotíssima como a *sedia* do santo Patrono de Milão.

Vi também a insignificante e pretensiosa igreja de S. Carlos, no Corso Vittorio Emmanuele. Recebi o dinheiro no Banco Commerciale Italiano e aproveitei um intervalo para visitar o teatro da Scala cuja sala muito me agradou. Às 12:55 partimos para Veneza num trem apinhado e enorme. Trajeto feio e monótono; muita lavoura perene e campos verdejantes. As próprias margens do lago Degarde não são coisa de pasmar. Chegamos à Veneza à 7:20 debaixo de uma chuva torrencial. Incidente desagradabilíssimo da perda do conhecimento da bagagem. Dormimos sem roupa para mudar. Choveu a noite toda desabaladamente. Ficamos no hotel Luna.

Sábado, 28 de agosto de 1909

Às 6:½ ajustei uma gôndola e fui à estação buscar as malas o que se seguiu após grande debate com o chefe do depósito de bagagens. Na ida vi o Canelazo e visitei a igreja degli Scalzi (curiosa).

Voltei ao hotel Luna as 8:½ e dali fui com Sara visitar a Catedral São Marcos. Tive contínuas decepções. Achei a fachada baixa, sem imponência, e o interior meio estrambótico. Percorri minuciosamente a basílica, gastando nessa visita umas 4 horas. Vi o batistério, o tesouro, a sacristia, *a palla d'oro*, percorri também as galerias e fui ao balcão da igreja onde francamente não me extasiei ante a famosa quadriga coríntia. O aspecto da praça é belo, mas supunha-o muito mais grandioso; achei a *piazza* estreita, acanhada e os edifícios das *procuratórias,* bem distantes do que deles diz o *Baedeker.*

Gostei muito mais da *piazzeta* do palácio ducal.[230] Perdi uma hora do *après-midi* a ver um depósito de cristais e mosaicos. Depois do almoço tomei uma gôndola e fui-me conduzir pelos canais da curiosíssima rainha do Adriático. Desci do barco e palmeei um meandro absolutamente labirinto de vielas, becos, passagens, coisa intrincadíssima.

À tarde fui visitar San Giorgio Maggiore, subindo ao *campanile* de onde desfrutei longamente esplêndido panorama. A basílica, antiga abadia beneditina, ainda está sob a guarda de dois padres beneditinos, residentes numa casinhola que o jovem ítalo [ilegível] houve por bem conceder-lhes, tendo-os espoliado de seu imenso mosteiro, hoje quartel de artilharia. Creio que o autor desse confisco foi Napoleão I. De San Giorgio fui a fim de ver e à igreja de Redentore, digna de nota. Em S. Giorgio há diversos túmulos notáveis entre outros o de dois doges Dandolo e o do famoso Peloponésia..., creio. O estilo da igreja é cheio de nobreza e grandiosidade. Voltei à praça de S. Marcos, onde Sara me esperava com a pequena, a dar milho às pombas.

Percorremos o Canalazzo, o Canaletto e muitos outros rios em duas horas e meia de gôndola. À noite saí a explorar a cidade, percorri inúmeras vielas e passando pelos campos de S. Moises, S. Mauricio, S. Estefano[231] (praça Morosini) fui à ponte de ferro do C'a pela outra margem ao Rialto,[232] voltando ao centro pela Calle dei Fabbri.

No campo Di San Stefano, perto da estátua de Niccolo Tommaseo encontrei um grupo suspeito que me acompanhou até a Igreja de S. Maurício, ou antes dois indivíduos. Um deles na estreita *calle*, perto da *calle* larga, abordou-me de longe; a presença de mais pessoas atrapalhou-lhes os planos. O bairro estava muito escuro e pouco frequentado quando por ele transitei embora ainda fosse cedo.

Domingo, 29 de agosto de 1909

Às 7 assisti missa em San Marcos; fui depois ao palácio ducal examinando conscienciosamente as suas magnificências, artísticas e históricas das grandes salas e enfim de todos os seus cômodos. Vi também os *pezzi* e a ponte dos

Suspiros. Já ontem os visitara de passagem. Depois do almoço, passei 2 horas no Museu de Belas-Artes[233] onde há uma estupenda galeria, onde figuram obras-primas de valor colossal como a Assumpção e a Apresentação da Virgem, de Ticiano; a Ceia em casa de Levi, de Paulo Veronese, uns admiráveis Giovanni Bellini, outros tantos Palma Vecchio, e Palma Giovane. Enfim um cenáculo de incalculáveis preciosidades.

Fui depois aos Frari onde vi os estupendos monumentos funerários Canova e Ticiano, de vários doges, condottieres e almirantes, do serviço da república do beato Paschoal Buon. Estive de 2 1/3 às 4 1/3 nessa igreja, indo depois a San Tommaso ver os quadros lá depositados interinamente e a Scuola di San Rocco.

Segunda-feira, 30 de agosto de 1909

Saí muito cedo; vi as igrejas de S. Moisés, dos Jesuítas, fui ao Lido com Sara e voltei para almoçar. Visitei depois o Museu Cívico,[234] interessantíssimo pela colecção de antiguidades venezianas de toda a espécie, que permitem reconstituir a vida da república. A parte numismática é esplêndida.

Fui depois aos arquivos onde há coisas magníficas, e à biblioteca Marciana, riquíssima, cheia de autógrafos e portulanos, incunáveis, funciona no local da antiga moeda de Veneza, a Zecca cujo pátio central foi transformado numa linda sala de leitura. Visitei também a magnífica igreja de S. João e S. Paulo. O 2º *parterre* veneziano onde há os esplêndidos túmulos de algumas dezenas de doges, dos irmãos Baudiera, dos dois Palmas, de vários *condottieri* e personagens ilustres. Alguns desses túmulos como os dos doges que estão na nave central são verdadeiras obras-primas.

No transepto direito há uma série de baixos relevos de bronzes relativa à vida de São Domingos. Notáveis pelo valor artístico. Estive mais de 2 horas a ler as inscrições funerárias do templo. A estátua de Calleoni causou-me a impressão esperada, é estupenda.

Visitei também e ainda o palácio Vendramin Calergi, riquíssimo, onde morreu Richard Wagner e comprado ao último representante da família ducal de Vendramin pela duquesa de Berg, que nele morreu em 73, creio.

De propriedade do conde de Chambord, passou ao meio-irmão, o duque siciliano Della Grazia, o atual proprietário. O palácio contém muitas preciosidades e inúmeras recordações bourbônicas, como, por exemplo, grande galeria de soberanos e príncipes dessa casa. Ao lado do pequeno e pitoresco jardim. Vi ainda o palácio Giacomelli, onde há magnífica sala de baile. Voltei a pé para o hotel percorrendo as ruelas do Rialto e adjacências e vendo ainda a igreja do Salvador, onde estão Catarina Cornaro, a rainha de Chipre, e dois doges da família Friuli.

À noite voltei aos lados do campo de Morosini.

Fui à praça onde está Daniel Manis, e voltei a S. Marcos, onde ouvi música até 11 horas. Grande animação.

Terça-feira, 31 de agosto de 1909

Saí muito cedo e fui à igreja de S. Maria della Salute, edificada em cumprimento de voto por ocasião de fortíssima epidemia no século XVII, creio. Não é grande coisa, embora muito rica. Daí parti para o Jardim Público onde examinei detidamente as coleções da Exposição de Arte Internacional;[235] gostei muito da húngara, bávara e inglesa.

Os italianos têm também coisas muito belas. Impressionou-me muito o vigor de um quadro de Sorelli, uma miserável, muito velha a morrer num celeiro e a receber a extrema-unção de um velho cura, enquanto um bando de crianças assim assarapantado assiste a cena. Do passeio público tornei ao palácio ducal que percorri todo de novo.

Às 2:10 saímos de Veneza. Viagem incômoda, trem apinhado. Tivemos como companheiros de viagem dois italianos muito amáveis que fizeram mil carícias à pequena.

Sara ficou em Milão e eu segui para Gênova, onde cheguei às 11:50 da noite com esplendoroso luar que me deixou ver um pouco a grandiosidade selvagem das ásperas gargantas dos Alpes ligurianos que a estrada de ferro vence. Estrampado, recolhi-me ao Hotel Royal, em frente ao caminho de ferro, na praça Acquaverde, onde há o par de monumentos de Colombo.

Quarta-feira, 1º de setembro de 1909

Saí do hotel às 6 ½ e dirigi-me para o porto, onde começava o trabalho. Lá estive até às 8 horas. Tomando então o trem que faz a *circonvallazione a monte* até a Piazza Verdi, onde passei para o *bond* do Campo Santo que se acha situado fora da cidade nas proximidades de uma torrente que na ocasião estava completamente seca. Enorme desilusão com o tal cemitério que não passa da mais cafajéstica demonstração da imbecilidade humana; uma série de túmulos do maior mau gosto, enfileirados como se estivessem a guarnecer um museu, cobertos de inscrições e sandices, numa emulação deplorável onde não se sabe o que mais destacar: se a falsidade dos que ali enterraram uma legião de santos e de heróis, de *incidias sin macula* e de portentosos gênios, se a imbecilidade dos epitáfios com que celebraram o seu pseudo desabrunhamento pela saída do mundo dos que ali estão em revista.

Ao menos foi sincero o herdeiro do famoso carguista multimilionário Carlo Erba[236] que no riquíssimo monumento de mármore negro descreveu: "*homenagem de seu sobrinho e herdeiro muito grato*".

Pena é que tanto belo mármore, tanta estátua admirável, sirva para realçar o valor daqueles mausoléus tão inúteis. Saí do Campo Santo com verdadeira impressão de repugnância pela estúpida mania que leva a glorificar aquela enorme série de anônimos, dentistas e *parrucchieri*, *hobereaux* genoveses e comerciantes de secos e molhados. Do Campo Santo voltei a Piazza Verdi e a Ponte Pila, onde tomei o *bond* de *circonvallazione a mare* cujo trajeto nada tem de notável.

No *circonvallazione a monte* a vista é bonita, pois que o *bond* sobe sempre passando por diversas ruas edificadas com esplêndidos prédios. Parei na Piazza De Ferrari, coração da cidade, vi o teatro Carlo Felice, a catedral S. Lorenço e a igreja jesuítica de Santo Ambrósio; nenhuma destas vale grande coisa.

Almocei na *trattoria* do teatro e depois tomei um carro passeando pelas principais ruas, XX Setembro, Roma, Corsica, Balbi, Garibaldi, etc.

Visitei o Palácio de André Doria, imenso e vetusto casarão que a república doou ao famoso almirante de Carlos V. Quase tudo está alugado a não ser uns apartamentos reservados pelo proprietário, o príncipe Doria Pamphili, onde há uns retratos de família e uma galeria, que os porteiros recomendaram muito, mas onde nada vi de notável. Do palácio Doria Pamphili passei aos palácios Bianco e Rosso que a duquesa de Galliena doou à cidade de Gênova e onde instalou museus. Neles há algumas obras de arte notáveis e curiosidades históricas.

O palácio real não é grande coisa. Na universidade só pude ver umas salas pois estava fechado devido às férias. Continuei de carro até o farol perto de San Pier d'Avena, voltei à praça De Ferrari, visitei às carreiras, o museu municipal Chiossone que não me interessaram de todo (curiosidades do extremo Oriente).

Encontrei com o Mario V. Taveira na via Palestra e com ele conversei uns 20 minutos. Está em Gênova há 3 meses e já passou não sei quanto tempo em Veneza.

Saí de Gênova às 7 ¼ e cheguei muito cansado a Milão às 10 ½.

Quinta-feira, 2 de setembro de 1909

Saímos de Milão debaixo de violenta chuva as 10:30 depois do almoço e chegamos a Genebra às 7½ com muito frio. Trem repleto. Nele viajava um negro americano acompanhado de um secretário branco (creio que italiano ou francês) gastando a valer. Em todas as estações a fazer compra de imensas bugigangas. Com certeza teve alguma herançazinha e está a dissipá-la. Disse--me ser de Boston e andar a viajar pela Europa.

2ª Estada na Suíça

Atravessamos o Simplon em 21 minutos.

Pude bem apreciar o lindo panorama do lago Maior e de Domodossola e Isella. Voltamos ao Hotel Internacional do simpático Sr. Amberdward. Não saí à noite.

Sexta-feira, 3 de setembro de 1909

Passei o dia em Genebra; visitei o Antoninho de Assumpção, descontei uma letra na Banque Fédéral Suisse, ficando com uma carta do crédito de 7.500 francos. À noite despedi-me do Antoninho. À tarde fui passear na *junction* do Arno e do Ródano. Insignificante como beleza.

Sábado, 4 de setembro de 1909

Saímos de Genebra às 10:47; almoçamos em Montreux, onde tomamos o trem do Oberland Bernès, linha elétrica.

Viagem estupenda pela beleza extraordinária dos panoramas. Em Zueismmen baldeamos para a estrada de ferro federal que nos levou a Interlaken, o lago de Thun.

Chegamos às 7 ½ e hospedamo-nos no Hotel Alpino.

Domingo, 5 de setembro de 1909

Dia insipidíssimo de chuva descontínua. Não pude sair do hotel e aborreci-me mortalmente. Dizem os jornais de anteontem que o explorador americano Frederick Cook atingiu o Polo Norte.

Segunda-feira, 6 de setembro de 1909

Dia magnífico. Fomos, Sara e eu, a Berna, onde passamos o dia. O caminho é lindo sobretudo na parte que costeia o lago de Thun.

Berna é uma cidade altamente simpática e bonita com a sua vista sobre os colossos do Oberland e sobre o Aar.

Aproveitamos bem o tempo visitando a fossa dos ursos na extremidade da tão pitoresca rua principal de Marktgasse, o palácio federal,[237] onde há uma linda sala de sessões do parlamento suíço, o interessante museu histórico, o palácio dos correios, a catedral e o museu artístico insignificante.

Vimos também o Kleine Schanze, terraço cuja vista é esplêndida e as duas belas e altas pontes sobre o Aar. Voltamos a Interlaken às 6 da tarde, muito satisfeitos com o lindo passeio. No hotel conversei com um muito amável casal francês.

Terça-feira, 7 de setembro de 1909

Esplêndido tempo. Fiz a grande excursão circular de Interlaken – Lauterbrunnen – Wengernalp – Scheidegg – Grindelwald e Interlaken. De Scheidegg subi até Eismeer (3.200 metros) ponto extremo do caminho de ferro que deve atingir o cume do Jungfrau.[238] Panoramas estupendos, sobretudo de Lauterbrunnen, com a sua famosa cascata de Staubach[239] e a sua ascensão para Mürren. A subida no Jungfrau é curiosíssima e vale imenso pelo arrojo de projeto da estrada de ferro que sobe pela montanha em túnel. Almocei em Eismeer, de onde se tem uma vista admirável sobre uma grande bacia coberta de neve e blocos de gelo.

Na estação imediatamente antes tem-se um panorama dilatadíssimo. Voltando a Scheidegg segui para Grindelwald, cuja situação é também linda com um quadro grandioso dos grandes picos do Mönch, do Eiger e do Wetterhorn.

Fui ver o ascensor que serve a este último, o tão famoso *cablecar* do Wetterhorn[240] e nele galguei os 420 metros que separam verticalmente as 2 estações. A impressão, a princípio, não é das mais agradáveis, depois não se sente temor algum. Cheguei de volta a Interlaken às 7½. Deitei-me cedo tendo conversado bastante com o amável casal francês.

Quarta-feira, 8 de setembro de 1909

Saímos às 10 ½ com destino a Lucerna, navegando pelo lago de Brienz, cujas margens são muito agradáveis e pitorescas. Almoçamos em Brienz e ali tomamos o expresso para Lucerna. Dia esplêndido e caminho lindíssimo através das montanhas com variados e belíssimos panoramas. A ascensão do Brienz [ilegível] e a vista sobre o lago de Sarnen e dos Quatro Cantões são encantadoras.

Encontrei no caminho um velho padre, o *abbé* Barralles, que viajava com um menino a quem educa; um diabinho insuportável, que afinal fazendo uma cena de ciúmes veio interromper a interessante conversa que eu travava com o sacerdote. Pareceu-me um tanto exaltado e modernista e sobretudo muito inteligente e instruído.

Conversávamos animada e francamente. Mora em Bordeaux, mas passa temporadas em Paris, a rue Certambert.

Chegamos à Lucerna às 5 horas da tarde, mais ou menos. Encantadora situação da cidade sobre o lago e o Reuss, linda. Hospedamo-nos no hotel dos Alpes, casa muito limpa, com excelente serviço e muito barata.

Visitei ao chegar o Museu da Guerra e da Paz, muito curioso sobretudo pelas placas com relevo de inúmeras grandes batalhas. Examinei a curiosíssima ponte velha de madeira e fui ao Correio de onde trouxe volumosa correspondência. À noite não saí.

Quinta-feira, 9 de setembro de 1909

Cedo me levantei, visitando o monumento do leão (lindo), o jardim das *glaciers*, o museu a ele anexo e o panorama alpestre; fui depois à catedral e parti para Zurique às 10 horas.

Em Zurique me demorei até 7 horas da noite; visitei a Politécnica, fechada por motivo de férias, e os seus diversos pavilhões. Esplêndida instalação; fui depois ao museu de pintura (insignificantíssimo) e ao museu histórico nacional suíço, muito interessante. Gostei imenso das reconstituições das civilizações pré-históricas sobretudo da vida das aldeias lacustres.

Vi também com interesse muitos troféus tomados aos borguinheses, aos milaneses, etc., muitas curiosidades suíças, reconstituições de quartos e salas, enfim tudo muito de observar.

Passei pela cidade servida por excelentes bondes elétricos e bem construída em situação pitoresca. Voltei cansado a Lucerna.

Sexta-feira, 10 de setembro de 1909

Cedo visitei o museu de Lucerna, minúsculo. Fui ao Righi; gostei muito da travessia do lago até Vitznam; a vista do alto da montanha é estupenda. O dia estava ligeiramente enfumarado. À tarde partimos para Basileia, onde chegamos às 6 horas. Em viagem encontramos um tal Ferdinand Peterson que disse conhecer o Carlos Euler e me pareceu meio pancada. Contou-me uma série de projetos para especular sobre terrenos e disse uma porção de asneiras sobre o Brasil. À noite percorri as ruas de Basileia, cidade tristonha.

Sábado, 11 de setembro de 1909

De manhã cedo fomos ao Jardim Zoológico (sofrível), visitei depois a catedral, interessante, onde estão enterrados a imperatriz Anna de Habsburgo (mulher de Rodolpho), Erasmo e Holbein. É um edifício grande e belo. Ao lado interessante cemitério velho.

Vi também o hotel da vila, no Marktplatz, interessante. O museu de pintura tem coisas notáveis, como a série magnífica dos Holbeins, entre os quais o famoso Cristo despregado da cruz, violáceo e titânico, um retrato do pintor etc. Há também uns tantos Boecklin muito notáveis, como o Bosque Sagrado, Petrarca na fonte de Vandeuse, Pietá, que grande colorista! Na sala da aula da universidade vi os retratos de Aeneas Sylvius, fundador do instituto, dos Bernilo, Euler, Erasmo etc.

Do museu de pintura fui ao histórico onde pude ver os restos da famosa dança macabra[241] e diversas outras cousas dignas de menção numa coleção de instrumentos de música etc.

Dei várias voltas pela cidade, vi as pontes do Reno e às 5 horas segui para Estrasburgo onde cheguei às 7 horas. Hospedamo-nos no hotel National em frente à estação principal.

Em nosso compartimento viajava um advogado de Frankfurt, um tal Dr. A. Loewenthal, muito amável e instruído que disse interessar-se muito pelo Brasil e que com efeito parece conhecer muitas coisas do país.

Estada na Alemanha

À noite dei um passeio por Estrasburgo chegando até a catedral. Inúmeros soldados pelas ruas. Vi a praça Broglie e a praça Kleber. Encontrei um amabilíssimo livreiro mexicano estabelecido em Estrasburgo. Estive num café a conversar com ele e um amigo.

Domingo, 12 de setembro de 1909

Visitei a catedral de *fond em comble*[242] subindo os quase incontáveis degraus das suas torres. Percorri a cidade onde há bairros novos e bonitos com excelentes edifícios como o dos correios, parlamento da Alsácia Lorena, palácio imperial, ministério do Interior, museus etc.

Fui ver o Dr. Martim Spahn, Grandi Die Strasse 1, perto da universidade e não o encontrei. Vi também a igreja de S. Nicolau onde há o belo túmulo de Maurício de Sachsen, o vencedor de Fontenoy.

Voltei à catedral onde assisti à missa para ver o famoso relógio no *coup de midi*. Grande decepção com essa infantil mecânica que tão célebre é, no entanto. Às 3 ½ tomamos o trem para Mogúncia, onde chegamos às 7hs percorrendo uma região horrenda.

Segunda-feira, 13 de setembro de 1909

Cedo me levantei indo à catedral onde vi coisas até curiosas; belos monumentos funerários de bispos e nobres. Entre os primeiros destaquei especialmente a sepultura do valente Van Ketteler. A sala do capitólio é esplêndida, velho claustro muito interessante. Percorri um pouco a cidade de Mogúncia que é agradável e bem construída. O hotel em que estamos (central) é infame, nauseabundo.

Ao meio-dia cheguei a Frankfurt onde fiz as seguintes visitas: catedral, muito pitoresca, casa e museu de Goethe, de que muito gostei; *hôtel de ville*, e a sua famosa sala dos Imperadores e a dos eleitores.

O *hôtel de ville* constitui um edifício único no seu gênero. Percorri a suas ruas, a Kaiserstrasse, o Veil e o Neuveill. E depois os antigos quarteirões tão pitorescos com as suas velhas casas. Fui à ponte do Reno (a velha), ao Palmengarten, esplêndido jardim botânico, depois ao magnífico jardim zoológico.

Voltei a Mogúncia às 8 horas da noite.

Terça-feira, 14 de setembro de 1909

Parti às 7 horas da manhã para Wiesbaden onde dei lindo passeio pela cidade. Vi o parque e o lindo Kierha. Wiesbaden é um lugar agradabilíssimo. De lá parti para Frankfurt onde visitei a ópera e o museu de pintura Städle onde há o famoso *Sansão e Dalila*, de Rembrandt. Gostei imenso da série de retratos de Lenbach e de dois Boecklin, realmente soberbos.

Passei o resto do dia no parque de AH, na exposição nacional de aerostação, onde pude apreciar de muito perto as manobras do Zeppelin que leva a bordo 20 passageiros.

Interessantíssima essa exposição, muito documentada na parte retrospectiva e histórica, completa no que se refere a todas as minúcias da navegação aérea, atualmente. Visitei os hangares de diversos balões, dirigíveis e os aeroplanos de vários sistemas. Entre os quais um de Blériot. Entre as atrações da exposição contavam-se uma aldeia africana com uma centena de negros, bonitos tipos e extremamente curiosa, e um combate naval simulado entre navios e fortalezas perfeitamente simulado, admiravelmente simulado, num grande tanque de 7.000 m^2. Às 9 horas voltei a Mogúncia.

Quarta-feira, 15 de setembro de 1909

De manhã percorri a cidade. Fui a casa Schottande e comprei o *Siegfried Idyll*. Às 11 horas embarcamos no Barbarossa que logo levantou ferro.

Imagem 6 – Afonso Taunay e Sara de Souza Queirós. No colo do pai, Ana, e no da mãe, Paulo, que nasceu em fins de 1909, enquanto o casal se encontrava na Europa. FAT – SVDHICO – MP – USP.

Notas

1 A viagem prolongou-se de maio de 1909 a fevereiro de 1910 (270 dias). O texto do caderno registra o primeiro período da viagem (114 dias), encerrando-se este em 15 de maio de 1909. O navio Orcoma pertencia à empresa britânica Pacific Steam Navigation Company (P.S.N.C.) e foi construído pela Cia. Willian Beardmore, sediada em Dalmur, Escócia, especialmente para fazer o serviço da costa ocidental da América (Chile) até a Europa. A primeira vez em que aportou no Brasil foi em setembro de 1908. Suas confortáveis acomodações da primeira classe contavam com todos os equipamentos modernos, inclusive os elétricos, como ventiladores, máquinas de lavar roupa e louça, escovas para os cabelos e outros confortos modernos.

2 Foram na viagem Afonso d'Escragnolle Taunay (1876-1958), sua esposa, Sara de Souza Queiroz (1886-1966), a primeira filha do casal, Anna de Taunay (1907-1992), e Emília, a ama ou governanta da pequena. Sara era filha de Vitalina Pompeu de Camargo (1855-1936)

e Antônio de Souza Queiroz (1844-1920), neta dos barões de Souza Queiroz por parte de pai e de Antônio Pompeu de Camargo (1805-1853) por via materna. Seu pai foi um dos maiores cafeicultores paulistas, com negócios que se estendiam também às empresas ferroviárias e aos serviços comerciais e financeiros. Sobre a família Souza Queiroz e suas ramificações, ver *Revista do IHGSP*, vol. 57.

3 D. Miguel Kruse (1864-1929). Abade do Mosteiro de São Bento de São Paulo. Originário da Alemanha, fez seus votos no Brasil. Sua vida esteve intimamente ligada com a restauração da Ordem Beneditina no Brasil, além de ter papel importante para a arte sacra da ordem em São Paulo. Criou o primeiro curso superior livre de Filosofia de São Paulo, no Colégio São Bento.

4 Manuel Joaquim de Albuquerque Lins (1852-1926), presidente do Estado de São Paulo entre 1908 e 1912.

5 Olavo Egydeo de Souza Aranha (1862-1928). Casado com Vicentina de Souza Queiroz de Souza Aranha, prima de Sara. Foi secretário da Fazenda do Estado de São Paulo entre 1906 e 1909 e um dos artífices do Convênio de Taubaté. Ligado à Campanha Civilista. Presentes também os dois filhos do casal, Alfredo e Olavo (designado como Olarito).

6 Reynaldo Porchat (1868-1953) era professor do curso de Direito, e havia publicado nesse ano de 1909 o livro *Da retroactividade das leis civis*. Era filho de Victorino Porchat e de Prudência da Silva Telles e neto do botânico suíço Henri Victor Porchat, que se radicou em Santos, onde adquiriu a ilha que ainda hoje leva o seu nome. Reynaldo Porchat viria a ser senador estadual (1923-1925). Foi diretor da Faculdade de Direito (1930-1931) e o primeiro reitor da Universidade de São Paulo.

7 Edmur de Souza Queiroz (1877-1946), irmão de Sara, escritor, publicista e membro do IHGSP, terá importante papel na entrada de Afonso Taunay no Museu Paulista. Laly era apelido de Carolina da Costa Carvalho de Souza Queiroz (1884-1972), sua esposa.

8 Nesse parágrafo, além da vasta parentela de Sara, a maior parte dos nomes referidos indica colegas de Afonso, da Escola Politécnica e do Colégio São Bento.

9 Augusto Carlos da Silva Telles (1851-1923), casado com Eugênia Cristina Teixeira Leite (1865--1934), irmã de Cristina Teixeira Leite d'Escragnolle Taunay (1854-1936), a mãe de Afonso Taunay. Presente também seu irmão Antônio Carlos da Silva Telles (1844-1925), fazendeiro, comissário de café e político, radicado em Santos. Depois da morte do visconde de Taunay, em 1899, o acolhimento do tio Augusto foi fundamental para o encaminhamento de Afonso em São Paulo. Era pai de Goffredo Teixeira da Silva Telles (1888-1980), mencionado a seguir.

10 Pais de Sara, irmãs e cunhado.

11 Pérsio de Souza Queiroz, irmão de Sara, casado com Maria Luiza Amaral de Souza Queiroz.

12 Estabelecimento ligado ao Hotel Sportsman, o mais elegante de Santos. Localizado no centro da cidade, tomava todo o quarteirão da rua Riachuelo, com praça Mauá e rua XV de Novembro. Contava com esplêndidos salões para recepções e banquetes, além de quartos para banhos. Nas noites, havia concertos de música no restaurante do hotel.

13 Imagens do Orcoma chegaram a ser veiculadas em cartões-postais da época, *vide*, por exemplo: http://www.simplonpc.co.uk/PSNC2.html#anchor147300. Acesso em 15/5/2023.

14 Como aluno da Faculdade de Direito, Ângelo Mendes de Almeida fez parte do "Clube dos estudantes monarquistas", sendo também editor do seu jornal. Ver Nogueira, 1967.

15 José Guedes de Sousa, barão de Pirapitingui (1830-1897), foi um importante cafeicultor e capitalista na cidade de São Paulo, onde possuía um palacete na esquina da rua Ipiranga com a rua Rio Branco.

16 Família do general Dionísio Cerqueira (1847-1910), que ocupou o Ministério das Relações Exteriores, da Guerra e da Indústria, Viação e Obras Públicas, todas eles no governo de

Prudente de Morais. Foi enviado em missão militar a Paris em 1909, onde faleceu enquanto revisava a primeira edição de sua memória sobre a guerra do Paraguai (*Reminiscência da Campanha do Paraguai*), publicada em 1910. O general Dionísio Cerqueira era sogro de Raul d'Escragnolle Taunay (1880-1963), irmão de Afonso, que se casara com sua filha Maria Antonieta.

17 Antigo cais que estava localizado próximo do que hoje é a praça XV. Lugar de desembarque de passageiros e marujos. Estava próximo do antigo Morro do Castelo, derrubado no final da década de 1920, e da Igreja Santa Luzia, que em 1909 ainda estava de frente para a praia. O cais Pharoux recebeu esse nome devido à importância do Hotel Pharoux, construído ainda no início do século XIX, localizado na saída do cais.

18 Washington Luís Pereira de Sousa (1869-1957) era, nesse momento, secretário de Justiça do Estado de São Paulo, cargo que ocupou entre 1906 e 1912. Nasceu em Macaé, mas fez carreira profissional e política a partir de São Paulo, onde se casou e estabeleceu em 1900. Foi prefeito de São Paulo (1914-1919), governador do Estado (1920-1924) e presidente da República (1926-1930). Foi também historiador, ligando-se sobretudo à história de São Paulo no período colonial e à história das bandeiras paulistas. Disponível em <http://www.fgv.br/cpdoc/acervo/dicionarios/verbete-biografico/washington-luis-pereira-de-sousa>. Acesso em 4/5/2023.

19 Hermes da Fonseca era, então, ministro da Guerra. Sua saída do ministério prefigurava o embate que iria se dar na eleição presidencial de 1910, onde ele enfrentaria a candidatura de Rui Barbosa, articulada na Campanha Civilista. A fala de Taunay sugere que, apesar da antipatia que sentia em relação à candidatura de Hermes da Fonseca, ela era preferível à de Rui Barbosa, que seria o favorito das elites paulistas.

20 Revolta popular, motim.

21 Adelaide d'Escragnolle Taunay Doria (1845-1921), tia de Afonso Taunay, irmã de seu pai.

22 Luis Goffredo d'Escragnolle Taunay, tio paterno de Afonso Taunay, manteve relações com a França, onde desenvolveu redes de sociabilidade relevantes, como aquela que aqui se menciona. Entre outras ações, ele engajou-se no esforço de aproximação da França com os países latinos, através da União Latina. Ver *link* disponível em <http://funag.gov.br/loja/download/o_brasil_e_as_origens_da_uniao_latina.pdf>. Acesso em 4/5/2023. O Fundo Vilfredo Pareto da Banca Popolare de Sondrio guarda algumas cartas trocadas entre ele e o sociólogo italiano sobre esse tema.

23 José Maria Oscar Rodolfo Bernardelli (Guadalajara, México, 1852 – Rio de Janeiro, 1931) foi importante figura do meio artístico brasileiro. Escultor de renome, era irmão dos pintores Henrique Bernardelli (1858-1936) e Felix Bernardelli (1862-1905), tendo sido seus pais preceptores das princesas Isabel (1846-1921) e Leopoldina (1847-1871), a convite do imperador dom Pedro II. Considerado um dos reformadores do ensino artístico no Brasil, Rodolfo Bernardelli foi, entre 1890 e 1915, o diretor da recém-instituída Escola Nacional de Belas Artes. Evidencia-se aqui o seu relacionamento com Afonso Taunay e o seu papel de ligação com um dos principais centros artísticos da Europa, a Escola de Belas Artes de Paris. Sobre a relação de Taunay com esse escultor, *vide* o capítulo de Carlos Lima Junior que integra esta publicação.

24 D. Amaro van Emelen (1863-1946) foi reitor do Colégio São Bento. Foi escritor e apicultor. Dedicava-se aos estudos das abelhas e publicou diversos artigos e livros sobre o assunto. D. João Peter, provavelmente, também pertence aos quadros do Colégio.

25 Denis, 1909.

26 Comissário(a) de bordo.

27 O autor se refere à novela de Guy de Maupassant onde ele cita os referidos versos. Afonso Taunay hesita sobre a autoria (Lamartine?). Ver Maupassant, 2015.

28 "solitária, por sobre os mares, a lua viajante,/deixa cair sobre as ondas negras suas lágrimas de prata."

29 Davi Campista, importante político mineiro, fora próximo do florianismo moderado nos embates da primeira gestão republicana. Foi ministro da Fazenda do governo de Afonso Pena (1906-1909), quando levou à frente o Convênio de Taubaté, primeira e mais importante política de valorização do café. Era uma das alternativas possíveis na sucessão presidencial, ao lado dos já anunciados pretendentes Rui Barbosa, Hermes da Fonseca e Rodrigues Alves. Disponível em <https://cpdoc.fgv.br/sites/default/files/verbetes/primeira-republica/CAMPISTA,%20Davi.pdf>. Acesso em 4/5/2023.

30 A notória antipatia manifesta pelo autor, com a conotação antissemita, a Dreyfus é tema que sugere maior investigação. O contexto da manifestação aqui parece sugerir uma associação com a figura de Rui Barbosa, que fora um dos principais porta-vozes da defesa de Dreyfus no Brasil. Ver R. Barbosa, 1899 [1895]. Disponível em <https://www2.senado.leg.br/bdsf/bitstream/handle/id/242474/000216623.pdf?sequence=1&isAllowed=y>. Acesso em 4/5/2023.

31 "Que pena de você!"

32 Sovina, avarento.

33 Pessoa com atitudes estranhas e assustadoras.

34 "O senhor tem um gosto! Mas que gosto! É um verdadeiro artista!"

35 Tradicional dança popular originária do vice-reino do Peru, no período colonial, fusão de elementos europeus, indígenas e africanos. É considerada como a matriz da *marinera* peruana e da *cueca* chilena.

36 Desequilibrado, destrambelhado.

37 Jogos e brincadeiras de antiga tradição na vida marítima, referentes à passagem da Linha do Equador. Ver Rodrigues, 2013. Disponível em http://www.scielo.br/scielo.php?script=sci_arttext&pid=S0102-01882013000100010&lng=en&nrm=iso. Acesso em 15/5/2023.

38 Sobrinha de Federico Errázuriz Zañartu (1825-1877), presidente do Chile entre 1871-1876; prima-irmã de Federico Errázuriz Echaurren (1850-1901), presidente entre 1896 e 1901.

39 Isidoro Errázuriz (Santiago do Chile, 1835 – Rio de Janeiro, 1898), político e diplomata chileno, representante do Chile no Brasil a partir de 1896, onde faleceu.

40 Daniel García-Mansilla era filho de Manuel Rafael García Aguirre (1826-1887), jurista, político, jornalista, historiador e diplomata. Nascido na França e falecido na Argentina. Atuou em diversos países como diplomata, inclusive no Brasil. Sua mãe, Eduarda Mansilla, foi uma pioneira da escrita feminista argentina. As famílias Mansilla e Garcia fazem parte da elite política e militar da Argentina de muitas gerações. Ver Obes & Mansilla, 2004. Sobre Eduarda Damasia Mansilla (1834-1902), que levava também o sobrenome Ortiz de Rosas e era sobrinha do ex-presidente Juan Manuel de Rosas (1793-1877), ver Franco, 2008a e 2008b.

41 Peça musical composta por Emmanuel Chabrier (1841-1894), cuja primeira publicação se deu em 1890.

42 Alexandre Levy (1864-1892), compositor paulista. Essa é a época da grande popularidade do tango argentino. Muitas composições brasileiras, hoje conhecidas como choros ou maxixes, foram publicadas originalmente como "tangos brasileiros".

43 *O barbeiro de Sevilha*, ópera cômica criada em 1816 por Gioachino Rossini.

44 *God Save* (*the King*). Hino oficial da Inglaterra.

45 "O Chile é uma nação enérgica, caramba! Se tivéssemos um povo, nós seríamos donos de toda a América do Sul, caramba! Um homem chileno pode fazer frente a cinquenta homens de qualquer país, caramba!"

46 Loti, 1908.

47 Referência à guerra civil que opôs o presidente chileno Julio Balmaceda (1840-1891) e o parlamento, cristalizando as profundas tensões entre as tendências presidencialistas e parlamentaristas, travejadas por interesses estrangeiros (principalmente britânicos). O conflito terminou com a deposição do presidente e seu suicídio e levou a mais de 10.000 mortes. Para um debate coevo sobre o conflito, que marca na historiografia chilena o fim da República Liberal e o início da Era Parlamentar, ver Espinoza, 2005 e a discussão que com ele estabelece Joaquim Nabuco em Nabuco, 1895.

48 Ilha de São Vicente em Cabo Verde, na costa africana.

49 Febre tifoide.

50 Expressão que designa repetição monótona.

51 Novo rico.

52 Conhecido estabelecimento de comércio popular, localizado na rua São Bento, que lidava com todo o tipo de mercadorias, dos armarinhos aos produtos oriundos da Ásia, passando certamente pelas "velas de cera", mencionadas em seguida. Ver P. Reis, 2018.

53 Relativo a Xavier de Montepin (1823-1902), prolífico escritor de folhetins e dramas populares.

54 "Margarida vai à fonte", canção tradicional portuguesa. Disponível em <https://www.youtube.com/watch?v=dzoVItQHS8w&ab_channel=lucianohortencio>. Acesso em 15/5/2023.

55 No ambiente fortemente elitizado do Orcoma, essa é uma passagem que permite ver de modo eloquente as clivagens entre as novas e as velhas fortunas, entre brasileiros e portugueses, bem como a expressão racista e fortemente sexualizada em relação às africanas e mestiças.

56 Navio de origem italiana, da Companhia Navigazione Generale, muito conhecido no Brasil. Lançado em 1908, acabou por naufragar na costa da Bahia, em Abrolhos, em 24 de outubro de 1927, quando tinha como destino final a Argentina. A maior parte dos passageiros eram italianos e ocupantes da 3ª classe. Era considerado moderno, com aspectos de luxo, confortável e seguro, como noticiou *O Jornal*, no Rio de Janeiro, em 27 de outubro de 1927. Disponível em <http://museudaimigracao.org.br/blog/conhecendo-o-acervo/naufragos-na-hospedaria-principessa-mafalda-o-titanic-italiano>. Acesso em 15/5/2023.

57 Infantil, pueril.

58 Sedutora.

59 Portador de doença de origem sifilítica.

60 "Pierre Henri/Seu nome é pequeno/Suas ações foram grandiosas/Ele venceu a frota de prata."

61 "Tudo tomar, nada entregar, sempre dissimular."

62 Antônio da Silva Prado, nascido em São Paulo de 1840, foi político durante o Império e em 1901 se tornou prefeito de São Paulo. Permaneceu no cargo até 1911.

63 Rosnando.

64 As brincadeiras de Afonso com o velho poliglota parecem ter dado origem às pequenas brincadeiras linguísticas transcritas, que não fazem sentido em holandês.

65 Andrés Bello (1781-1865) foi um importante político e jurista chileno, um dos autores do código civil daquele país. Foi também fundador da Universidade do Chile.

66 Veridiana Valéria da Silva Prado (1825-1910) era filha de Antônio da Silva Prado, barão de Iguape (1778-1875); foi figura marcante da sociedade e da cultura paulistana de sua época. Era casada com o seu tio, Martinho da Silva Prado (1811-1891), de quem se separou muito cedo. Mulher de costumes avançados para a sua época, amiga de intelectuais e artistas, foi alvo também de muitos comentários maldosos, como os aqui exemplificados.

67 "Em matéria de comércio, o defeito dos holandeses é fazer pouco e tomar muito."

68 Medíocre.

69 Danças populares brasileiras.

70 "Até em suas danças o Chile é uma nação viril, um povo forte."

71 Canção tradicional portuguesa, que se presta, possivelmente, pelas rimas e pelo alto teor alcoólico, a brincadeiras constrangedoras com o passageiro português.

72 Página muito danificada, no original.

73 "estava muito nervosa e desejava não ter acompanhamento."

74 O oficial do Orcoma provavelmente cantou "Asleep in the Deep", uma canção de Arthur J. Lamb e Henry W. Petrie de 1897. É uma canção que alerta o marinheiro a ter cuidado com o perigo próximo, o mar. Pois "muitos corações valentes estão dormindo no fundo".

75 Dança originada entre os negros americanos, em que parodiavam os senhores brancos, usando cartola, colete e bengala. A dança tornou-se um tipo de torneio nas fazendas escravistas, onde os premiados ganhavam um bolo. A música, que influenciou o desenvolvimento subsequente do *jazz*, é precursora do *ragtime*. Ver nota no artigo de Wilma Peres Costa, sobre o tema.

76 "os estudos são tão severos em nossa Universidade que não nos é possível perder um só dia."

77 Centro nevrálgico da reforma urbana pombalina de meados do século XVIII, o Terreiro do Paço ou Praça do Comércio ganhava nesse momento novo interesse, por ter sido o local onde ocorreu, em 1º de fevereiro de 1908, o assassinato do rei d. Carlos e do seu filho e herdeiro, o príncipe real d. Luís Filipe de Bragança. A República seria proclamada em 1910. Ver Samara & Tavares, 2007.

78 A igreja de S. Vicente é uma das mais significativas obras de arquitetura do período filipino e uma das mais importantes quando se trata de arte barroca em azulejos. Disponível em <http://www.patrimoniocultural.gov.pt/pt/patrimonio/patrimonio-imovel/pesquisa-do-patrimonio/classificado-ou-em-vias-de-classificacao/geral/view/71213>. Acesso em 15/5/2023.

79 Sobre o panteão, ver Dias, 2006.

80 O autor se refere à profanação dos túmulos dos monarcas ocorrida durante a Revolução Francesa.

81 Em 1921, o estado brasileiro viria a repatriar o corpo de d. Pedro II, como reverberação das comemorações do Centenário da Independência e próximo ao centenário de seu nascimento (1925). O retorno dos restos mortais do imperador e da imperatriz Tereza Christina foram acompanhados pelo conde d'Eu e pelo príncipe Pedro, seu filho mais velho. Ver <http://cpdoc.fgv.br/sites/default/files/verbetes/primeira-republica/BANIMENTO%20DA%20FAM%C3%8DLIA%20IMPERIAL.pdf>. Acesso em 5/5/2023.

82 A vista do Morro de S. Antônio foi pintada por Nicolas-Atoine Taunay, bisavô de Afonso, cuja pintura encontra-se no Museu Nacional de Belas Artes (RJ).

83 Inaugurado em 1905, esse museu foi idealizado pela rainha d. Amélia de Orleans e Bragança, mulher do rei d. Carlos I. O museu foi influenciado pela Exposição Universal de 1900, em Paris. Interessante ressaltar aqui coleção similar organizada posteriormente no Museu Paulista.

84 Carlos Eugênio Correia da Silva, o conde de Paço d'Arcos (1834-1905), foi importante homem de Estado português, militar e diplomata, tendo servido em diferentes pontos do Império. Foi o primeiro representante português no Rio de Janeiro, após a Proclamação da República, permanecendo no cargo entre 1891 e 1893, quando as relações entre os dois países foram rompidas, para somente serem restabelecidas em 1895, no governo de Prudente de Morais. Durante seu período no cargo, exacerbaram-se os conflitos entre Brasil e Portugal, sobretudo pela acolhida dada aos rebeldes rio-grandenses nos navios portugueses. Ver Silva (org.), 1974.

85 "Sou um tenente da marinha espanhola."

86 Mágica, prestidigitação.

87 O porto de La Palisse, localizado na cidade francesa de La Rochelle, era o principal porto de ancoragem de navios vindos da América do Sul. Para uma visão desse porto, *vide*: *Collection de cartes postales classées méthodiquement pour l'enseignement de la géographie*, s/d. [1928].

88 Trata-se de Pierre Gabriel Édouard Bonvalot, (1853-1933), participante das expedições pela Ásia, financiadas pelo governo francês entre 1880 e 1887. Também foi entusiasta do colonialismo francês, atuando como deputado de 1902 a 1906. Para outras informações sobre o Comité Dupleix e a atuação de Pierre Gabriel Édouard Bonvalot, ver <https://gallica.bnf.fr/ark:/12148/bpt6k5791051s/f2.image.r=Comit%C3%A9%20Dupleix?rk=42918;4>. Acesso em 5/5/2023.

89 Mathias Errázuriz nasceu em Santiago, no Chile, e foi diplomata na Argentina. Se casou com Josefina de Alvear, neta do líder militar Carlos María de Alvear, em 1897. O casal pertencia a família de elite tradicional de Buenos Aires, e viveu em Paris entre 1906 e 1917. O palacete de sua família, em Buenos Aires, é hoje ocupado pelo Museu Nacional de Artes Decorativas e abriga grande parte das coleções de arte da família.

90 Trata-se de Daniel García-Mansilla (1867-1957), diplomata, advogado e embaixador argentino. Filho da literata e jornalista argentina Eduarda Mansilla (1834-1892) e irmão do compositor e também diplomata Eduardo García-Mansilla. Família tradicional e pertencente à elite política argentina.

91 Adela García-Mansilla, nascida Rodríguez-Larreta Maza (1873-1944), casou-se com Daniel García-Mansilla em 1905. Maza também pertencia a uma família abastada da Argentina. Seu irmão, Enrique Rodríguez Larreta (1875-1961), foi um escritor, acadêmico, pintor e também diplomata. É considerado um dos representantes do modernismo na literatura hispano-americana. Ver <https://museoartedecorativo.cultura.gob.ar/info/museo/>. Acesso em 5/5/2023.

92 Trappa: confraria, convento secular.

93 Familiares de Sara.

94 Posto de coleta fiscal.

95 Essa rua termina no Arco do Triunfo, região elegante de Paris. A avenue Friedland foi criada em 1814, onde antes havia o boulevard Beaujon, nome que homenageava o financista, colecionador de arte e boêmio Nicolas Beaujon (1718-1786), que fora proprietário do hotel particular onde depois se instalou o palácio do Eliseu. Na rua, Beaujon havia construído lojas de artigos de luxo e uma *folie* (série de prédios de suntuosos apartamentos destinados originalmente às cortesãs). Um desses apartamentos foi a última moradia de Balzac (1799-1850). Disponível em <https://gallica.bnf.fr/ark:/12148/bpt6k64934926.r=Avenue%20Friedland?rk=42918;4>. Acesso em 5/5/2023.

96 Avenida do Bois de Boulogne, tradicional área de lazer dos parisienses elegantes. Cartão-postal. *Collection de cartes postales classées méthodiquement pour l'enseignement de la géographie*, s/d. [1928].

97 Restaurante situado no Bois de Boulogne. Ainda hoje é uma das referências da gastronomia francesa.

98 Hipódromo de Longchamp, inaugurado em 1857, situado entre o Sena e o Bois de Boulogne, palco do Grande Prêmio de Paris e de demais eventos.

99 Avenida localizada na região do Bois de Boulogne. Seu nome homenageia o filantropo inglês Richard Wallace (1818-1890), boêmio, colecionador de arte e político do partido conservador inglês, cujo nome ficou associado às Fontes de Wallace, moldadas em ferro fundido – bebedouros públicos espalhados na cidade.

100 Coleção de animais ou plantas "exóticos" aberta à exposição para o lazer do público.

101 O Jardim das Plantas de Paris, no 5º *arrondissement*, integra o Museu Nacional de História Natural desde 1793. A imponente coleção de estátuas que decoram os jardins é em grande parte resultado da "estatuomania" do Segundo Império e da Terceira República francesa, homenageando literatos, cientistas e pensadores franceses e monumentalizando sua memória na decoração da cidade. Nosso observador é particularmente sensível a esse efeito e o registra em muitos lugares do diário. Ver Alphand, s/d. Disponível em <https://bibliotheque-numerique.inha.fr/collection/item/17298-les-promenades-de-paris-planches>. Acesso em 5/5/2023. Sobre o Jardim, ver <https://www.jardindesplantesdeparis.fr/fr>. Acesso em 5/5/2023.

102 Afonso Pena (1847-1909), advogado e político mineiro, era o presidente do Brasil à época. Sua morte gerou mais um complicador no panorama eleitoral: o fluminense Nilo Peçanha (1867-1924), de linhagem florianista, assumiu um brevíssimo mandato, por ser então vice-presidente. Ele é tido como o primeiro e único afrodescendente a ter assumido a presidência do Brasil. Ver <http://www.museuafrobrasil.org.br/pesquisa/hist%C3%B3ria-e-mem%C3%B3ria/historia-e-memoria/2014/07/17/nilo-pe%C3%A7anha>. Acesso em 5/5/2023.

103 *Salon des artistes français*, exposição anual de belas-artes, realizada sob patrocínio oficial. Para o catálogo de 1909, onde são mencionadas as obras a seguir, acesse <https://www.artistes-francais.com/historique/>. Acesso em 5/5/2023.

104 Célebre livraria ligada ao nome do editor Ernest Flammarion (1846-1936), irmão do astrônomo Camille Flammarion (1842-1925). Inaugurada em 1875, sob as arcadas do Teatro Odeon.

105 Luiz Betim Paes Leme (1881-1943), engenheiro formado em Paris, assim como seu irmão Alberto Betim Paes Leme (1883-1938). O primeiro foi casado com Izar Monteiro de Barros Paes Leme, e o segundo com Emiliana Monteiro de Barros Paes Leme, também irmãs. Izar é mencionada várias vezes no relato. Emiliana é também citada, como Lili. Nesse momento era ainda noiva de Alberto. As observações que vêm na sequência indicam as estreitas relações entre a família Betim Paes Leme e os membros da família Souza Queiroz que habitavam Paris nesse período.

106 Victor Taunay (1852-1926) era filho de Hippolyte Taunay (1793-1864), o único filho do pintor Nicolas-Antoine Taunay (1755-1830), que regressou a Paris enquanto seus irmãos, Charles Auguste, Félix Émile, Theodore Marie e Adrien Aimé, ficavam no Brasil. Victor, filho do segundo casamento de seu pai, desenvolveu carreira no jornalismo e foi o elo fundamental de Afonso Taunay com a memória familiar durante a viagem. Relevante documentação sobre Victor Taunay, que foi condecorado com a Legion d'Honneur, principal honraria oficial do governo francês, está disponível em <http://www2.culture.gouv.fr/LH/LH266/PG/FRDAFAN83_OL2571087V004.htm>. Acesso em 5/5/2023.

107 Afonso refere-se com frequência ao bisavô, Nicolas-Antoine Taunay, como Avô, como ocorre aqui.

108 Trata-se da ópera em cinco atos *Fausto*, do compositor francês Charles Gounod (1818-1893).

109 A Comédia Francesa é o teatro estatal mais antigo da França, criado durante o reinado de Luís XIV. Em 1799 os artistas instalam-se permanentemente no Palais-Royal, podendo realizar espetáculos em outros teatros. Localizado no 1º *arrondissement*, o Palais-Royal foi bastante ampliado com as reformas de Haussmann.

110 *Monsieur Perrichon* foi um dos mais bem-sucedidos espetáculos da Comédie Française, tendo estreado em 1860. Maurice de Féraudy (1859-1932) passou a integrar o elenco em 1909, permanecendo em cartaz durante 15 anos. Ver <https://www.comedie-francaise.fr/en/artist/maurice-de-feraudy>. Acesso em 5/5/2023.

111 O escultor Charles Auguste Taunay (1768-1824) veio com seu irmão Nicolas-Antoine ao Brasil, em 1816, e aqui permaneceu, vindo a falecer em 1824. Já era um escultor de renome, com trabalhos na escadaria e no carrossel do Louvre, assim como no Arco do Triunfo. Foi o titular da cadeira de escultura na Academia Imperial de Belas-Artes do Rio de Janeiro.

112 Sobre as negociações que envolveram essa obra ver Gerard, 1886, p. 22. Disponível em <https://gallica.bnf.fr/ark:/12148/bpt6k28965c/f30.image.r=Ducis%20Taunay?rk=21459;2>. Acesso em 5/5/2023.

113 Icônica confeitaria de origem austríaca, de propriedade de Anton Rumpelmayer (1832-1914), com filiais em várias partes do mundo. A casa parisiense foi fundada em 1903 e leva o nome Angelina, em homenagem à filha do proprietário, no n. 226 da rue de Rivoli.

114 Louis Rochet (1813-1872), importante escultor francês, professor de Rodin, foi especialista em monumentos equestres. Teve fortes relações com o Brasil, incluindo-se o monumento a d. Pedro I, que se encontra na Praça Tiradentes, no Rio de Janeiro, objeto de grandes polêmicas no século XIX.

115 Outros exemplos da "estatuomania" registrados por Taunay, referindo personagens da história francesa recente, que fazia da cidade uma espécie de museu a céu aberto. O "Quand même" refere-se à obra do escultor e pintor francês Marius Jean Antonin Mercié (1845-1916) e remete à resistência de 1870. O título do monumento retoma o lema da Liga dos Patriotas: "Pois, apesar de tudo, ainda devemos resistir".

116 Romance histórico de Maurice Maindron (1857-1911), publicado em 1901. Interessante observar o interesse de Afonso Taunay pelo gênero, que possivelmente já cultivava, pois data de 1910 seu *Crônica do tempo dos Filipes*, com o qual ingressou no IHGB.

117 A exposição referida foi a primeira a ser realizada no Pavilhão de Jeu de Paume, recém-convertido em galeria de exposição. O evento *100 portraits de femmes des écoles anglaises et françaises du XVIIIème siècle* esteve aberto entre abril e julho de 1909. Ver Labat, 1910.

118 O tio escultor, já referido.

119 À medida que percorre a cidade a pé, e também utilizando transporte coletivo, como o metrô, flanando pelos vendedores de livros antigos à beira do Sena, Afonso Taunay se vale possivelmente de alguns dos múltiplos guias que serviam aos visitantes da cidade, com pormenores dos trajetos, eventos, horários, preços, enfim, tudo o que era necessário para o bem-estar do turista e mesmo dos moradores. Ver, por exemplo, o *Guide Nilsson* para 1909, disponível em <https://gallica.bnf.fr/ark:/12148/bpt6k1453717/f51.image.texteImage> ou o *Guide des plaisirs à Paris*, disponível em <https://gallica.bnf.fr/ark:/12148/bpt6k932174b/f2.image>. Acesso em 5/5/2023.

120 Os visitantes do museu contavam já com a ajuda de catálogos ilustrados, com apreciações eruditas sobre as obras mais célebres. Por exemplo, ver Dayot, 1912. Disponível em <https://gallica.bnf.fr/ark:/12148/bpt6k62325263/f135.image.texteImage>. Acesso em 5/5/2023. Havia também catálogos para os *Grands Magasins*, lojas que vendiam estampas, livros, reproduções de arte e produtos que atraíam a atenção dos amantes da arte.

121 Ópera do compositor russo Modest Mussorgsky (1839-1881). Baseando-se no drama homônimo do poeta e romancista Alexander Pushkin (1799-1837) e na história do Império Russo.

122 Féodor Chaliapine (1878-1938), um dos mais célebres tenores russos, foi visto por Taunay, em sua estreia nesse espetáculo. Ele é parte da Temporada Russa, que trouxe muitos cantores, atores, músicos e bailarinos a Paris em 1909. Ver catálogo completo em <https://gallica.bnf.fr/ark:/12148/btv1b84151007.image>. Acesso em 5/5/2023.

123 Banco auxiliar dobrável, destinado a uma utilização ocasional e normalmente mantido rebatido.

124 A coleção Thomy-Thiéry, adquirida pelo Museu do Louvre em 1902, compunha-se de 121 obras, representativas da pintura francesa do século XIX. Ver Granger, 2005, p. 347. Sobre esse momento do museu, ver Raffaëlli, 1908. Disponível em <https://gallica.bnf.fr/ark:/12148/bpt6k96674437>. Acesso em 5/5/2023.

125 Versão de Jules Massenet (1842-1912) para o célebre romance do abade Antoine François Prévost (1697-1763), que estreou em 1884. A apresentação brasileira à qual Afonso Taunay se refere é possivelmente aquela ocorrida no Rio de Janeiro em 1897, cantada em italiano.

126 Interrogação colocada pelo próprio Taunay.

127 Os *bateau mouches*, barcos de passeio que percorrem ainda hoje o rio Sena, começaram a operar na Exposição Universal de 1867 e tiveram sua origem na cidade de Lyon, pelo construtor naval Michel Félizard. O nome *mouche* deriva do bairro de Lyon onde se localizavam os seus primeiros estaleiros. *Vide* "Pont-Neuf e *bateau-mouche*", Fotografia de Eugène Trutat, s/d. Disponível em <https://gallica.bnf.fr/ark:/12148/btv1b10578746z.r=bateau%20mouche%20paris?rk=21459;2>. Acesso em 5/5/2023.

128 O Théâtre du Grand Guignol situava-se em Pigalle, Paris (20 Bis, rue Chaptal). Fundado em 1897, especializou-se em espetáculos de horror naturalista, encenando histórias macabras e sangrentas, que despertavam paixões em seus seguidores, não apenas os das classes populares, mas também intelectuais e artistas. Ver também Pierron, 1999.

129 *Croqui*, esboço figurativo feito ao vivo.

130 Luxuosa loja de departamentos, fundada em 1893, pelos primos Théophile Bader e Alphonse Kahn, na rue Lafayette, com o nome Les Galeries. Templo do consumo de luxo e grande exemplar da decoração *Art Nouveau*, foi a primeira do seu gênero a criar sucursais fora da França. Em 1895 inaugurou a sua filial na cidade de Casablanca, no Marrocos.

131 O Museu Carnavalet, museu histórico dedicado à cidade de Paris, e que causou viva impressão a Afonso Taunay, foi uma das mais importantes realizações do Segundo Império, quando grandes demolições e reconstruções foram feitas transformando completamente a cidade. O Hôtel Particulier, onde ele foi abrigado, foi residência da marquesa de Sévigné, entre 1677 e 1696. Ver o Guia do Museu em <https://gallica.bnf.fr/ark:/12148/bpt6k6227051q/f9.item>. Acesso em 5/5/2023.

132 Arma do período merovíngio similar a um machado. Mais tarde adotado como símbolo pelo governo de Vichy.

133 "O Rei ordena aos oficiais que deponham as armas e que façam recolher os soldados às suas casernas (ass.) Louis."

134 Pierre François Samuel Montan Berton (1842-1912). A peça teatral *Zazá* citada por Taunay foi escrita com o dramaturgo Charles Simon em 1898, estreando no Teatro Vaudeville. A peça foi adaptada para o cinema mudo em 1923. Para saber mais, ver <https://bibliotheques-specialisees.paris.fr/ark:/73873/pf0002140595>. Acesso em 5/5/2023.

135 Sobre a grande popularização do teatro no final do século XIX e início do século XX, ver Charles, 2012.

136 Comuna vizinha de Paris onde existe um célebre castelo, onde nasceu Luís XIV e onde ele estabeleceu sua corte, antes da mudança para Versalhes (1682). Aí viveu também o rei Jaime II da Inglaterra, em exílio, desde 1688. Napoleão III o transformou em museu de antiguidades nacionais e galo-romanas em 1867, como foi descrito no texto. O grande terraço foi construído, a pedido de Luís XIV, para decorar os jardins do castelo. O elevador foi inaugurado em 1900 e levava pedestres e também ciclistas.

137 Para um registro do terraço de St-Germain em Laye e ascensor, *vide* <https://www.geneanet.org/cartes-postales/view/5168925#0>. Acesso em 5/5/2023.

138 Missa em que há sermão.

139 Para uma ideia das *Toilletes* do *Gran Prix* de Longchamps registradas no mesmo ano em que esteve Taunay na Europa, *vide* <https://gallica.bnf.fr/ark:/12148/btv1b53110387c.item>. Acesso em 5/5/2023.

140 Trata-se de Armand Fallières (1841-1931), que presidiu a França entre 1906 e 1913. Seu governo foi marcado pelas tensões políticas que antecederam a Primeira Guerra Mundial. Trabalhou nos acordos da Tríplice Entente e pôs fim ao caso Dreyfus em 1906. Ver <https://gallica.bnf.fr/ark:/12148/bpt6k567851z/f1.image.r=Armand%20Falli%C3%A8resAlfred%20Dreyfus?rk=85837;2>. Acesso em 5/5/2023.

141 Prefeitos (em francês).

142 A Batalha de Solferino (21 de julho de 1859), vitória das tropas francesas de Napoleão III em apoio às de Vitor Emanuel II sobre o exército austríaco, durante as guerras pela Unificação Italiana.

143 Prefeitos (em italiano).

144 Famosos guias de viagem, sendo o guia alemão verdadeiro pioneiro no gênero. O guia francês, editado a partir de 1860, procurava rivalizar com ele, como se observa no texto. Ver https://archive.org/details/00378851.5443.emory.edu/page/n9/mode/2up>. Acesso em 5/5/2023. Ver também um exemplar para os arredores de Paris em <https://fr.wikipedia.org/wiki/Guides_Joanne#/media/Fichier:Guide_bleu_Johanne_05131.jpg>. Acesso em 5/5/2023.

145 Romances de Maurice Maindron (1857-1911), publicados em 1898 (*Saint Cendre*) e em 1904 (*M. de Clerambon*).

146 A Tour Eiffel foi inaugurada na Exposição Universal de Paris de 1889, para ser um monumento temporário. Com a decisão de mantê-la, a casa das máquinas pôde ser demolida.

147 Criticar severamente.

148 Georges Darboy (1813-1871). Arcebispo de Paris entre 1863 e 1871, fuzilado durante a Comuna em 24 de maio de 1871.

149 *Samson et Dalila*, ópera em três atos do compositor Camille Saint-Saëns (1835-1921), estreou originalmente a 12 de dezembro de 1877 no teatro Hoftheater em Weimar, Alemanha. Cantada em francês, tem libreto de Ferdinand Lemaire. A obra ganhou fama internacional durante a década de 1890 e, em 1906, já havia sido apresentada mais de 200 vezes internacionalmente. *Printemps qui commence* é uma das suas árias mais conhecidas.

150 São frequentes as menções comparativas de Taunay a *performances* levadas a efeito no Rio de Janeiro. Para um estudo importante sobre o tema, ver L. Ferreira, 2017.

151 *Larousse Mensuel Illustré*, enciclopédia publicada como revista mensal entre 1907 e 1957. Os artigos eram acompanhados e ilustrados por fotografias, gravuras, cartas, mapas etc., e faziam referência a temas atuais (guerra, artistas, atores...), ordenados alfabeticamente e com um índice que facilitava a pesquisa. Ver <https://gallica.bnf.fr/ark:/12148/bpt6k39751k?rk=150215;2>. Acesso em 5/5/2023.

152 Crônica do reino de Carlos IX, romance histórico de *Prosper Merimée* (1803-1870), publicado em 1829, que trata das guerras de religião.

153 Expressão que designa caminhar pelos expositores, ao longo dos cais do rio Sena, à procura de livros usados.

154 Capela expiatória em memória de Luís XVI e Maria Antonieta, no local onde foram sepultadas, além dos soberanos, cerca de 2.830 pessoas na primeira fase da Revolução Francesa. Para um registro desse lugar de memória, *vide* <https://www.parismuseescollections.paris.fr/ru/node/870834>. Acesso em 5/5/2023.

155 Possivelmente, Taunay se refere a *Le Courrier du Brésil: Politique, Littérature, Revue des Théâtres, Sciences et Arts, Industrie, Commerce* (RJ). Periódico brasileiro publicado

na França. Disponível em <http://memoria.bn.br/DOCREADER/DocReader.aspx?bib=709719&pagfis=1>. Acesso em 5/5/2023.

156 Ópera de Richard Wagner baseada na lenda medieval inglesa Tristão e Isolda.

157 "O filtro de *Tristão e Isolda* começa a produzir seu efeito a partir da sexta vez que ouvimos a ópera: depois disso você não quer mais outra música."

158 Famoso café localizado no número 5 da Place de l'Opéra. Para um registro do lugar, ver <https://cartorum.fr/carte-postale/116107/paris-9e-paris-9e-la-terrasse-du-cafe-de-la-paix>. Acesso em 5/5/2023.

159 Jardim do Museu de Cluny (Museu Nacional da Idade Média). O museu está instalado em dois edifícios históricos, as termas galo-romanas (dos séculos I-III d.C.) e a ala residencial dos monges de Cluny (do século XV), conhecida como Hôtel de Cluny.

160 Famoso cabaré em Montmartre, fundado em 1892 por Antonin Alexander e demolido em 1950 para permitir a expansão de um supermercado Monoprix. O Cabaret de L'Enfer era a contrapartida do Cabaret du Ciel, outro cabaré que compartilhava o mesmo endereço no boulevard de Clichy.

161 O Cabaret du Néant (Cabaret do Vazio ou Cabaret do Nada) foi um dos primeiros restaurantes temáticos do mundo, ao lado do Cabaret de L'Enfer (Cabaré do Inferno) e Cabaret du Ciel (Cabaret do Céu), todos localizados em Montmartre. O Cabaret du Néant lidava com temas macabros a partir de truques de mágica e ilusionismo, focando em aspectos da mortalidade. Para uma ideia desses estabelecimentos parisienses, *vide* os cartões-postais disponíveis em <https://en.wikipedia.org/wiki/Cabaret_de_L%27Enfer#/media/File:Cabaret_de_l'Enfer_and_cabaret_le_Ciel.jpg>. Acesso em 5/5/2023. Figura 17, Cabaret du Ciel e Cabaret de l'Enfer, no Boulevard de Clichy. *Vide* também Cabaret de l'Enfer. Fotografia de Eugène Atget. 1910-1912. Disponível em <https://gallica.bnf.fr/ark:/12148/btv1b105069585.r=cabaret%20de%20l%27enfer%20atget?rk=42918;4>. Acesso em 5/5/2023.

162 Dia em que são acionadas as fontes dos jardins.

163 "Isso me deixou envaidecido."

164 Jardins simétricos de estilo francês.

165 A Basílica Real de Saint Denis, situada em subúrbio ao norte de Paris, foi concluída em 1184, sendo pioneira da arquitetura gótica na França. Guarda os monumentos fúnebres da realeza francesa.

166 Masmorra de fortaleza onde se colocavam os condenados.

167 Georges Dumas (1866-1946), médico psiquiatra e filósofo, foi um dos responsáveis pela institucionalização da psicologia científica na França. A partir de 1908, desempenhou papel de grande relevância como embaixador cultural da França na América Latina e, sobretudo, no Brasil. Realizou cerca de 18 missões culturais ao Brasil, onde foi criador do Instituto Franco-brasileiro de Alta Cultura e do Liceu Francês, em São Paulo. Sua presença se fez sentir na indicação dos nomes que compuseram a missão francesa que renovou a Universidade de São Paulo na década de 1930, entre os quais estavam alguns de seus ex-alunos, como Claude Lévy-Strauss. Ver Wallon, 1968, pp. 119-141. Disponível em <https://www.persee.fr/doc/enfan_0013-7545_1968_num_21_1_2453>. Acesso em 5/5/2023.

168 Alexandre Cabanel (1823-1889), Pierre Puvis de Chavannes (1824-1889), Léon Joseph Florentin Bonnat (1833-1922), expoentes da pintura francesa, dos quais apenas Bonnat era ainda vivo, tendo sido procurado por Taunay, como visto acima.

169 Barreira que separa o altar e o coro dos fiéis e tribuna de onde se faz o sermão.

170 Quarta e última parte da tetralogia do *Anel dos Nibelungos*, de Richard Wagner, composta entre 1869 e 1874.

171 Refere-se a Jean Mounet-Sully (1841-1916), célebre ator da Comédie Française, e seu irmão mais novo, Paul Mounet (1847-1922). Sobre a carreira e vida de Jean Mounet-Sully, ver Penesco, 2000. *Vide* a atuação dos dois Mounets no palco: Cartão-postal. s/d. Disponível em <https://gallica.bnf.fr/ark:/12148/btv1b84363644q>. Acesso em 5/5/2023.

172 Caroline-Eugénie Segond-Weber (1867-1945), célebre atriz parisiense. Em 1909 apresentou dois espetáculos: *Iphigénie* e *Athalie*, ambas de Jean Racine.

173 Germaine Gallois (1869-1932), cantora e comediante parisiense.

174 Cléo de Mérode, nascida Cleópatra Diane de Mérode (1875-1966), dançarina parisiense muito requisitada durante a *Belle Époque* e estrela do Folies Bergère. Filha ilegítima da baronesa austríaca Vicentia de Mérode (1850-1899) e do juiz, advogado e pioneiro do turismo, o também austríaco Theodor Christomannos (1854-1911). Dotada de grande beleza, inspirou moda em Paris e apareceu em quadros, cartões-postais e até jogos de baralho. Henri de Toulouse-Lautrec pintou um retrato seu, assim como vários outros artistas da época. Uma escultura feita por Alexandre Falbuière, *The Dancer*, foi feita em sua homenagem e pode ser vista no Musée d'Orsay. Cléo de Mérode dançou até os 50 anos de idade, e deu aulas de *ballet* até os 90 anos. Para uma imagem da atriz, *vide*: *A dançarina Cléo de Mérode (1875-1966)*, Cartão-postal, 1903. Disponível em <https://la.wikipedia.org/wiki/Fasciculus:Cléo_de_Mérode,_ca_1903.jpg>. Acesso em 5/5/2023. Já em relação à escultura, conferir: *Cléo de Mérode*, escultura de Jean-Alexandre Falguière, no Salon de 1896. Atualmente no Museu d'Orsay. Disponível em <https://it.m.wikipedia.org/wiki/File:Cl%C3%A9o_de_M%C3%A9rode,_ca_1903.jpg> e em <https://art.rmngp.fr/fr/library/artworks/jean-alexandre-joseph-falguiere_danseuse-cleo-de-merode-1881-1966_platre-original_mise-au-point_moule-technique_platre>. Acesso em 5/5/2023.

175 Comédia em um ato, com versos de Eugène Labiche.

176 Túmulo egípcio.

177 Palácio e jardim localizados em frente ao Louvre. Possui um famoso pátio, delimitado por colunas. Sobre as livrarias, ver Rodemacq, 2015 e Plumauzille, 2013.

178 Clément Armand Falliéres (1841-1931), presidente da República. Comemorações do Dia Nacional da França.

179 Jardin d'Acclimatation, no Bois de Boulogne. Um dos primeiros jardins zoológicos do mundo, foi fundado em 1854 com o intuito de contribuir para a introdução e aclimatação de espécies de animais e plantas consideradas exóticas na Europa. O parque foi aberto ao público por Napoleão III em 1860.

180 O Palácio da Justiça de Paris é um complexo arquitetônico que abriga as principais instituições jurídicas francesas: o Parlamento de Paris, a Chancelaria e o Tribunal de Contas. A Saint Chapelle faz parte desse complexo. Abrigou o Tribunal Revolucionário entre 1793 e 1795.

181 Charles Diehl (1859-1944) foi o primeiro professor de história bizantina, na Sorbonne, cátedra que teve início em 1899. Disponível em <https://data.bnf.fr/fr/12279814/charles_diehl/>. Acesso em 5/5/2023.

182 Brincalhona, travessa.

183 Certamente, trata-se de Broca, 1879. Disponível em <https://gallica.bnf.fr/ark:/12148/bpt6k763956.texteImage>. Acesso em 5/5/2023.

184 O Cabaret du Néant (Cabaret do Vazio). As mesas tinham o formato de caixões, *vide* Cartão-postal, s/d. Disponível em <https://en.wikipedia.org/wiki/Cabaret_du_N%C3%A9ant#/media/File:Cabaret_du_N%C3%A9ant.jpg>. Acesso em 5/5/2023.

185 Criada em 1864 pela União Central de Belas-Artes Aplicada à Indústria, essa biblioteca especializou-se em artes gráficas, arquitetura, história da arte, arte dos jardins, costumes e

moda. Tem uma grande coleção de catálogos de exposições, inclusive as dos Salões. Conferir Salão de leitura da Biblioteca das Artes Decorativas, Paris. Fotografia, s/d. Disponível em <https://madparis.fr/francais/bibliotheque/presentation-2841>. Acesso em 5/5/2023.

[186] Georges Benjamin Clemenceau (1841-1929) foi primeiro-ministro entre 1906-1909 e 1917-1920.

[187] Possivelmente o jardim do Castelo de Saint-Cloud, palácio real destruído durante a Guerra Franco-Prussiana, em 1870.

[188] Borel D'Hauterive, 1864. Publicação anual sobre as grandes famílias nobres da França e da Europa. Disponível em <https://gallica.bnf.fr/ark:/12148/bpt6k36592w>. Acesso em 5/5/2023.

[189] *Artfeuil*, 1757. Artfeuil é provavelmente o pseudônimo de vários autores envolvidos na publicação <https://gallica.bnf.fr/ark:/12148/bpt6k55003022.texteImage>. Acesso em 5/5/2023.

[190] Antônio Álvares Leite Penteado, conde Álvares Penteado (1852-1912). Cafeicultor e industrial paulista, foi o fundador da Escola de Comércio Álvares Penteado.

[191] Nesse endereço encontra-se a entrada para a Galeria Véro-Dodat, especializada em livros e gravuras antigas, bem como objetos de arte e antiguidades.

[192] A Sala Labrouste – sala de leitura da Biblioteca Nacional da França, local de trabalho de Afonso Taunay. Conferir fotografia de Louis-Émile Durandelle (1888). Disponível em <https://gallica.bnf.fr/ark:/12148/btv1b53028120s.r=La%20salle%20Labrouste%2C%20salle%20de%20lecture?rk=3583708;4>. Acesso em 5/5/2023.

[193] A primeira edição da *Retraite de Laguna*, de seu pai, Alfredo d'Escragnolle Taunay, em francês, data de 1871. Provavelmente é dessa edição que trata Afonso, pois uma nova edição francesa seria posteriormente providenciada sob os seus auspícios.

[194] Louis Charles Joseph Blériot (1872-1936), engenheiro da École Centrale de Paris (1895) foi inventor e pioneiro da aviação francesa. Entre 1905 e 1909, produziu 11 protótipos de aviões monomotores, entre os quais o famoso Blériot XI, com o qual foi o primeiro a fazer a travessia do Canal de Mancha, em 25 de julho de 1909.

[195] *Les Huguenots*, ópera de Giacomo Meyerbeer, muito popular durante o século XIX e início do século XX, devido ao seu tema polêmico – o massacre dos huguenotes franceses por católicos, na Noite de São Bartolomeu, em 1572.

[196] Palácio que Luís XIV fez construir nas proximidades de Versalhes, em 1670.

[197] O Petit Trianon é um palácio dentro do parque de Versalhes, construído no século XVIII por Luís XV para a sua amante, Madame de Pompadour. Com a morte de Luís XV e a ascensão de Luís XVI, o palácio foi dado à Maria Antonieta, que nele fez várias obras.

[198] Aldeia rural construída para desfrute da rainha Maria Antonieta.

[199] O Museu Grévin é o museu de cera da cidade de Paris, localizado no boulevard Montmartre. Fundado em 1882 por Arthur Meyer, Alfred Grévin e Gabriel Thomas, é um dos mais antigos da Europa. O Palace de Mirages foi criado por Eugène Hènard para a Exposição Universal de 1900 e era apresentado no Trocadero. Trata-se de um caleidoscópio gigante, usando efeitos de perspectivas e de reflexos sobre espelhos para aumentar o espaço. Em 1906 foi comprado pelo Museu Grèvin e passou a fazer parte das suas atrações.

[200] O Luna Park foi um grande parque de diversões inaugurado em 1909, no espaço do Théatre Columbia, grande sucesso da Exposição Universal de 1900. Tornou-se o equivalente, para Paris, do Prater (Viena) e do Tivoli (Copenhague), ressuscitando a voga dos Tivolis, que haviam sido sucesso no período do Primeiro Império e sob a Restauração.

[201] Prolongamento da licença da Escola Politécnica.

[202] Quincy, 1788-1825. Disponível em <https://gallica.bnf.fr/ark:/12148/bpt6k85718t.image>. Acesso em 5/5/2023.

203 Leve, ligeiro.

204 Afonso fala de seu bisavô, Nicolas-Antoine Taunay (1755-1830), e de seu avô, Félix-Émile Taunay (1795-1881), filho do primeiro. Segundo tradição familiar, Nicolas-Antoine habitou a casa onde viveu Rousseau, em Montmorency, arredores de Paris, no final do século XVIII.

205 Revista francesa de história da arte, publicada entre 1905 e 1939. O fundador e diretor da revista foi Armand Daycot (1851-1934), um famoso crítico de arte, historiador e político. Afonso comprou, posteriormente, alguns números dessa revista para o Museu Paulista. Ver <https://gallica.bnf.fr/services/engine/search/sru?operation=searchRetrieve&version=1.2&collapsing=disabled&query=%28dc.title%20all%20%22L%27Art%20et%20les%20artistes%22%29%20and%20arkPress%20all%20%22cb32702564z_date%22&rk=21459;2>. Acesso em 5/5/2023.

206 A igreja de Saint-Maclou é uma igreja católica romana em Rouen, na França, que é considerada um dos melhores exemplos do estilo *flamboyant* de arquitetura gótica na França. Saint-Maclou, a catedral de Rouen, o Palais de Justice e a igreja de St. Ouen formam um conjunto de edifícios góticos em Rouen. Para uma vista do átrio da igreja de Saint-Maclou, *vide* fotografia de Eugène Atget, Rouen (1907). Disponível em <ark:/12148/btv1b10051502b>. Acesso em 5/5/2023.

207 Praça de Vieux Marché é uma praça histórica de Rouen. O mercado está localizado no extremo oeste da praça, onde se situa o Grande Relógio. A fama do lugar está relacionada ao suplício de Joana d'Arc, que foi queimada viva em 30 de maio de 1431. Nessa praça ficava o pelourinho e era o local das execuções públicas no século XV.

208 Taunay se refere à valorização do café após o Convênio de Taubaté (a partir de 1906).

209 Para um registro do Grande Anfiteatro da Sorbonne (1903) com a tela de Puvis de Chavannes mencionada no texto, *vide* <https://nubis.univ-paris1.fr/ark:/15733/2p3z>. Acesso em 5/5/2023.

210 Concurso altamente disputado para ingresso na carreira de professor.

211 P.L.M. é a abreviação da empresa férrea Paris-Lyon-Méditerranée, fundada em 1857.

212 Solenidade religiosa católica que celebra a assunção de Maria ao Céu. Em alguns países, essa festividade é considerada feriado nacional. Na França, desde 1873, os fiéis realizam uma peregrinação ao Santuário de Lourdes.

213 O Museu Rath foi fundado em 1826 a partir de uma doação feita pela pintora Jeanne Henriette Rath (1773-1856) e por sua irmã Jeanne Françoise Rath (1772-1856). Jeanne Henriette tornou-se a primeira mulher nomeada membro honorário da Société des Arts de Genève.

214 Quadro sem valor.

215 Jean-Jaques Pradier (1790-1852), pintor e escultor de estilo neoclássico nascido em Genebra e mais conhecido pelo pseudônimo James Pradier.

216 Museu Suíço da Cerâmica e do Vidro, fundado em 1877. Legado do escritor e colecionador Gustave Revilliod de La Rive (1817-1890).

217 Apesar da afirmação de Taunay, as paisagens suíças eram um dos grandes encantos do turismo da *Belle Époque*, do qual se guardaram importantes registros. Ver, por exemplo, um precioso álbum de fotografias de uma viagem realizada no mesmo ano em <https://gallica.bnf.fr/ark:/12148/btv1b8432836w/f48.item.r=interlaken>. Acesso em 5/5/2023.

218 A Linha, também chamada Lausana-Domodossola, é uma linha ferroviária internacional que liga Lausanne, na Vaud – região francófona da Suíça –, a Domodossala, na Itália. Parte da viagem se faz ao longo da margem do lago Leman, para depois seguir o Vale do Ródano até o Túnel do Simplon, e então atingir a Itália.

219 Inaugurado em 1904 por Alexander Seiller II (1864-1920), o hotel localizava-se em frente à estação Zermatt e compunha o grupo de hotéis da região, de propriedade da família Seiller, marco do desenvolvimento hoteleiro e turístico da cidade.

220 Edward Whymper (1840-1911), alpinista inglês, foi o primeiro a atingir o cume do Matterhorn em 14 de julho de 1865, depois de várias tentativas ao longo de três anos. Na descida, uma grande tragédia marcou a aventura: a morte de quatro alpinistas, quando a corda que usavam arrebentou. Whymper registrou essa memória em Whymper, 1871.

221 A Pinacoteca de Brera está localizada no Palácio de mesmo nome, ao lado da Academia de Belas Artes. Fundada oficialmente em 1809, seu edifício abriga obras de arte oriundas dos territórios conquistados pela França, no período napoleônico, e número expressivo de obras de caráter religioso, advindas do confisco de igrejas e conventos, após a dissolução das ordens religiosas.

222 Museu de arte cujas obras advém de aquisições feitas pelo colecionista aristocrata Gian Giacomo Poldi Pezzoli (1822-1879) e por sua família. Em 1881, o museu-casa foi fundado, disponibilizando ao público grandes obras do Renascimento italiano.

223 Possivelmente *Las bodas de Juanita*, zarzuela do compositor e pianista espanhol Martín Sánchez Allú (1823-1858).

224 Inaugurado oficialmente em 1896, nos jardins públicos da Porta Venezia, em Milão, o museu se iniciou a partir da reunião de documentos e artigos materiais sobre a unificação italiana, para a Exposição Geral Italiana em Turim (1884). Quando da visita de Taunay, o museu estava localizado no pátio Roccheta do Castelo Sforza.

225 "Generosa França! Nesse momento de angústia os nossos olhos estão voltados para ti... etc. etc."

226 Editora italiana especializada em música clássica e ópera, fundada no ano 1808, por Giovani Ricordi. A casa, localizada em Milão, esteve ligada ao teatro Alla Scala, tendo realizado cópias de todas as suas apresentações e adquirido a biblioteca de músicas do teatro em 1825.

227 Vale observar um dado importante: por algum equívoco, Afonso Taunay, no registro seguinte à "terça-feira, 24 de agosto de 1909", datou a sua anotação de "quarta-feira, 26 de agosto de 1909" (em vez de 25), e assim seguiu-se a contagem dos dias dentro do diário. Trata-se de um possível erro, pois os dias da semana seguem de maneira correta (terça, quarta, quinta...). Ao que tudo indica, Taunay se dá conta desse equívoco a partir de 2 de setembro, quando acerta a contagem dos dias da semana e sua correspondente numeração.

228 Fundada em 1832, a partir do desejo de Carlo Alberto da Sardenha (1798-1848), a Pinacoteca Real, ou Galleria Sabauda, acolheu, inicialmente, as coleções do palácio real de Turim, da galeria Savoy e do palácio Durazzo de Gênova. Em 1860, as coleções, já aumentadas, com obras expoentes do Renascimento italiano, foram vendidas ao Estado e, em 1865, transferidas para o edifício citado por Taunay, o da Real Academia de Ciências.

229 Referência a Santo Agostinho (354-430 d.C.).

230 Trata-se de uma adjacência da Piazza San Marco, localizada entre a Biblioteca Nacional Marciana e o Palácio Ducal.

231 "Campos" em Veneza são equivalentes a praças. O campo de São Moises é a área aberta, localizada em frente à igreja de mesmo nome. O campo São Mauricio também está situado em frente a uma igreja, um templo neoclássico, que abriga o Museu de Música. O campo Santo Estefano comporta também uma igreja, consagrada ao santo homônimo. Todos os campos descritos estão circunscritos nas proximidades do *sestiere* de San Marco. No trajeto descrito, pode-se considerar que Taunay percorreu cerca de 500 metros.

232 Distrito veneziano e centro financeiro da cidade, o Rialto é alcançado pela ponte de mesmo nome (um arco de pedras em estilo renascentista, construído no final do século XVI, que atravessa o ponto mais estreito do Grande Canal de Veneza).

233 A Academia de Pintura, Escultura e Arquitetura Civil de Veneza foi fundada em 1750. Sua galeria de arte transformou-se em museu em 1889. Localizado na margem direita do Grande Canal de Veneza, no *sestiere* Dorsoduro, o museu reúne obras de artistas góticos e

renascentistas, advindas de igrejas, conventos e também de coleções privadas, que foram doadas à instituição.

234 Na ocasião da visita feita por Taunay, o museu abrigava-se no Ca' Pesaro, palácio barroco doado pela duquesa Felicità Bevilacqua La Masa (1822-1899), para instalar a Galeria Internacional de Arte Moderna.

235 Trata-se da Bienal de Veneza, cuja primeira exposição foi realizada em 1895. Os pavilhões construídos a partir de 1907 passaram a enfatizar trabalhos de diferentes países. Em 1909, ano da visita de Taunay, tinham sido inaugurados os pavilhões da Alemanha, Grã-Bretanha e Hungria. O evento acontece, desde sua primeira edição, nos chamados Giardini della Biennale, construídos por determinação de Napoleão, no início do século XIX.

236 Carlo Erba (1811-1888) foi um comerciante e político italiano; fundou uma empresa farmacêutica em Milão, que levou o seu nome e ganhou renome internacional. Seu túmulo, no Cemitério de Staglieno, foi encomendado por seu sobrinho Adolfo e realizado pelo escultor genovês Santo Saccomanno (1833-1914).

237 O edifício, chamado *Bundeshaus*, está localizado em Berna e abriga a sede do governo e parlamento suíço. Projetado pelo arquiteto Hans Wilhelm Auer (1847-1906), o palácio começou a ser construído em 1884 e foi finalizado em 1902. Taunay, quando consultado em 1923 para a decoração do Palácio Tiradentes a ser construído no Rio, relembra o projeto desse edifício. Sobre essa relação, *vide* o capítulo de Carlos Lima Junior que integra a publicação.

238 Montanha dos Alpes Berneses, localizada entre os cantões de Berna e de Valais. Possui altitude de 4.158 metros, dominando a paisagem do vale de Lauterbrunnen. A ferrovia que chega a Jungfrau é uma das mais altas da Europa.

239 A Queda de Staubbach é uma cachoeira na Suíça, situada nas montanhas de Bernese, acima de Lauterbrunnen. São 297 metros de queda d'água, que terminam em falésias sobre o rio Lütschine.

240 Trata-se de um teleférico instalado em Grindelwald, em 1908, que levava a Wetterhorn.

241 Expressão poética imagética, cujo tema é a universalidade da morte, produzida em diferentes suportes e regiões na Baixa Idade Média. Os fragmentos vistos por Taunay são, provavelmente, da obra *Basler Totentanz* (*Dança da morte da Basileia*), atribuída ao pintor gótico suíço Konrad Witz (1400-1445), datada entre os anos 1435-1440. Trata-se de um afresco pintado originalmente no muro de um cemitério dominicano.

242 "De alto a baixo."

NOS BASTIDORES DA VIAGEM:

TRANSCRIÇÃO E NOTAS DE UM MANUSCRITO DE AFONSO TAUNAY[1]

Amanda Aparecida Carvalho,
Josiane Nunes Machado Sampaio,
Heloísa Catani Mariani Pavoni,
Thaís Aparecida Fogaça e
Marcus Vinicius Pasini Ozores

A transcrição de um documento pode trazer uma série de desafios, e, logo de início, deparamos com diversas "pedras no caminho". Para removê-las, faz-se necessário o bom uso de certos instrumentos, desde que adequados ao trabalho que se vislumbra. Esses instrumentos são os métodos de leitura de que passamos a dispor ao estudar a paleografia, disciplina de que os estudantes de história desde o início percebem a necessidade. Com a ajuda desses métodos, os manuscritos podem ser lidos com menos dificuldades. Cada uma das letras, que de princípio parecem ilegíveis, aos poucos e através de suas repetições, começam a se fixar em nossa memória. Por isso, em pouco tempo, aquela dificuldade inicial se dilui, mas ainda restam questões que a todo o momento nos acompanham.

Essas questões são geradas pelo nosso envolvimento com o documento manuscrito. Por sua vez, esse envolvimento acontece porque os manuscritos têm uma beleza rara e instigante, é algo escrito por alguém do passado, quase sempre com profundas intencionalidades escondidas em suas linhas. Embora a transcrição não envolva, necessariamente, um trabalho de análise e crítica documental, no qual é preciso questionar o documento a todo o tempo, procurando conhecer seus autores, seu tempo e seu meio social, essas perguntas nos inquietam sem trégua. Porque pesquisar e entender as suas subjetividades são processos que se assemelham ao trabalho de um detetive minucioso, em que cada pista, por mais banal que seja, nos ajuda a montar um mosaico de sinais.[2] Esse mosaico que montamos com diversas informações recolhidas nos ajuda a expor aquilo que até então o manuscrito não mostrava, que são as suas intencionalidades.

Esse processo de desvendar cada uma das letras e investigar os motivos que levaram alguém a escrever e quais foram as suas intenções nos aproxima cada vez mais do escritor. Assim, o autor, que a princípio é alguém distante, um completo desconhecido se torna, no decurso do trabalho, alguém no qual nos pegamos pensando e cuja narrativa recriamos em nossa imaginação, como se déssemos forma e cores ao manuscrito, ainda que somente em nossa cabeça. Destarte, o fascínio foi companheiro fiel de todo o trabalho de transcrição, uma vez que o corpo documental em foco para além de um manuscrito é um relato de viagem em forma de diário.

Os diários pessoais são fontes escritas a mão, em geral falam de si e para si. Podem conter ilustrações, colagens e anotações variadas. Repositórios de lembranças diversas, os diários podem conter registros de estudos, relatos de viagens, assuntos amorosos etc. Relatam muito sobre a intimidade de seu dono ou sua dona, apresentando fatos íntimos, referências de leituras, de comportamento, valores, enfim, uma gama de informações preciosas da vivência e experiência cotidiana de seus produtores, tornando esse tipo de fonte muito valorizada nos estudos sobre biografias, autobiografias, práticas culturais e sociabilidades, por exemplo.

A partir das pistas e do reconhecimento dos padrões da grafia do diário que transcrevemos, não apenas o texto se desvelou promissor, como também um personagem emergiu: Afonso d'Escragnolle Taunay. Nesse desvelar, deparamos com um novo fragmento: a viagem como retalho da biografia do autor. Assim sendo, embarcamos, em maio de 1909, na companhia de Afonso Taunay, no Orcoma, e lemos, através de sua perspectiva, os destinos visitados, suas percepções sobre a própria viagem e acomodações, sobre o tempo, as coordenadas, o mar. Conhecemos as amizades conquistadas na viagem, suas paragens, os passageiros, culturas, espaços, povos, obras, paisagens, valores etc. Taunay nos apresenta suas vivências, os encantos e os aborrecimentos de cada estada e descobrimo-nos, ao fim e ao cabo, afetadas por sua trajetória – efeito bem descrito por Lilia Schwarcz na introdução de sua obra biográfica sobre o escritor Lima Barreto.[3]

Nesse sentido, pela proximidade que se constrói no exercício repetitivo de ler, decifrar e reler um manuscrito, pontilharam nosso trabalho momentos de fascínio e frustração com algumas posturas e opiniões de Taunay. Ao mesmo tempo, conhecíamos, enquanto historiadoras, a importância crucial de costurá-lo ao seu tempo e ao seu lugar de enunciação. Em meio a esse processo, imaginamos os momentos que os manuscritos foram criados. Nesse caso, em qual parte do navio foram escritos? Antes ou depois do jantar? Taunay se sentia feliz ao escrever seu diário? Afinal, por que ele escreveu o diário? Como será que ele se sentiria ao saber que outros estão lendo esse diário e que ele será publicado mais de cem anos após a sua escrita?

O diário de viagem adentra as esferas do privado e do público, pois, como aponta Mary Junqueira, "todo relato pressupõe um leitor".[4] Sabemos assim que, ainda que esse ato de "tomar notas" da viagem ao velho continente viesse a ser uma ferramenta para embasar a pesquisa de Taunay sobre a "Missão Artística Francesa", não é excludente a coexistência de outros propósitos. Do mesmo modo, os aspectos pessoais não devem ser lidos como absolutos, já que há o crivo do autor sobre quais aspectos do privado deixar ser vistos e de que modo os registrar na sua escrita. Todavia, o diário é sim algo pessoal, escrito por alguém que tem o interesse de registrar seus sentimentos mais secretos, marcar o que aconteceu naquele dia, de poder trazer à tona memórias em suas releituras, contudo sempre tendo em mente que, apesar de secreto, em algum momento esse diário será lido por outras pessoas.

O diário marca o andamento do calendário, embora possa haver dias sem registros. Esse tipo de fonte nos revela como as datas de escrita são importantes tanto na sua composição quanto sobre os temas abordados, aspecto fundamental quando se apontam os registros com aspectos históricos mencionados por Taunay.

Afonso Taunay, o historiador, era uma pessoa muito metódica, que se preocupava com cada palavra escrita, escrevia e reescrevia várias vezes o mesmo texto, querendo sempre chegar à perfeição. O Afonso que conhecemos a partir desse diário era um Afonso em sua vida privada, que viajava com sua esposa e filha. No entanto, ele não escreveu o diário para derramar seus sentimentos, mas sim como um guia para a escrita de seus livros, um caderno de estudos para o desenvolvimento de ideias que já existiam em sua mente, e que só se concretizaram bem depois.

Não temos como responder a todas as questões levantadas, podemos somente imaginar o autor em alguma escrivaninha no navio ou em algum quarto durante a viagem, escrevendo e pensando em como organizar suas ideias, esboçando trechos de seus livros ou relembrando conversas com pessoas conhecidas, todos aqueles com quem se encontrou nessa temporada de estudos pela Europa. Claramente, não fez a viagem simplesmente a passeio.

Taunay fez a viagem com um objetivo bem definido: estudar a história de sua família, possuindo diversos contatos em cada país visitado. Podemos também acreditar, sem dúvida, que, por ser uma pessoa extremamente metódica, o autor faria diversas alterações no texto para considerá-lo publicável. Ou, então, nunca sonharia em publicar algo tão pessoal. No entanto, acreditamos que esse diário é tão interessante justamente por ser inalterado, mantendo todas as anotações feitas pelo autor.

A impressão de familiaridade com Taunay se torna ainda mais profunda porque participamos ativamente da construção das notas de rodapé. Quão significativos foram os nomes citados para a sua despedida, demonstrando claramente seu círculo social, seus arranjos familiares e seus gostos pessoais. Principalmente porque, ao longo de toda a viagem, Taunay cita lugares e pessoas que, de alguma forma, eram representantes de determinado *status*. O autor mesmo possuía uma posição privilegiada – por ser filho do visconde de Taunay, senador do Império – que já não era tão valiosa nos primeiros anos da República, e, de certa forma, a viagem buscava recuperar seus antepassados ilustres e a importância de sua família não só na França, mas também no desenvolvimento cultural do Brasil. Passamos a conhecer, de forma mais familiar, pessoas importantes na história da Europa e da América Latina, sem contar alguns personagens que, se não fosse pelas notas, talvez o/a leitor/a não identificasse.

Com as notas de rodapé, buscamos fazer uma ligação entre passado e presente a partir dos lugares pelos quais o autor passou, visto que muitos pontos turísticos, museus, restaurantes, hotéis e monumentos visitados ainda existem, enquanto outros não mais. Através do diário, podemos visitar lugares que há muito deixaram de existir, não só pelas descrições dadas por Taunay, mas também pelas informações que obtivemos na pesquisa para a escrita das notas. Viajar sem sair de casa se torna muito mais acessível com o texto registrado por ele.

Para apoiar e indicar os caminhos traçados no diário ao/à leitor/a, a confecção das notas de rodapé se faz imprescindível; cabe apresentarmos como se deu a feitura do nosso trabalho. Dividimos as passagens do diário em quatros partes, conforme as indicações das estadas mencionadas por Taunay. Em seguida, partindo da ordem cronológica do diário, o primeiro desafio foi a localização de informações seguras que explicitassem, aproximassem e ampliassem o sentido da própria narrativa de seu autor, sem que trouxesse distorções ao texto. Buscamos construir uma leitura e escrita intuitiva, sem perder a identidade e a originalidade do documento. Fizemos poucas modificações na transcrição, somente no que se refere à grafia das palavras. Preservou-se a construção das orações originais. A intenção foi aproximar o diário dos/as leitores/as atuais.

Temos em conta que, como centro da prática historiográfica, as notas de rodapé, referenciadas como uma espécie de comentário nas transcrições manuscritas,[5] envolvem tanto o relato original, como a reelaboração de outras camadas narrativas propostas pelas próprias notas que trazem à tona novos aspectos e informações, reforçam os relatos de intimidade e revelam os valores do autor, reafirmando a importância das fontes primárias para o conhecimento do passado. Além disso, as notas de rodapé incluídas não procuraram esgotar exaustivamente o/a leitor/a, com informações enciclopédicas, o que foi muitas vezes tentador, diante do número abrangente de informações descritas por Taunay. No final do trabalho, o nosso consenso foi trazer à potência os sentidos atribuídos pelo autor às suas próprias impressões julgadas de nota.

Assim, a escolha das fontes para esclarecer as citações indicadas por Taunay encaminha o/a leitor/a para múltiplas possibilidades de interpretações. As notas reafirmam a autoridade dos escritos de Taunay e sua veracidade, dando suporte ao seu aspecto tanto autobiográfico como de registro sociocultural de sua época. Coube ao nosso trabalho indicar os assuntos pontuais, as lacunas e inferir possibilidades de estudo. As notas apoiam também a escrita dos artigos apresentados na organização deste trabalho, demonstrando assim – sem deixar de lado a sensibilidade das ideias postas pelo sujeito Afonso, no recanto de sua intimidade, e também pelo sujeito historiador Taunay, com os seus interesses de pesquisa e de reconhecimento – a importância das notas de rodapé na transcrição de manuscritos.

De modo geral, as fontes para o trabalho de confecção das notas de rodapé foram diversas, assim como a bibliografia. Várias fontes foram consultadas nos acervos digitais brasileiros e estrangeiros de instituições diversas. Os acervos digitais foram centrais para a confirmação de grande parte das informações. Dentre as fontes, podemos citar os periódicos da época dos locais citados pelo autor, que serviram para confirmar os nomes de ruas, eventos, dados locais, notícias gerais e marítimas, venda de livros, anúncios de restaurantes, espetáculos teatrais e outras informações. Os dicionários da época foram importantes para verificar termos e grafia, enquanto os dicionários bibliográficos e temáticos foram utilizados para a localização de pessoas ou assuntos específicos.

Nas obras de referência, encontramos nomes relacionados a artistas, políticos, obras de arte, culinária, moda e paisagismo, por exemplo. *Sites* de museus, instituições, hotéis mencionados por Taunay, e ainda em funcionamento, foram espaços de pesquisas para a localização de obras de arte, artistas e assuntos locais. *Sites* das prefeituras das cidades mencionadas no diário foram consultados para também confirmar nomes de bairros, ruas, localização de monumentos, imagens das cidades, políticos citados e pontos turísticos. Guias de turismo da época, manuais de etiqueta, acervos digitais de fotografias, assim como anais, leis, literatura de viagem foram pesquisados, entre outros. Fundamentalmente a consulta aos acervos digitais ocorreu nas Bibliotecas da Torre do Tombo, em Portugal; na Gallica, na França; na Hemeroteca Digital da Biblioteca Nacional, no Rio de Janeiro; no acervo da Brasiliana Guita e José Mindlin, em São Paulo (USP); na Encyclopedia Britannica *online* e na plataforma de arte alemã MeisterDrucke, para citarmos alguns.

Para construir as notas, também foi mobilizada extensa leitura de bibliografia que conta de temas específicos da história dos países visitados por Taunay, ou sobre abordagem pontual. Afonso nos apresenta em seu diário uma espécie de cápsula do tempo, que parece ter o poder de nos transportar de volta ao início do século XX, a um mundo que já não existe, uma era antes das duas guerras mundiais, à tão conhecida fase da *Belle Époque*. Podemos experimentar em primeira mão, ao viajar com o autor, os luxos e os desafios de uma viagem à Europa em um momento de grande transformação social, em que novos ricos se encontravam com famílias tradicionais, e as novidades trazidas com a Segunda Revolução Industrial ainda eram novidades, e viajar passava a ser um meio de acessar as novas benesses.

Que todos/as os/as leitores/as aproveitem a viagem ao tempo de Afonso de Taunay. Ele nos convida. Entramos no Orcoma.

Notas

1 O presente registro foi escrito sob supervisão de Wilma Peres Costa.

2 Ginzburg, 1990.

3 Schwarcz, 2018, p. 15.

4 Junqueira, 2011, p. 48.

5 Cunha, 2009, pp. 251-252.

1
UMA VIAGEM DE FORMAÇÃO[1]

Wilma Peres Costa

Uma plataforma, uma década

O cronista João do Rio – cujas saborosas crônicas na *Gazeta de Notícias* pontuam, em vários momentos, a leitura que fizemos do caderno de viagem de Afonso Taunay à Europa, em 1909 – observa que foi apenas no final do século XIX e no início do século XX que essas viagens à Europa se tornam habituais para os membros da elite política brasileira. É curioso perceber que, com seu astuto olhar carioca, o cronista atribui um pouco indevidamente aos paulistas essa moda da "iniciação do Brasil no estrangeiro", que era sempre noticiada com destaque nos jornais, com suas enormes comitivas, na saída e na chegada, nas plataformas da estrada de ferro.[2] Provavelmente ele se referisse aos chefes de governo, pois a prática foi inaugurada com a viagem de Campos Salles, ainda antes da posse, e consagrada, posteriormente, com a de Rodrigues Alves, com tão importantes consequências para os planos de urbanização da capital.[3]

A viagem de que aqui tratamos não tem essa pompa, sobretudo pelo seu caráter privado, muito embora contasse, na sua despedida, com altas figuras da política paulista, entre eles o presidente do estado de São Paulo, Albuquerque Lins, e seu secretário da Fazenda. Essa expressiva presença está associada à família de Sara, esposa de Afonso, pertencente ao influente clã Souza Queiroz, que vem prestigiar o embarque do casal e da filhinha Ana. Ela começa no dia 26 de maio de 1909, na plataforma da Estação da Luz, onde um grupo de aproximadamente setenta pessoas se reúne para o embarque do jovem casal "às 8 em ponto" em direção a Santos, de onde partirá o transatlântico Orcoma, para, depois de breve passagem pelo porto do Rio de Janeiro, navegar para o continente Europeu.[4]

A década que medeia entre a morte de seu pai, o visconde de Taunay, e o embarque para a Europa, a partir de São Paulo, fora um tempo de graves dificuldades financeiras, situação inédita para o jovem Afonso, criado com apuro e largueza. Não lhe faltou educação esmerada, que incluiu o piano e as humanidades, tendo tido como preceptor ninguém menos que o mestre Capistrano de Abreu, que o ajudou em seus estudos preparatórios para os exames de ingresso na Escola Politécnica do Rio de Janeiro. As reviravoltas financeiras da política republicana, entretanto, fizeram com que se perdesse a fortuna familiar, em grande parte oriunda da parte materna, herdeira do barão de Vassouras.[5] Com a morte precoce do pai, em 1899, Afonso tornou-se inesperadamente arrimo de família, tendo como principal cabedal a ser valorizado a obra deixada por seu pai. Foi também, entretanto, um período em que ele recebeu caloroso acolhimento por parte dos tios pelo lado materno – Eugênia Teixeira Leite, irmã de sua mãe, e seu esposo, Antônio da Silva Telles, membro de tradicional família paulista e lente da recém-criada Escola Politécnica, onde Afonso iniciou sua vida profissional, ao lado de sua função de professor do Colégio São Bento.[6]

Um breve olhar sobre o grupo descrito pelo autor do relato condensa a teia de relações que lhe havia dado suporte durante esse período difícil. No grupo reunido na plataforma, predominam em número os membros da grande parentela Souza Queiroz, muitos dos quais ocupando cargos de liderança política no estado e no país. Aparece, em seguida, um grupo representado por membros da Escola Politécnica de São Paulo e do Colégio São Bento, locais de trabalho e de forte referência afetiva para o jovem Afonso. Poucos são os familiares do lado materno. Entre eles, mencionado com afeto especial, está o tio Antônio Silva Telles, descrito como alguém "a quem tudo devemos", responsável por sua indicação para os quadros da Escola Politécnica e referência fundamental de sua inserção nas rodas de sociabilidades paulistanas. A Escola Politécnica, criada nos primeiros anos da República (1893), era um reduto dos jovens egressos das melhores famílias, fortemente entrelaçadas por ligações de negócios, fortunas e casamentos. Ela foi um lugar estratégico para promover o amálgama entre as antigas e novas cepas das elites cafeeiras, agora envolvidas em múltiplas e rentáveis atividades do comércio, dos bancos e dos melhoramentos urbanos, sem falar dos espaços políticos.[7]

A ordem narrativa de Afonso, no documento, não segue, entretanto, essa referência numérica. É muito clara a precedência dada aos membros do Colégio São Bento, onde ele ministrava aulas de disciplinas ligadas às ciências duras, mas também de história universal e do Brasil. Mais do que um lugar de trabalho, esse era sobretudo um laço que ele trazia dos beneditinos do Rio, ao qual fora ligado desde a juventude, evidenciando também a forte religiosidade, que ele cultivou durante toda a vida. É interessante observar que os dirigentes do mosteiro (d. Miguel Kruse, d. Pedro) são citados primeiro, seguidos de professores da Escola Politécnica (Rondelli, Magalhães Gomes, Santiago...) para só então abrir menção (discreta) para o grupo dos "parentes políticos", entre os quais, o próprio presidente do estado, Manuel Joaquim de Albuquerque Lins, citado apenas como "dr. Lins", junto de Olavo Egydeo e "Olarito", respectivamente secretário da Fazenda do estado e seu filho, aluno da Politécnica, designado pelo apelido íntimo. Depois, os membros da família nuclear de Afonso, a mãe, Christina de Souza Queiroz, e o tio Goffredo, irmão do pai, seguidos da infinidade de irmãos e irmãs de Sara, respectivos cônjuges e filhos. A lista indica um lugar de seu autor em círculo de sociabilidades e afetos, o lugar da família e do trabalho, esferas que estavam frequentemente entrelaçadas nos clãs paulistas, entre trocas materiais e simbólicas.

> Abracei a todos muito comovido sobretudo à pobre mamãe que fica tão só e ao bom tio Augusto a quem tudo devo. Quanto me aborrece não ter podido deixar as aulas de geografia a Goffredo! Seria alguma coisa em favor daqueles parentes excepcionais a quem tanto e tanto devemos. Meu sogro, D. Vitalina, Marina, o bom Domingos e Ida acompanham-nos a Santos a bordo do Orcoma. Seguimos Sara, eu, a pequenina e Emília.[8]

Ele, que recebera do tio Augusto a oportunidade de ingresso nos quadros da Politécnica, lamenta não poder retribuir deixando as aulas de geografia (provavelmente do Colégio de São Bento) a Goffredo, filho de Antônio Silva Telles, sobrinho de Augusto. A mãe, acompanhada da irmã e do cunhado, fica em São Paulo, indicando a identidade crescentemente paulista de uma parte da família.[9]

As palavras do caderno nos permitem imaginar um retrato, mas elas transmitem, também pelas frestas de uma rede de afetos, um sentimento de triunfo. Após uma década de dificuldades, encerrava-se um ciclo e se consolidava um lugar social, no qual a viagem era uma etapa e, quem sabe, uma abertura de novos horizontes.

Afonso Taunay viaja na condição de professor da Politécnica em licença, e possivelmente tem a mesma condição de estabilidade no Colégio São Bento, pois seu deslocamento não visa apenas ao lazer e aos estudos, mas também à representação dessas instituições, das quais leva cartas dos superiores para contato na Europa.

Chegando a Santos, o almoço na Rotisserie elegante, sogro, sogra, cunhados, a recomendação do cunhado Pérsio (o mesmo que esperava para ajudar com a bagagem) para uma posição na Casa Souza Queiroz. O mundo da casa está presente na partida para o Rio de Janeiro, a recomendação do cunhado para uma posição nos negócios da família atesta a legitimidade da voz de Afonso no interior da parentela, mas também o seu distanciamento daquele mundo. Enquanto o navio se distancia da costa, o narrador manifesta um pouco da melancolia do afastamento dos seus entes queridos.

> À 1h ½ retiram-se os parentes e Álvaro Queiroz, que viera também despedir-se de mim, assim como, um pouco antes o coronel Juca Telles. Fiquei muitíssimo sensibilizado ao me separar de meus excelentes sogro e sogra que são tão afetuosos e bons, tão simples nos seus atos quanto inteiriços de coração, de Marina tão boa quanto os pais, do ótimo Domingos e da não menos boa Ida. Senti uma sensação de isolamento realmente desagradável ao vê-los afastar-se, o bom Pérsio foi o último que vi.[10]

Na nostalgia das imagens familiares que se afastam da vista, percebe-se que São Paulo era agora o lugar de referência e o ponto de retorno.

A impressão se acentua ainda mais por contraste com o tom mais contido, quase pragmático, da despedida final, no Rio de Janeiro. Lá morava uma grande parte da família Taunay, entre os quais, seu irmão Raul d'Escragnolle Taunay, oficial da Marinha. Raul era casado com uma filha do general Dionísio Cerqueira, veterano e memorialista da Guerra do Paraguai e um dos homens fortes do regime republicano. O general ocupara três ministérios no governo Prudente de Morais e ambicionava novas posições no volátil quadro político que se desenhava no plano nacional. Sua esposa convidara Sara para o almoço e a cobria de gentilezas, o que parece surpreender Afonso, sugerindo talvez a pouca intimidade que existia entre os irmãos.

Distante dos eflúvios familiares, Afonso apresta-se para cuidar dos últimos detalhes da viagem – uma capa de Sara, o passaporte (recebido das mãos do secretário da Justiça, Washington Luís) e o almoço rápido com sobrinhos. Enquanto isso, a casa do general fervilhava política, com a notícia da demissão de Hermes da Fonseca do Ministério da Guerra, notícia que era lida como uma antessala de sua candidatura à Presidência da República, opondo-se à chapa que se aglutinava em torno da candidatura Rui Barbosa,[11] que tinha o apoio dos paulistas. Mas é Sara quem almoça com os cunhados na residência do general Dionísio Cerqueira, encarregando-se da mediação afetiva familiar. Na plataforma em Santos, ficara Albuquerque Lins, que se preparava já para o alinhamento, como vice-presidente, na chapa de Rui Barbosa...

É notório que Afonso se mostra crítico de ambas as possibilidades políticas em jogo, tidas como igualmente ruins, assim como ele demonstra estar, em qualquer dos casos, em lugar de equidistância e conforto.

> À 1 hora cheguei à casa do general, cuja família fizera afetuosíssima recepção à Sara; fiquei cativo de tanta gentileza. Achei a casa em enorme rebuliço com a política fervente do dia; o Hermes demitiu-se do Ministério sendo chamado a substituí-lo o Mendes de Moraes. A d. Antonietta falou-me em saída dos batalhões para a rua. Queira Deus que o *sargentismo* tome uma lição mortal. Verdade é que para subir um sujeito como o Ruy é bem preferível o domínio do *soldadão*. Escrevi às pressas ao meu sogro pedindo-lhe que no caso de baixa de câmbio devido a alguma bernarda possível me mandasse logo mais 5.000 francos.[12]

Enquanto se ocupa dos aprestos importantes da viagem, inclusive a segurança financeira, temeroso de "alguma bernarda", Afonso se encarrega das breves despedidas familiares (o tio Goffredo,[13] irmão do pai, sobrinhos, filhos das irmãs) e novamente menciona os padres beneditinos, desta feita, os do Rio. Cartas e contatos são apanhados por Afonso, permitindo-lhe entretecer redes de contato em Paris (uma carta do tio Goffredo para Bernardelli), pontos de apoio para a constituição de um caminho próprio.

Dois dias, três lugares (São Paulo, Santos, Rio de Janeiro), mais de uma centena de pessoas de quem se despedir, pequenas coisas a solucionar. O tempo da narrativa é rapidíssimo, quase febril.

Travessia

Nosso viajante embarca no transatlântico Orcoma portando imponente bagagem, não apenas as malas para as quais o cunhado Pérsio teve que alugar carroças, mas os recursos propiciados por uma educação esmerada, proveniente de uma linhagem de artistas e letrados, que dominavam e exerciam em suas várias manifestações e linguagens (poesia, literatura, pintura e música), além de uma linhagem sólida também pela linha materna – a família Teixeira Mendes, descendentes do barão de Vassouras. Mas não portava fortuna pessoal, nem financeira, nem em bens de raiz. Suas preocupações com dinheiro são constantes, evidenciadas pelo hábito reiterado de fazer contas em todos os papéis que lhe caíam às mãos, como se pode ver em muitos documentos da Coleção Taunay, inclusive as cadernetas de estudo na Biblioteca Nacional e até nos manuscritos das memórias paternas.

Não obstante, seu texto deixa perceber que lhe desgostavam duas das trajetórias que se ofereciam habitualmente para um jovem integrante das boas famílias paulistas de seu tempo: a política e os negócios, fossem aqueles ligados ao café, fossem os novos campos que se diversificavam no comércio, nas finanças e no desenvolvimento urbano, muito embora suas conexões familiares lhe permitissem ambicionar essas carreiras. Em cada página do seu registro, Taunay demonstra a sua ansiedade por distinção, mas também por autonomia, no meio social altamente competitivo em que se inseria. A viagem permitiria a consolidação de algumas dessas estratégias, e elas se deixam adivinhar já na longa travessia.

Já embarcado e a caminho da Europa, as fortes impressões do dia anterior, entre elas as intrigas políticas percebidas na passagem pela casa do general Dionísio Cerqueira, ainda reverberavam na memória de Afonso. Mas elas vinham rebatidas com certa dose de humor, sugerindo que as querelas políticas, que empolgavam a família, ficavam para trás. Ele foi até confundido com o súdito britânico.[14]

> Em casa do Dionísio a politicagem fervia de modo espantoso. Todos hermistas furiosos. Pudera! O Hermes prometeu ao general o ministério da Guerra! Queira Deus que o Brasil não sofra a degradação de ter à testa do governo um soldado quase analfabeto. Entre ele e o Rui, porém, mil vezes seja o eleito.

> Hoje disse-me um inglesito ao lhe contar que não era súdito britânico: "what a pity for you!".
>
> Fizemos de 5 da tarde de ontem até hoje meio-dia 251 milhas.[15]

Distinto do ritmo febril que impregna a narrativa do dia do embarque, o tempo da travessia é lento e contido, pontilhado às vezes pela ansiedade. O estilo do registro se mantém, dia a dia, em uma absolutização do tempo presente, que é muito própria do gênero.[16] O tempo, encerrado em cada dia, é marcado pelas informações meteorológicas, pelos dados técnicos referentes ao percurso (quanto já percorremos, que velocidade perfazemos) e por apreciações sobre a embarcação.

Nesse tempo "suspenso" e vagaroso, teme-se sobretudo o tédio. Entre as estratégias para conjurá-lo, estão os entretenimentos oferecidos a bordo, inclusive os esportes, que definitivamente desagradam nosso viajante. Seu passatempo mais importante parece ser a própria escrita, vazada em mordaz exercício etnográfico, em torno daquele microcosmo, em que os companheiros de viagem de diversas nacionalidades se fraternizam e se espicaçam, as classes sociais convivem próximas e apartadas e as novas e velhas fortunas conduzem jogos sociais nem sempre pacíficos.

O Orcoma era um navio luxuoso, recém-construído, que fazia a ligação dos portos da América do Sul com a Europa, sendo dotado de todos os confortos mais modernos para os passageiros de primeira classe (281 ao todo, entre 1.371 no total, entre passageiros e tripulantes).

Afonso não deixa de notar essas qualidades, pontuando, porém, seu desagrado com a pequenez do camarote, ao mesmo tempo que se ambienta entre os viajantes de primeira classe, possivelmente distribuídos em posições mais ou menos vantajosas.

Desde logo, identificam-se alguns rostos familiares entre os brasileiros, começando dos mais próximos de seu círculo de conhecidos (os irmãos Ângelo Mendes de Almeida e Pennaforte Mendes), que vão receber uma herança na Europa, e o diretor da Companhia de Fazendeiros de São Paulo, Paiva Azevedo, cuja relação com seu "nada brilhante aluno" João Evangelista Paiva Azevedo ele não deixa de notar, adicionando ainda uma nota mordaz: "moço que muito lembra o modo de pensar e falar do Octaviano Prado a ponto de parecer querer imitá-lo". O holandês Leão Bergman é também uma ponte inicial de contato. Fora professor do cunhado Pérsio e conhecera muito Alfredo Taunay, seu pai, a quem considerava "*type très chic*". Entre estes, propõe, sem sucesso, troca de cabine, conseguindo apenas trazer a ama Emília, para perto dos camarotes do casal.

> Tive boa impressão do vapor que é enorme, mas grandíssima decepção com o nosso camarote acanhadíssimo embora muito bem situado e arejado. O Orcoma está repleto levando 1.371 pessoas entre passageiros e tripulantes. Entre os passageiros de 1ª classe vejo numerosíssimos ingleses, uns argentinos e chilenos. São ao todo 280 os viajantes de 1ª classe. [...] O Orcoma desloca aproximadamente 11.600 toneladas e faz a sua segunda viagem de volta, tendo sido lançado ao mar há menos de dois anos. Tem duas ordens de camarotes de 1ª classe, bom salão, boa sala de jantar, excelente passadiço e bar. Simples, mas confortável.[17]

A apreciação ("simples, mas confortável") vem assim com parcimônia de elogios, em tom algo ranzinza, que não deixa também de ser um pouco revelador da inexperiência de Afonso em viagens de navio, onde o espaço íntimo não poderia se comparar ao que se desfrutava em casa. Ela logo se desvanece, diante do serviço excelente, da deferência com que os passageiros da primeira classe são tratados pelos funcionários e do conforto moderno da embarcação, que passam a merecer louvores irrestritos.

> A comida é boa e abundante. Os criados muito respeitosos e atenciosos; impossível encontrar gente mais cheia de respeito. O comissário e o ajudante Eduardo são amabilíssimos. [...]. O meu *stewart* e a *stewardess* são bons e prontos a atender os chamados. O *maître d'hôtel* cheio de sorrisos e homem educado. Tomei um banho quente muito agradável. As acomodações, sem exceção, esplêndidas. É impossível pedir coisa melhor, mais confortável.[18]

A partir do primeiro círculo de "conhecidos", Afonso Taunay se dedica a expandir sua rede de contatos a bordo, auxiliado pelas habilidades que manejava com perícia, a conversação, o jogo de xadrez e, acima de tudo, o piano.

A empreitada é ajudada por uma curiosa estratégia, cujos vestígios podemos encontrar no próprio manuscrito. O caderno tem como capa (que funciona como segunda capa, em razão da encadernação posterior) o folheto da Companhia de Navegação. Na parte da frente, vemos uma ilustração da Torre de Belém, com o nome do navio e o cardápio de bordo. No final do caderno, foi colada a segunda página do folheto, na qual consta a lista dos tripulantes e dos passageiros da primeira classe. Opera-se, assim, uma espécie de fusão entre o caderno e o folheto, estratégia de paratexto comum em cadernos de viagem.

Na listagem dos passageiros da primeira classe, Afonso Taunay inseriu um curioso sistema de estrelinhas (de zero a quatro), cujo sentido não é inteiramente claro. Uma possibilidade é que se tratasse de uma forma pessoal de classificação de seus companheiros de viagem, marcando aqueles cuja companhia devesse prioritariamente ser cultivada. A ideia se confirma porque eles coincidem, em sua maioria, com aqueles cujo endereço foi guardado, para desenvolver futuros contatos e relações, principalmente em Paris. De qualquer modo, parece ter sido um modo de disciplinar o tempo da viagem buscando ampliar ao máximo o número de contatos, sem ficar restrito a um pequeno círculo.

Demoremo-nos um pouco sobre essa curiosa etnografia, pois seu autor escreve com grande liberdade sobre seus companheiros de viagem e sobre as relações que se estabelecem a bordo. Vale observar que ele está agora distanciado das relações familiares (e dos cuidados de linguagem a elas inerentes) e que, nas diversas situações de sociabilidade descritas, ele parece estar sozinho, mesmo naquelas ocasiões em que as famílias estão juntas ou em que Taunay conversa em grupo com as senhoras. É verdade que ele nos informa, em breves e preocupadas notas, que Sara sofreu forte mal-estar nos primeiros dias, tendo inclusive precisado de cuidados médicos. Quaisquer que sejam as razões desse silenciamento de Sara, o fato é que o autor se apresenta só, valendo-se do xadrez, quando em contato com outros homens, ou do piano, em situações em que os gêneros se misturam, e que essas menções parecem coincidir com os nomes que aparecem, no folheto, com a marca das quatro estrelinhas.

Entre estes, constam, de maneira pouco elogiosa, alguns brasileiros, mostrando que o número de estrelas indica a frequência dos contatos e não a sua qualidade. É assim que Taunay se mostra, em geral, incomodado e por vezes mesmo *enervadíssimo* (a expressão é dele) com as conversas dos conterrâneos, como as vulgaridades atribuídas ao Mendes de Almeida, que se ocupava de coisas como a "apologia da cachaça" da qual dizia beber "um litro por dia!" e de suas sugestões malévolas e caluniosas sobre os outros passageiros. Eles são descritos como novos ricos, *parvenus*, gente sem refinamento e que também parecia comprazer-se em parasitar as famílias mais antigas e prestigiadas, como os Prado.

> À noite tive forte discussão com o Paiva Azevedo e Ângelo Mendes que reeditavam todas as [...] infâmias inventadas sobre os Prados, chegando a afirmar que D. Veridiana tivera três filhos com o barão de Iguape! Ambos manifestavam furibunda *pradofobia* que é uma das curiosas manifestações da psicologia paulista, paralela a não menos interessante *pradolatria*.[19]

A Ângelo Mendes é também atribuído um certo trânsito na terceira classe, sendo ele o vetor de notícias daquele outro mundo, marcadas por vezes por piadas e referências que Taunay considerava vulgares, mesmo quando em companhia masculina.

> As acomodações da classe intermediária são suportáveis, mas as da 3ª classe, santo Deus! Pobre *bétail humain* que lá vai amontoado! E assim mesmo o Orcoma é um navio de primeira ordem. Imagine o que não será nos demais. O Ângelo Mendes que assistiu ao jantar na terceira classe voltou horrorizado dizendo que parecia comida distribuída a porcos, absolutamente horripilante de aspecto.[20]

Taunay inclina-se de forma nítida para um outro grupo de viajantes: o círculo de diplomatas, militares, empresários e intelectuais sul-americanos, que gravita em torno de d. Enriqueta Errázuriz, com quem ele faz questão de confraternizar, pontuando inclusive a existência de laços antigos, cultivados por seu pai. É assim que ela é descrita com o desdobramento de toda a sua genealogia e em suas relações com o Brasil e com os Taunay.

> [...] distinta senhora chilena da família de dois presidentes, sobrinha do primeiro e prima-irmã do segundo, prima também do ministro D. Isidoro Errázuriz, que morreu no Rio de Janeiro de febre amarela e irmã de D. Mathias Errázuriz, que tantas vezes esteve em casa em companhia de D. Daniel García-Mansilla, hoje residente em Paris, desde que se casou com uma argentina rica da família Alvear.[21]

A eles se juntam, por relações familiares e afinidade social, a família Lopez Vargas, com a filha e o genro inglês; a família Bello Rozas, cujo chefe era neto de d. Andrés Bello (eminente intelectual, poeta e jurista, ligado à Venezuela e ao Chile) e sobrinho do ex-presidente da República do Chile, Aníbal Pinto, assim como "o Sr. Adolfo Ortega, cônsul chileno em Hamburgo [cujas esposas eram] primas da Sra. Errázuri". Em torno deles, aproximam-se também um religioso espanhol, um velho inglês, e o divertido sr. Bergman, judeu poliglota e jovial, sempre disposto a trocadilhos, chistes e anedotas, formando o subgrupo de interlocutores prediletos ao longo da viagem, grupo que Taunay distingue sempre dos novos ricos brasileiros, cuja vulgaridade ele faz questão de a todo tempo denunciar. Estes, diz, referindo-se aos chilenos, "vê-se que não é gente enriquecida de ontem".

> À noite conversei com as Sras. Errázuriz de Prieto e Bussey sobre a vida no Brasil. Ambas se queixam muito de que no Chile as velhas famílias coloniais estão em profunda decadência financeira, havendo em seu lugar começado a aparecer com muita empáfia e arrogância os *parvenus*, os indivíduos sem família, exatamente o que sucede no Brasil com os velhos *landlords* cuja descendência hoje está tão mal amparada, geralmente.[22]

O tom de cumplicidade que Taunay expressa nesses comentários faz-nos associar, pelo contraste, o desagrado com que ele se refere aos dois irmãos Mendes, que iam à Europa para receber uma herança, fruto da agiotagem do pai, qualificado como tremendo *harpagão* (sovina, agiota), que havia desgraçado muitas famílias.

Entre os sinais de refinamento, ele assinala a sociabilidade letrada das senhoras, diferente daquela que se encontrava habitualmente no Brasil.

> À tarde conversei com D. Enriqueta Prieto, a filha D. Sofia Williamshaw, o velho Lopez e a Sra. Lopez. São gente muito educada e lida, admirei-me de ver as filhas do Sr. Bussey conhecedoras de tantos livros, o que não sucede se não muito raramente no Brasil, sobretudo tratando-se de meninas de quinze anos. Estarão no Chile as mulheres tão desenvolvidas assim?[23]

Os esportes e as brincadeiras de bordo, que decididamente não o atraem, mas ao qual alguns companheiros parecem aderir, sem medo do ridículo, são descritos com picardia.

> À tardinha houve continuação dos *sports*, a corrida de batatas para homens e mulheres; numa das quais tomou parte certa inglesa excêntrica, avelhantada, que vive num verdadeiro rodopio a subir e descer as escadas do vapor inúmeras vezes por dia. Encolhendo as saias entre as pernas a tal velhota desatou numa carreira das mais cômicas fazendo rir a todos e a valer.[24]

Nem mesmo a tradicional comemoração da passagem da linha do Equador desperta o seu interesse, e ele consegue fugir dela como fizera também com a corrida de batatas, não sem registrar as tragicômicas situações a que se expunham alegremente alguns viajantes.

No grupo mais refinado, ao qual decidiu pertencer Afonso Taunay, é o piano que promove a sociabilidade. Nele, o nosso viajante é protagonista, acompanhando cantos e danças e realizando, em sua melhor forma, os conselhos que lhe dera o pai desde a juventude. Tocar piano e aprender a dançar eram passaportes obrigatórios da vida social.

A posição do piano lhe confere também um posto confortável de observação, participante, mas não totalmente envolvido, que se revela na sua escrita. Peças do repertório romântico e pianístico das mocinhas bem-nascidas, aberturas de ópera, canções ligeiras e algumas peças do emergente repertório popular que ganha espaço nos salões burgueses animam esses encontros, onde se destacam as meninas Bussey (filhas de um inglês casado com chilena), argentinos e ingleses, e sempre terminam com o *God Save*, como é de praxe em um navio de bandeira inglesa.

O sucesso do piano o transforma logo em centro dessa *troupe* musical festiva, em que sul-americanos e ingleses fraternizam, mas também ocorrem ácidas porfias, sobretudo quando o ambiente se torna mais masculino e embalado por libações alcoólicas, como atestam por exemplo as manifestações constrangedoras de d. Antonio Alamascerda, "patriota energúmeno", que repetia:

> Chile es una nación enérgica, caramba! Se nos tuvieramos pueblo nosotros seriamos dueños de toda la América del Sul, caramba! Un hombre chileno puede hacer frente a cento e cincuenta hombres de cualquier país, caramba!

O repertório ligeiro, romântico e cosmopolita abre espaço também para os brios nacionais (o canto dos hinos nacionais é constante), manifestando-se também na forma de canções folclóricas e danças populares que começam a ser apropriadas no universo das elites, como a *zamacueca*, dança próxima ao fandango e ao maxixe, que nosso pianista executa com maestria, mas critica com acidez pela pouca decência.

Os homens conversam, em torno do xadrez, ou da bebida, sobre negócios e política, como o engenheiro de Morro Velho, que explicou sobre os trabalhos na Mina, ou o sr. Bussey, com quem Taunay conversou longamente "sobre as salitreiras, os araucanos e a revolução balmacedista".

Entre chistes e pequenas provocações, pipocam os temas referentes às expressões linguísticas e seus *patois*. O sr. Bergman, judeu holandês, e sua constante companhia, especializa-se em "divisas", frases cômicas que debicam os ingleses. O velho holandês, que fala muitas línguas, diverte-se com os chistes linguísticos, traduzidos em flamengo, inglês, francês, que nosso Taunay copia diligentemente, como aquela divisa que destina (em francês) aos ingleses "Tout prendre, rien rendre, toujours prétendre". Ou, em outro momento, "In matter of commerce the fault of the Dutch is in giving too little and taking too much". Taunay também se exercita na compreensão dos *patois* de seus companheiros de fala espanhola, interpolando uma expressão em francês.

As diversas interlocuções em tom jocoso, espicaçando os brios nacionais de uns e outros e referindo-se às distinções de *status* e riqueza, tendem às vezes a subir de tom à medida que as libações alcoólicas se intensificavam.

As provocações, nem sempre inocentes, encontram um alvo predileto no sr. Manuel Ferreira Pinto, caixeiro português da Casa Japão (loja de apetrechos domésticos), que havia embarcado em São Paulo. Taunay o descreve como pessoa de "simplicidade paradisíaca" e um "*depaysé*", cujas gafes sociais começam por ter trazido a bordo um folhetim popular, leitura considerada inadequada ao gosto e às preferências de seus companheiros. Em torno dele se adensam e sobem de tom as troças e zombarias:

> À noite houve dança; toquei piano executando algumas músicas brasileiras, entre outras "Margarida vai à fonte" que foi aplaudidíssima por todos. O Bergman tanto atormentou o pobre Ferreira que afinal o fez entoar um fado. O citado suava por todos os poros e teve formidável ovação; acabada a prova, porém, ficou muito ancho de si e envaidecido.[25]

Único momento de desembarque em terra antes da chegada ao continente europeu, a escala no arquipélago de S. Vicente propicia a oportunidade para que Taunay emita impressões negativas do povoado, com conotações fortemente racistas, entre as quais se incluem os comentários sobre a beleza das jovens, que desliza a seguir para insinuações maliciosas. Os inconvenientes brasileiros Piva Azevedo e Ângelo Mendes continuam a provocar o jovem português, "querendo por força que o pobre português se embeiçasse por uma mulata abjeta".

> S. Vicente é ignóbil. Casas infames, lojas miseráveis, mercado paupérrimo, população pedinte, a implorar um *pennique* em todas as línguas, quase tudo negro e mulato com a cor característica dos vicentinos.
> Vi, contudo, algumas mulatas bonitas.[26]

A breve estada acabou, entretanto, propiciando o momento de clímax das provocações que haviam começado na véspera.

As duas últimas jornadas da travessia assinalam uma espécie de tempo limite daquele convívio, e a narrativa do nosso viajante o expressa com tintas fortes e expressivas, auxiliadas sempre pela posição descartada em que se coloca como observador/autor/pianista. Momento curioso do registro é o do baile à fantasia, realizado dois dias antes do primeiro desembarque na Europa. Não sabemos se ele se caracterizou de alguma maneira, mas seu olhar observou e registrou algumas figuras bem interessantes e divertidas, em que as clivagens de gênero, nacionalidade e outras puderam se manifestar de modo mais desabrido. Ele observa de modo sarcástico as vestimentas das mulheres e dos homens,

> [...] das que se puseram em *travesti* das senhoras se destacavam: Mrs. Douglas, uma peruana com modos de *cocotte* que flerta de uma maneira horrível por todos os cantos do vapor, umas outras com fantasias de mau gosto, uma era sorvete, outra em espanhola etc., apareceu uma menina fantasiada em bandeira brasileira (horrível) e outra em bandeira chilena (Srta. Eugenia Bussey). Houve japonesas, cholas, etc. e uma velhota muito gorda e baixa e vermelhona em rainha Vitória, com quem aliás se parece bastante. Dos homens um se vestiu em banhista, outro em cozinheiro, outro em marinheiro etc. O melhor incontestavelmente foi um tal Sr. Bridger, inglês residente em Punta Arenas e segundo me dizem homem riquíssimo. Vestiu-se de patagão caracterizando perfeitamente o tipo.[27]

Mas o olhar atento pontua também o jovem Lopez Vargas em *black face* (fantasiado de negro americano),[28] e um "rapazola inglês do Rio de Janeiro em *suffragette*".[29] Entre as danças, emergem as de origem popular, o diplomata chileno "dançou a zamacueca[30] com a mulher que se fantasiara em chilena do campo", dança que seu ouvido apurado percebe como aparentada com a "caninha verde" e o "fandango", que entretanto considera um pouco "cafagéstica" e "imprópria para gente de distinção".

Mas foi depois de acabado o baile, com o proverbial hino inglês, que, os homens se dirigiram para o bar, e se iniciou-se longa sessão "*bacchica*", onde as crispações que vinham se desenvolvendo nos últimos dias tenderam a sair do controle. Os brasileiros Paiva e Mendes estavam embriagados, assim como o português Ferreira. Por alguma razão, não mencionada, os ânimos se esquentaram tendo, como alvo, os ingleses.

> O Mendes pôs-se a deblaterar, em altas vozes contra os ingleses a quem insultava com o perigo de provocar uma rixa e aliás altamente grosseiro com o simpático Dunsant que se sentara conosco. O Paiva secundava-o tanto quanto lhe permitiam os fraquíssimos pulmões, encerrados numa caixa torácica de raquítico. Houve um momento em que vi iminente um conflito com os ingleses, indignados com tal incorreto procedimento de indivíduo sem educação e só explicável pelo abuso do álcool.[31]

Coube a Taunay e aos dois holandeses intervirem para serenar os ânimos. O primeiro repreendendo os brigões e saindo da roda, e os segundos cantando canções holandesas para despolarizar o conflito, aparentemente sem sucesso. A porfia entre os brasileiros e os ingleses continua através de canções e brindes exaltados até que os últimos resolvem mudar o alvo de seus epítetos, recorrendo de novo ao português Ferreira, com duplos sentidos em torno da canção popular *Oravaitu* e novos chistes sexistas sobre este e as mulatas de S. Vicente, tais como:

> No mar havia outr'ora
> Muitos navios piratas
> Eu vi em S. Vicente
> Um baile de mulatas.

A sequência do baile de máscaras é o único momento do manuscrito em que há uma interrupção do relato, com duas folhas rasgadas, que deixam para o/a leitor/a a ideia do desagrado gerado por aqueles acontecimentos.

Na última noite a bordo, com os ânimos menos exaltados, volta o nosso viajante ao piano, onde o repertório começado pelas habituais peças pianísticas e canções ligeiras do repertório clássico logo se segue às manifestações populares de diversas nacionalidades: a sempre popular *zamacueca*, o *cake walk* dos negros americanos[32] e uma série de maxixes e *cancans*.

De seu posto privilegiado e aparentemente sóbrio, nosso pianista considera essas expressões populares "de um cafajestismo *nec plus ultra*".[33] Não obstante seu olhar percuciente nos oferece uma viva narrativa etnográfica daquele Titanic tropical, em que as camadas populares estão apartadas, mas elementos de sua cultura são apropriados pelas elites ávidas de diversão.[34]

Lisboa é a primeira paragem europeia do Orcoma e lá nosso viajante tem a desempenhar uma missão.

Lisboa: turismo ou missão?

Embora a estada em Lisboa tenha sido extremamente breve (parte do dia 9 de junho de 1909), observa-se uma clara mudança na tonalidade do registro, o extremo cuidado com que procurou guardar cada detalhe, como que procurando compensar pela escrita a lamentada brevidade da estada.

Como em outros exemplos da sua forma peculiar de reagir àquilo que parece escapar à sua expectativa, ele principia pelo amanhecer na entrada do Tejo e pela decepção: "julguei que fosse mil vezes melhor o panorama. A costa é baixa e descarnada, sobretudo a margem esquerda", para logo mais render-se ao encantamento da cidade, na qual ele lamenta não poder ficar mais tempo. O olhar percorre Belém, os Jerônimos, mudando a primeira impressão. "A vista de Lisboa achei-a esplêndida, do ancoradouro." O casal decide, assim, aproveitar o dia e aluga um automóvel, para percorrer os principais pontos da cidade e também para cumprir um programa que nosso autor parece ter longamente preparado e que deveria ser realizado em tempo exíguo.

A visita ao Mosteiro de São Vicente de Fora e ao mausoléu onde repousam os restos mortais dos Bragança e da família imperial brasileira, banida pela República, tornara-se um ponto de peregrinação turística obrigatório para os viajantes brasileiros à Europa, ponto que adquiria ainda maior relevo depois do atentado de 1º fevereiro de 1908, em que havia sido morto d. Carlos, o rei de Portugal, e seu filho, o príncipe Luís Filipe. Nesse sentido, Afonso não foge à regra. Vale observar, porém, que a passagem por Lisboa não deixa de evocar também um sentido de missão, pois a violência política e a reverência piedosa para com aqueles que foram suas vítimas é uma temática aqui presente que se repetirá em muitos outros momentos da longa viagem. Ela aparece já no trajeto, pois se inicia no Terreiro do Paço (onde o atentado aconteceu), e, após breve passagem para entregar uma encomenda de um colega da Politécnica, ele chega a S. Vicente, cujo claustro "se assemelha muito ao do Mosteiro de S. Bento no Rio de Janeiro", depois do qual se chega ao jazigo dos Bragança, construído em 1855. Entrando na capela mortuária, novamente aparece a forte lembrança do Rio de Janeiro.

> A capela mortuária é muito longa e estreita relativamente ao comprimento. No sentido da maior dimensão há ao longo das paredes uma armação que lembra a das sacristias portuguesas como a do Rio de Janeiro, em S. Bento.[35]

Essa sobreposição de lembranças parece ser intensa nessa rápida estada em Lisboa, onde a visita aos esquifes dos Bragança absorve-se na solene simplicidade dos túmulos dos monarcas. Arrumados em caixas "que parecem baús de couro", os soberanos não possuem mausoléus suntuosos, despertando em nosso autor um sentimento de compaixão e desejo de proteção.

> Tudo é pobre, porém tem uma característica de especial simplicidade cristã que me tocou muito. Será ato de humildade dos príncipes bragantinos terem os seus dentro de caixas dignas de pobres diabos, em sepulturas tão modestas quanto frágeis?[36]

O momento de maior emoção é o encontro, logo à entrada, da bandeira imperial do Brasil, que envolvia os esquifes de d. Pedro II, d. Thereza Christina e a madrasta do imperador, d. Amélia de Beauharnais, para em seguida registrar, no centro da capela, os túmulos do rei d. Carlos I e do príncipe d. Luiz Philippe, assassinados em 1908, de modo que os destinos trágicos de ambos os monarcas parecem se aproximar. Estes últimos não podiam ser vistos, pois estavam decompostos e também porque se temia o ataque de vândalos a esses túmulos.[37]

Quanto a d. Pedro II, embora seu esquife esteja em posição de destaque, desperta tristeza e constrangimento no observador:

> Vi depois o pobre D. Pedro II, sumido, encolhido, com a barba verde, tão desagradável de se ver que não me quis demorar na contemplação de seus restos.

> Pobrezinho! Vê-se distintamente o saco de terra brasileira que lhe puseram sob a cabeça. Seria muito mais respeitoso proibirem a visita desses despojos reais, a não ser como exercício de mortificação e recolhimento acerca da inanidade das coisas humanas.[38]

Temendo que o "mau espírito" presente em Portugal naquele momento pudesse suscitar também o desrespeito aos restos mortais de d. Pedro II, Taunay pontua que "O governo brasileiro bem devia transportar para o Brasil os restos do grande imperador". Saindo do mosteiro e subindo ao ponto mais alto, de onde se descortina belíssima vista sobre a cidade e o rio Tejo, uma nova memória sobreposta – a observação de como esse panorama se parece com a vista do morro de Santo Antônio sobre o do Castelo, um conhecido quadro a óleo de seu bisavô, o pintor Nicolas-Antoine Taunay.[39]

O restante da brevíssima jornada é feito em ritmo acelerado, permitido pelo uso do automóvel, pelas principais atrações turísticas da cidade, não sem antes retornar ao lugar do atentado de 1º de fevereiro. Assim, percorre-se rapidamente o palácio das Junqueiras, o do Conde de Burnay, para chegar aos Jerônimos, descrito com grande encantamento, assim como a fabulosa coleção de coches reais, havia pouco tempo inaugurada.

O brevíssimo intervalo "turístico", no qual não faltou a visita a alguns dos túmulos históricos mais importantes de Portugal (d. Manoel, d. Sebastião), antecede uma última missão a ser desempenhada na capital portuguesa: a visita à família do conde de Paço d'Arcos – viúva e descendentes de Carlos Eugênio Correia da Silva, o conde de Paço d'Arcos, que falecera em 1905 e fora o primeiro representante português no Rio de Janeiro após a implantação da República (1891-1893). O diplomata, que servira em postos importantes do Império em várias partes do mundo, tivera sua estada no Brasil interrompida pelo rompimento das relações diplomáticas entre o Brasil e Portugal, durante o governo Floriano Peixoto, em razão do abrigo dado por embarcação portuguesa aos participantes da Revolução Federalista e da Revolta da Armada. As relações haviam sido reatadas apenas no governo do presidente Prudente de Morais, ele mesmo vítima de atentado em 5 de novembro de 1897, em que faleceu o ministro da Guerra.[40]

A visita à família Paço d'Arcos, assim, parece concluir uma missão de respeito e veneração às vítimas da violência política nesses tempos turbulentos entre a monarquia e a república no Brasil e em Portugal. Afonso Taunay, que parece ter tido, na sua juventude, simpatias pelo marechal Floriano, que tanto entristeceram o seu pai, possivelmente fazia também aí uma breve expiação de seu próprio passado em lugares de memória e (possivelmente) de reconciliação.[41]

Brasileiros em Paris

Algumas das amizades feitas a bordo iriam se estreitar durante a estada em Paris, como o holandês Bergman e a família Errázuriz. Estes, especialmente valorizados por sua cultura e distinção, representam também um elo com a memória paterna. Mathias Errázuriz, casado com a milionária argentina Josephina Alvear, fora buscar irmã e sobrinha a bordo, e fala com entusiasmo de Alfredo Taunay, dando notícias de outros familiares e amigos, intelectuais e artistas, com quem o visconde havia tido estreito contato.

> [Mathias] está muito gordo, calvo, com uma belíssima barba ruiva, sempre simpático e amável. Passou a noite a bordo e fez-me excelente acolhimento, falando com grande entusiasmo de Papai. Contou-me que o García-Mansilla, hoje ministro argentino em Lima, conserva uma espécie de culto pela memória de Papai; está casado com uma menina da família Rodríguez Larreta e muito inclinado ao misticismo.[42]

A partir da chegada a Paris, pela gare de Montparnasse, o casal está novamente cercado pelas atenções e pelos desvelos de membros da família – "as boas Guida e prima Chiquinha, acompanhadas de Aluízio e Zezé", que já estavam instaladas na cidade e provavelmente foram responsáveis pelos aprestos do apartamento de três quartos, alugado na av. Friedland, onde estão presentes todas as comodidades, "exceto talheres". As primas estão instaladas nas vizinhanças, na própria av. Friedland, no coração da Paris haussmaniana, próximas ao Arco do Triunfo e à região mais vibrante da capital.

O/A leitor/a atento/a perceberá que, a partir da chegada em Paris, o ritmo da narrativa do nosso viajante se modifica. Os registros permanecem diários, mas o tempo parece correr despreocupado, pontilhado pelo variado conteúdo das impressões colhidas da grande capital. Os ritmos são sensíveis às impressões novas, mais frenéticos e cansativos algumas vezes, mais sossegados e preguiçosos, outras tantas.

É assim que a cidade impressiona pelo movimento – "Impressão espantosa", movimento "assombroso" aparecem na escrita normalmente contida de Afonso Taunay. Ele não perde, porém, a contenção diante dos monumentos mais conhecidos. Assim, a Torre Eiffel, por exemplo, lhe parece menor do que supunha. Do mesmo modo, o apartamento da avenida Berrier lhe parece mobiliado "decentemente". Mas a situação é "esplêndida". Digno de nota, sobretudo, é o silenciamento do que chamamos páginas atrás de "voz etnográfica", tão presente durante a travessia marítima. As contínuas comparações e distinções dos modos e comportamentos das outras pessoas, frequentemente mordazes.

O silenciamento da "voz etnográfica" talvez se deva ao fato de que agora o nosso viajante está entre seus pares, em família, não cabendo, em relação aos íntimos, linguagem e comentários que podem ser usadas com os "outros", gente de outra classe, de outro país, ou de outra matriz civilizatória. Mas talvez se possa pensar também que a contenção dessa linguagem da "admiração", do "espanto" ou do "encantamento", que poderiam ser esperados de uma primeira visita à mais importante capital europeia, deva-se precisamente à necessidade de aparentar familiaridade com esse mundo, sem expor um olhar surpreso, mais apropriado ao europeu que olha o trópico do que ao das elites tropicais em visita ao continente onde tem referências culturais e, no caso de Afonso, também familiares. Ainda uma outra possibilidade pode nos ajudar a entender essa constante "decepção" manifesta pelo viajante diante das novas experiências – a presença dos guias de viagem e do processo de padronização do gosto que eles impõem sobre o que *deve* ser visto e admirado, o que provoca, por outro lado, reversão mais ou menos constante de expectativa, como comentaram outros autores nesta publicação.

Além dos familiares, provavelmente ligados à parentela de Sara, uma *troupe* de brasileiros, tratados com intimidade que nem sempre permite identificá-los adequadamente – o Tininho Paixão, o Lyra, o Pedro Torres, o Betim –, se forma, fazendo com que a experiência, na sua dimensão "turística", seja em grande parte compartilhada no interior dessa pequena confraria brasileira, onde os franceses são raros, para não dizer inexistentes. Parte deles está de passagem, e Taunay os visita em hotéis elegantes; outra parte é moradora da cidade. Com eles, frequentemente de automóvel, nosso autor desenvolve um novo cotidiano e instalam-se novos hábitos, como os passeios "obrigatórios" ao Bois de Boulogne, a visitação dos lugares elegantes – o Pré Catelan e o hipódromo de Longchamp.

No caminho, a cidade se revela, na sua impressionante modernidade, recortada de largas avenidas e mobiliada pelas esculturas, na *estatuomania* que começara na reforma urbana do Segundo Império e se adentrara vigorosa pela Terceira República.

É nesse museu a céu aberto que Afonso Taunay exercita um olhar que repertoria, classifica, memoriza.

> À noite saí para acompanhar a prima Chiquinha ao seu apartamento de número 22, Av. Friedland. Vi ontem a belíssima estátua de Balzac por Falguière e o soberbo palácio do conde Potocki e o não menos esplêncido hotel de um dos Rothschild.

Pouco a pouco esse turismo de vista rápida, de passagem, favorecido pelo uso do automóvel, é substituído por passeios mais focalizados, nos quais Taunay sozinho, ou na companhia de seus amigos, busca inteirar-se das novidades artísticas que a cidade pode oferecer; como o Salão dos Artistas Franceses, essa antiga instituição em que os novos trabalhos eram apresentados ao público. O olhar "turístico", repertorial, distante, modifica-se apenas pontualmente como aquele que lança sobre o conjunto de esculturas *Le mur*, de Moreau Vauthier, que representa a execução dos últimos resistentes da Comuna de Paris. Mais uma vez a violência política, mais uma vez o poder comunicativo e duradouro da escultura.

O dia 16 de junho, ainda na primeira semana da estada em Paris, registra dois encontros importantes. O primeiro foi a visita dos membros da família Betim Paes Leme - d. Izar, Lili e o amigo tratado simplesmente de Betim. Tudo indica tratar-se de Luiz Betim Paes Leme e sua esposa, Izar Monteiro de Barros Paes Leme. Quanto a Lili, trata-se provavelmente de Emiliana Monteiro de Barros, irmã de Izar, que viria a se casar com André Paes Leme, irmão de Luiz, em setembro de 1909. Os dois irmãos Paes Leme haviam feito seus estudos em Paris e integravam a vasta parentela cujo nome se repete nos anais da Escola Politécnica de São Paulo.[43] Inseridos na vida parisiense, os Paes Leme se tornarão o núcleo destacado das companhias de Afonso (incluindo às vezes também Sara), em passeios e programas culturais, principalmente o teatro e a ópera. A sucessão de espetáculos, comentados sempre por Afonso, indica sua refinada formação musical e seu gosto pelas manifestações mais modernas. É notório seu entusiasmo pela ópera russa, durante a espetacular *Saison Russe* que foi apresentada em Paris, com espetáculos de ópera, dança e outros gêneros. Na ópera, que parece ser a sua grande paixão, são mencionados e comentados dez espetáculos, que vão de Wagner a Korsakoff, passando pelas várias dimensões da ópera francesa (Massenet, Bizet, Camille Saint-Saëns), sem falar de uma monumental apresentação da Aída de Verdi, com mais de 200 pessoas no palco.

O (Luís) Betim é não apenas seu companheiro inseparável, da ópera aos *cabarets* da moda, passando pelas indefectíveis visitas ao Bois, como seu interlocutor no gosto pelos romances históricos, alguns dos quais ele encontra em longos passeios pelos expositores nas margens do Sena. A menção merece nota, não apenas por indicar o gosto pelo gênero que ele próprio começava a cultivar (seu romance *Leonor d'Ávila* foi publicado, na França, em 1910), mas também pelo elo de sociabilidade que o tema parecia criar entre os filhos-família, como os Betim Paes Leme, integrantes de vastíssima e antiga parentela espalhada por várias regiões do país. O caso em tela, de Maurice Maindron, gosto partilhado por Taunay e Betim, passa-se sobretudo no período das Guerras de Religião, tema que volta a ganhar popularidade no início do século XX, como se atesta também pelo sucesso das reapresentações da ópera *Les Huguenots*, de Mayerbeer, também comentada por Taunay.

O segundo encontro a ser sublinhado, também registrado no dia 16 de junho, trará mudanças significativas no próprio sentido da viagem e da estada em Paris. Trata-se aqui do encontro com o primo Victor Taunay, jornalista de prestígio, que trabalhava em Paris e estava profundamente envolvido com a organização de entidades jornalísticas europeias, onde representa a França.

A força afetiva desse encontro é evidente, e deve ter sido pungente em Paris, sobretudo quando se compara a vastidão das parentelas brasileiras, a de Sara e a sua própria, no lado materno, com a exiguidade da sua linhagem francesa, da qual restavam bem poucos membros. Dos cinco filhos homens que acompanharam o pintor Nicolas-Antoine Taunay e seu irmão Charles Auguste ao Brasil, em 1816, apenas Félix (avô de Afonso) e Hippolyte Taunay (1793-1864) haviam se casado e deixado dinastia. Hippolyte havia retornado logo à França e nunca mais esteve no Brasil. Nascido em 1852, Victor era filho do segundo casamento de Hippolyte com Constance Victoire Clémence Graux,[44] uma escritora de folhetins, e tornava-se, portanto, guardião precioso da memória familiar, de velhas histórias, cartas, papéis, gravuras. O visconde de Taunay o havia visitado em 1878.

> Recebeu-me o velho primo com grande afetuosidade no seu bom apartamento onde há muitas curiosidades e velharias tais como tapeçarias, antiqualhas de diversas espécies, um cravo do século XVII, quadros, louças, móveis, um *bric à brac* completo.
> Tem muita coisa do Avô;[45] estampas, desenhos, retratos, miniaturas, fotografias, notas, documentos e um grande busto.
> Fizemos excelente camaradagem e ele falou de modo muito amigo da visita de Papai e Mamãe em 1878.[46]

Vale a pena observar aqui a convergência entre essas duas referências, os Paes Leme e o primo Victor, o amigo de família brasileira arquitradicional, e o reatamento dos laços com a linhagem dos Taunay, ambos atuando em um ambiente fortemente dominado pela presença da parentela Souza Queiroz. É possível supor que a chegada do primo Victor nessa roda indique uma oportunidade de valorização da linhagem francesa, possibilitando-lhe uma distinção diante dos seus confrades brasileiros. De qualquer modo, é perceptível que, a partir do encontro com Victor, opera-se uma mudança lenta, porém decisiva no próprio sentido da viagem e da estada em Paris. Sem abandonar os programas próprios do turismo cultural e elegante de seu grupo de amigos, a viagem torna-se, a cada passo, mais imantada por uma disciplina de estudos, ou mesmo de uma "missão" de estudos, no sentido em que os franceses empregam esse termo.

Esse foco insere-se nas brechas dos programas culturais e vai pouco a pouco ocupando o centro do interesse do nosso viajante.

Uma primeira dimensão dessa manifestação é o modo como seu olhar busca a presença das obras do tio, o escultor Charles Auguste Taunay (que ele chama carinhosamente de *tonton* Charles), presentes em lugares públicos, comparando com evidente desagrado com a pouca presença das pinturas do bisavô (que ele chama sempre de Avô), talvez por influência do primo Victor.

É assim que, por exemplo, na Comédie Française, em companhia de Betim, no estupendo espetáculo em que ele conheceu De Féraudy, ele observa:

> Vi numa escada do edifício um busto de Ducis de *tonton* Auguste. Esplêndido sobretudo na expressão da boca. Está assinado e foi dado por Ducis a Gerard, o grande pintor e por este legado à Comédia Francesa.

Ou, em outro momento, na saída da exposição 100 retratos de mulheres, eles vão até o Louvre, onde "no arco do Carrossel vi as duas damas e o Coriáceo de *tonton* Auguste".[47]

Os momentos de lazer e consumo cultural passam a contar com esse elemento insistente de busca do lugar dos Taunay na arte francesa, e o contraste que se manifesta entre a perenidade dada ao escultor Charles Auguste Taunay, presente nos principais espaços públicos da cidade (o Carrossel, o saguão da Comédie Française), e a ausência de indícios das obras do pintor Nicolas-Antoine Taunay nos museus e nas galerias da cidade. Os indicadores de sua presença aparecem inicialmente de forma indireta e secundária. No mesmo dia do "encontro" com a obra de Ducis na Comédie Française, o passeio pelo cais propicia um prazer inesperado.

> Continuamos a pé pelo cais onde comprei um *bouquin* com gravuras de batalhas da Revolução e do Império entre as quais quatro de quadros do Avô (Pas de Ebersberg; Passagem da Ponte de Lodi; Travessia da Sierra do Guadarrama; Combate de Cossaria). Acaso extraordinário. Paguei pelo livro 15 frs.[48]

É dessa transição entre o consumo *flâneur* dos objetos de arte e o desejo de inserir a memória de Nicolas-Antoine Taunay naquele universo que o texto nos deixa um testemunho quando de sua primeira visita ao Louvre, ele vai atravessando as salas egípcias para ir direto à Escola Francesa, "na ânsia de ver os quadros do meu bisavô", encontrando, no caminho, "um mundo de quadros velhos conhecidos", entre os quais lista alguns dos mais importantes clássicos da pintura francesa, para concluir, com evidente decepção: "debalde procurei Taunay".[49]

Vale reiterar aqui que é um certo paralelismo que o relato de viagem nos sugere, entre a ânsia da inserção do avô, insistentemente buscada como uma missão de pesquisa, e a própria inserção do nosso narrador, ele mesmo ansioso pelo seu lugar no interior do círculo de amigos dos filhos-família brasileiros que o cercam em Paris e a sempre presente parentela de Sara, que com eles também está entretecida.

Seja como for, depois do encontro com Victor, Afonso é também, cada vez menos, um turista, em Paris. Movimenta-se de metrô, compra roupas, abre uma conta bancária, seus passeios pela cidade valem-se cada vez menos do automóvel, e cada vez mais do metrô – "À noite fui visitar D. Augusta Queiroz e o Bergman (Grande Hotel) não os encontrei voltando pelo metrô via Opera – Villiers – Étoile". Torna-se, cada vez mais, um morador da cidade. Dias mais tarde, seria capaz de enfrentar a difícil situação da doença da pequena Ana – que teve sucessivos dias de febre – graças ao médico francês que conseguira, através do sempre protetor tio materno Augusto da Silva Telles. Do outro lado da família, tio Goffredo é informado de suas pesquisas sobre os "quadros do avô", entretecendo a teia familiar que cerca toda a viagem.

Do mesmo modo, não é mais como mero observador (ou colecionador) que ele procura os vestígios da obra de Nicolas-Antoine. Afonso movimenta-se também para entrar no debate sobre esse legado, defendendo-o de eventuais detratores. Em 30 de junho, ele registra essa disposição combativa:

> Um tal Sr. Leonce Benedite, conservador do Luxembourg, num trabalho sobre os artistas do século 19 *malmène* bastante a reputação do Avô. É preciso *le tancer vertement*[50] tanto mais quanto mostra uma ignorância absoluta acerca das obras do mestre.[51]

As observações que emite sobre os museus de arte incorporam um tom judicioso, de entendido, diferindo da naturalidade *blasé* dos primeiros comentários. É assim que, ao falar do Museu de Luxembourg, que, como de hábito, considerou "pequeno", ele pondera "se o Estado não compra quase quadros quem há de dar vazão a enorme produção artística anual?".

Impressão profunda lhe causou o Museu Carnavalet, dedicado à história da cidade de Paris e às suas múltiplas camadas temporais, em um momento em que a cidade estava passando pelas arrasadoras transformações do Segundo Império, elas mesmas produtoras de algumas das impressionantes evidências materiais ali encontradas.

Como em outros momentos, o olhar se volta para a memória da violência política impregnada na narrativa museológica, bem como, novamente, a presença, ainda que tênue, da memória de Nicolas-Antoine.

> [Vi] a última ordem do punho de Luiz XVI no dia [*sic*] de agosto de 1792 aos pobres suíços: isso numa caligrafia toda trêmula: "Le Roi ordenne aux officiers de déposer leurs armes et de faire rentrer les soldats dans leurs casernes (assyg) Louis".

> [...] Vi o berço do príncipe Imperial, a estátua de Luiz XIV de Coysevox e um quadro atribuído a Taunay: La clinique du docteur Dubois sur la restauration, que me desagradou pois é um esboço que não foi acabado com as figuras muito vagas.

O palácio de Versalhes ganha de Afonso atenção especial, menos pela riqueza de suas salas, seus mobiliários e seus jardins, mais porque, enfim, é o lugar onde ele encontra os "quadros do avô", manifesto com júbilo, entre expressões em francês.

> Assim, pois, nada examinei, passeando pelas salas a seguir, tive grande satisfação em ver diversos quadros de meu Avô: O ataque de Cossaria, Entrada dos franceses em Munique, Volta da guarda imperial a Paris, Bonaparte no campo de batalha de Lodi, A travessia dos desfiladeiros do Guadarrama, Parada no monte São Bernardo, e O combate de Dierdorf (de que nunca ouvi falar). [...] Descobri também o busto de Miron (Jean Baptiste) feito por *tonton* Auguste e logo depois o próprio busto de Nicolau Antônio Taunay, o que me causou muito real prazer. *Cela flatte la vanité à Papa.*[52]

A alegria da descoberta sobrepõe-se a qualquer outra consideração, inclusive à possibilidade de admirar a arquitetura do palácio, que lhe parece "muito acaçapado", e a célebre galeria dos espelhos, que "também não me embasbacou".

As visitas ao velho primo, os retratos dos parentes, a leitura de velhos papéis, as visitas ao Louvre para tratar das razões da não exposição dos quadros de Nicolas-Antoine Taunay ocupam agora de forma prioritária o tempo do pesquisador, em um período de febris e emocionadas descobertas.

Amiúdam-se também os contatos com os profissionais do meio artístico e outros intelectuais, valendo-se inclusive das relações estabelecidas no Brasil e das cartas de apresentação do tio Goffredo. Vale ressaltar aqui o encontro com o psiquiatra e filósofo Georges Dumas, em 6 de julho, que redunda em um memorável jantar no dia 15 do mesmo mês.[53] Esse intelectual, que será um importantíssimo mediador cultural entre a França e a América Latina, havia estado no Brasil, em 1908, iniciando um périplo de cerca de 18 missões culturais à América Latina, que viriam a ter profundas repercussões na vida acadêmica do continente. Embora Afonso não nos informe se havia uma relação anterior já estabelecida entre ele e Dumas, a calorosa acolhida e a disponibilidade nele encontrada são descritas com grande entusiasmo. O jantar, ao qual aparentemente ele compareceu sozinho, contou também, além do casal Dumas, os anfitriões, com a presença do casal formado pelo professor Charles Diehl, eminente especialista em história bizantina, e a esposa. Essa "noite esplêndida", entretecida com conversas eruditas e sessões de piano, deixou-lhe forte impressão e mereceu um comentário mordaz.

> Enfim foi uma noite esplêndida.
> O Sr. Diehl expôs as campanhas arqueológicas de Morgan e do Hornolle, e relatou diversos fatos muito curiosos das escavações em Creta e na Grécia. É o que falta no Brasil gente que converse sobre tais assuntos em vez de se ocupar quase exclusivamente de politicagem e da vida alheia.[54]

O registro vale aqui, não apenas porque os seus desdobramentos podem indicar um interessante tema de pesquisa, mas também porque ele expressa, mais uma vez, o enfado de Afonso com a estreiteza provinciana do ambiente brasileiro, do qual nos deixara também forte impressão nas descrições dos compatriotas na viagem do Orcoma, e também o desejo de pertencimento a rodas que se ocupem de outras coisas além "da politicagem e da vida alheia". Podem ser indícios que ele nos tenha deixado sobre propósitos de mudança de vida, de resto comuns nos períodos de aniversário.

"Trinta e três anos! Pouco brilhantes. *Go ahead...*": Definindo uma Vocação

O laivo de melancolia que tresanda o registro do dia do aniversário (11 de julho de 1909) dialoga de modo curioso com o programa escolhido para o dia: a visita, com Sara, ao túmulo de Napoleão, que propicia que ele apresente em outra tonalidade o seu *leitmotif* do "lugar" dos mortos. Aqui ele aparece diferenciando o lugar do imperador (os heróis que receberam lugar de honra) dos "outros", que aparecem "deslocados", como José e Jerônimo Bonaparte.

Vale observar também que os dias que se seguem marcam a saída de Paris de vários companheiros de passeio habituais, tudo isso contribuindo talvez para a mudança de ritmo da estada. A partir daí o registro se concentra na descrição das atividades de pesquisa nas bibliotecas parisienses, primeiro, na Biblioteca das Artes Decorativas (19 de julho) e, em seguida, na Biblioteca Nacional (26 de julho). As bibliotecas parecem ser referidas como um verdadeiro porto de chegada, principalmente a Nacional. Mero visitante no dia 26, já no dia 28, Taunay se faz portador de um cartão de leitor, com a duração de seis meses, sinal inequívoco de que a estada iria estender-se e que o lugar era agora um espaço de trabalho.

É como quem trabalha que nosso autor vai visitar a editora Plon, para discutir possivelmente estratégias para uma nova edição do livro do visconde de Taunay, *A retirada da Laguna*. As livrarias também passam a ser perscrutadas de outro modo, não em busca de acasos felizes, mas com interesses de pesquisa que dialogam de forma estreita com as tardes de trabalho na Biblioteca Nacional, pautando novas e interessadas buscas, mantendo-se, de certa forma, no plano da linhagem e da genealogia, mas alargando o escopo para a família Robert d'Escragnolle, de antiga nobreza francesa.

> Estive nos cais, em diversas livrarias. Comprei o *Annuaire de la Noblesse de 1864* e tomei notas para consultar o Arfeuil sobre a família d'Escragnolle (Robert Sire d'Escragnolle).[55]

Ao mesmo tempo, as visitas ao Louvre passam a ser registradas como "trabalho": "Fui ao Louvre onde trabalhei de 2 às 5 horas".

É digno de nota como os passeios da roda masculina, como o Cabaret de l'Enfer e os espetáculos do Grand Guignol, grandes atrações parisienses daquele período, despertam nele comentários pouco entusiasmados e mesmo entediados.

Muito mais merecedores de atenção parecem ser os lugares de memória relacionados à violência política, ou as obras de arte evocativas desses fatos. No caso de Paris, isso pode se observar logo na chegada, quando ele destaca a escultura *Le mur*,[56] na sua visita ao Salão dos Artistas.

É também o caso do monumento expiatório de Luís XVI e Maria Antonieta e da capela onde estavam enterradas vítimas da revolução, entre as quais Danton, Charlotte Corday, Hegert e Lavoisier, ao lado da qual estavam também as tumbas simbólicas dos guardas suíços.[57]

O monumento parece ter-lhe causado vivíssima impressão. Reiterando observações que ele havia manifestado em Lisboa, na visita ao mausoléu dos Bragança, ele registra:

> Quando em 1815 foram abertas as valas onde os seus restos haviam sido atirados, nenhum esqueleto pôde ser identificado. Luiz XVI e a rainha estavam dentro de caixões onde os colocara a piedade corajosa de um realista.[58]

Outras ocasiões, como a visita ao Petit Trianon, em Versalhes, a dos cenotáfios reais em Saint Denis (que ele compara com os de S. Vicente de Fora) e, mais tarde, a visita a Rouen, serão outras tantas testemunhas desse interesse sempre renovado por lugares de rememoração/expiação ligados à memória de vítimas da violência política.

Entre as tardes de trabalho na Biblioteca Nacional, as conversas com Victor, as incursões sobre a memória familiar adubam o interesse de Afonso Taunay pela ciência histórica. Disso são testemunhas as cadernetas de anotações que ele conservou, atestam-se as pesquisas que começaram a dar forma ao seu célebre artigo sobre a Missão Francesa de 1816, possivelmente redigido ainda em Paris. A genealogia parece ter ganhado aqui um interesse marcante em seus estudos, desdobrando uma inclinação que aparece de forma mais diletante nos romances históricos que lia, compartilhava com seus confrades das elites paulistas e também procurava exercitar como gênero de escrita, como vimos antes. Possivelmente também aqui se desenvolveram as leituras sobre metodologia da história que alimentarão a conferência apresentada no IHGSP em 1911.

Em 6 de agosto, ele encaminha ao Brasil o pedido de prorrogação de sua licença para a Escola Politécnica, outra marca significativa da extensão da estada. A rotina de Paris é agora trabalhar "como de costume" na Biblioteca Nacional. Como no registro do dia 11 de agosto de 1909.

> Como de costume voltei à Biblioteca Nacional e trabalhei de 2 às 6. À noite veio Victor jantar conosco. Conversamos até às 10½. Acompanhei-o à rua du Bac e voltei no mesmo carro.

Muito embora a família estivesse para partir para uma breve vilegiatura pela Suíça, Itália e Alemanha, extensamente anotada na parte final do caderno, é importante observar que o autor das notas descreve o seu cotidiano cada vez mais como o de um estudioso em estada de pesquisa e não mais como um turista. Seu cartão de leitor da Biblioteca Nacional, com duração de seis meses, é um indicador seguro da tarefa que o esperava no retorno, onde certamente se desenvolveu a escrita daquele que haveria de ser o seu trabalho de estreia no ofício de historiador e que versaria exatamente sobre a história da vinda dos primeiros Taunays para o Brasil, e que ele denominou de *missão* artística francesa.[59]

"O PERFUME DOS SÉCULOS" – O PODER EVOCATIVO DOS LUGARES

O resgate da trajetória familiar não se limitou, para Afonso, às áridas horas de pesquisa bibliográfica sobre os Taunays (e também sobre os Robert d'Escragnolles). Sempre sensível ao poder evocativo dos lugares, não deixou de visitar, com Sara, a pequena Montmorency, onde havia habitado o pintor Nicolas-Antoine Taunay e onde provavelmente havia nascido o seu avô, Félix.[60]

As impressões mais intensas sobre o poder evocativo dos lugares o autor nos deixou por ocasião da brevíssima visita a Rouen, entre os dias 12 e 13 de agosto de 1909, a caminho do Havre. O registro merece destaque também pelo seu contexto, permitindo-nos perceber o distanciamento de Afonso dos interesses econômicos caros aos negócios da família. A visita ao Havre se fazia para responder a um pedido do cunhado Pérsio de Souza Queiroz, o mesmo que ele mencionara, no início do caderno, como tendo se inserido nos negócios da família, revelando inclinação para isso. O/A leitor/a perceberá como a narrativa sobre o fechamento da Bolsa, no Havre, os sinais relacionados com o preço do café e a valorização é anotada com distanciamento e enfado, acentuado pela evidente antipatia que lhe granjeou a pessoa a quem devia procurar, o sr. Maurice Lehman, que ele descreve como

> [...] um tipo acabado de judeuzinho especulador e muito feioso. Contou-me mil prosas e mexericos atribuindo-se uma importância na casa do cunhado que absolutamente não tem, pois este em minutos de conversa comigo foi logo pondo os pontos nos *is*.[61]

Com o sr. Lehman, Afonso assistiu, sem interesse, ao fechamento da bolsa do café "muito desanimada [...] depois da valorização".[62] Tampouco o impressiona a visita ao porto, onde percorre de carro os "imensos armazéns atopetados de mercadorias".

A viagem, descrita por ele como enervante e cansativa, parece ter compensado apenas pela brevíssima passagem por Rouen, a histórica cidade do martírio de Joana d'Arc, descrita em minúcias cheias de enlevo. Quase tudo o encanta na pequena cidade, como ele registra no dia 13 de agosto de 1909.

> Às 7 levantei-me e saí a ver a cidade, visita que me encantou. O velho Rouen com o seu dédalo de vielas sem alinhamento e tortuosas cheias de becos e de passadiços, estreitíssimos cercados de casas dos séculos XVI, XV, XIV até 13, é delicioso. A catedral também me encantou sobremaneira, majestosa e sobretudo elegantíssima na sua arquitetura do mais puro gótico. Gostei também muito dos túmulos [...] Ali se respira o perfume dos séculos.

O passeio prossegue imerso no prazer de se perder pelas ruas preservadas de Rouen, até chocar-se com o "horrendo mercado de ferro", estrutura modernizada que destoa e desvirtua a cenografia quase perfeita da cidade medieval.

> Fui depois ver a igreja de Saint-Maclou cujo exterior é lindíssimo e o palácio da justiça, antigo parlamento da Normandia, o pátio da entrada é admirável como harmonia, todo o edifício verdadeiro primor de elegância e de bom gosto artístico; esplêndida *salle des pas perdus*, dos antigos Estados Gerais (de Luiz XII); deliciosa biblioteca dos advogados. Seguindo a rua *aux juifs* passei pela *grosse horloge,* extasiei diante de uma série de adoráveis bicocas e cheguei à praça de Vieux Marché onde queimaram Joana D'Arc. Inteiramente modernizado com um horrendo mercado de ferro no meio.[63]

Não é exagerado supor que a força marcante dessa visita brevíssima, ocupando apenas metade de uma manhã, mas várias páginas do caderno, tenha se impregnado em sua própria concepção dos lugares históricos como propiciadores de experiências cenográficas, no qual foi tão pródigo seu trabalho anos depois.

> Vi ainda a igreja de Saint Ouen e o vistoso hotel de Bourgtheroulde (muito belo). Nas velhas ruas, de Ruão, no silêncio e na calma da manhã senti-me transportado a outras eras, parecendo-me que era naquele dia que se devia queimar a Pucelle.[64]

Podemos divisar, no emocionado relato, o despertar dessa percepção do potencial comunicativo dos lugares de memória, vindos de um historiador que seria exímio na produção de cenografias históricas, dentro e fora do ambiente museológico,[65] como tem sido ressaltado pelos especialistas. Podemos talvez acrescentar que o seu caminho para a história passando pelo romance histórico e sua entranhada paixão pela ópera não sejam estranhos a essa inclinação. E disso também muito nos diz seu relato de viagem.

Vale sublinhar, entretanto, que, no retorno a Paris, ainda no dia 14, apesar de cansado e irritado, ele não deixa de ir até a Sorbonne, para assistir a uma cerimônia de *agrégation*, encantando-se com o magnífico salão nobre da Sorbonne. É possível supor que, em ocasiões como essas, em que as questões de método são habitualmente exigidas, as referências aos mestres Langlois e Seignobos tenham se feito muito presentes. Ele não nos diz, embora lamente o mau desempenho das duas candidatas, "duas pobres velhuscas cujo ar acabrunhado muito me impressionou, parecendo-me mau presságio para as notas que acabaram de alcançar".[66] Nesse mesmo dia, nosso trabalhador incansável passa pelo museu de Cluny, "onde há tantas preciosidades encantadoras", mas não deixa de retornar, ainda que por uma hora, ao seu posto da Biblioteca Nacional Francesa. Parece fora de dúvida que, nas longas horas que ele dispendia na Biblioteca Nacional de Paris, começasse também a se esboçar o rascunho do que viria a ser a sua célebre conferência de 1911, sobre o método histórico.[67]

De qualquer modo, a breve vilegiatura à Suíça, Itália e Alemanha seria um parêntesis de turismo e descanso, antes de retomar os estudos que iriam se prolongar até fevereiro de 1910, quando ele retorna ao Brasil, período do qual ele não nos deixou registro. O prolongamento da licença na Escola Politécnica e o cartão semestral de leitor na biblioteca indicam e viabilizam os passos seguros de uma vocação.[68]

Em 5 de fevereiro de 1910, o *Correio Paulistano* noticiava[69]

> Roma, 4.
> O professor brasileiro Escragnolle Taunay efetuou, na Universidade dessa capital, uma conferência sobre a história do Brasil.
> O conferencista discorreu brilhante e proficientemente sobre o assunto, merecendo do numeroso auditório grandes aplausos.

Em 10 de fevereiro, o mesmo jornal anunciava o retorno da família Taunay ao Brasil.

O NASCIMENTO DO HISTORIADOR?

Relatos de viagem, mesmo quando disfarçados na tópica das "notas a esmo", são uma forma peculiar de escrita de si, que tende a exercitar a alteridade e a distinção. O documento que temos em tela é generoso nesse sentido, pois desenvolve a narração em múltiplas chaves, deixando um precioso testemunho de uma época, de um modo de viajar, e de narrar a viagem de um membro da elite cultural brasileira no momento do seu *Grand Tour* e da longa estada em Paris. A modulação da "voz etnográfica" é aí estratégica, como procuramos pontuar sua emissão durante a travessia, assim como o silenciamento dessa voz diante do círculo de familiares e amigos em Paris e dos europeus, em geral. Uma e outra modulação nos falam de pertencimento e de distinção assim como sugerem uma insistente busca de um caminho próprio e original em um meio intensamente competitivo.

O documento é menos generoso para responder a uma inquietação que permeou também a nossa leitura: em que medida a viagem e a experiência nela narrada nos permitem colocar uma peça relevante na trajetória de Afonso Taunay como historiador?

O mergulho no estudo da linhagem dos Taunays (e também, em menor proporção, dos Escragnolles) parece estar inserido desde o início nos propósitos da viagem, e parece ser um projeto familiar, compartilhado não apenas com o primo Victor, seu fiel e entusiasta companheiro de descobertas, como com o tio Goffredo, com o qual ele se comunica sobre seus achados e suas decepções. Se nos valemos um pouco de João do Rio, *flâneur* divertido e sagaz, para tentar desvendar algumas frestas mundanas do relato de Taunay, outra personagem talvez nos ajude a iluminar alguns aspectos dessa segunda temática. Lembremo-nos de que, em 1908, havia sido publicado *D. João VI no Brasil*, de Oliveira Lima, e que o reposicionamento histórico e historiográfico que esse livro provocou sobre o período joanino certamente reverbera no estudo sobre "A missão artística de 1816",[70] pois é ele que está sendo elaborado nas diligentes sessões de Afonso na Biblioteca de Artes Decorativas, na Biblioteca Nacional francesa e em seu périplo por museus, galerias de arte e bouquinistas da beira do Sena.

O reconhecimento vem logo nos primeiros parágrafos do estudo, ao saudar o papel do historiador pernambucano em fazer justiça às realizações do período joanino,

> [...] Sr. Oliveira Lima, que com tanta superioridade de vistas, retidão de juízo e abundância de documentação, estudou o período a que nos referimos; eminente obra de justiça levou a cabo o ilustre escritor sem contar a grande e preciosíssima contribuição que o seu livro veio trazer à nossa literatura histórica.[71]

A aproximação entre Taunay e Oliveira Lima foi particularmente intensa a partir de 1910, mediada por Capistrano de Abreu, referência intelectual de ambos, e manifestando-se nos esforços feitos por Afonso no sentido da aproximação de Oliveira Lima do Instituto Histórico de São Paulo. O tema tem sido estudado com profundidade e não carece aqui de maior insistência.[72]

Vale a pena reiterar, entretanto, dois aspectos principais: o primeiro é que, possivelmente, colocar os resultados de suas buscas e investigações no contexto mais amplo da contribuição de um grande historiador, como Oliveira Lima, permitiu a Taunay, em seu texto de estreia, ingressar no terreno em nobre companhia, fazendo convergir a contribuição de sua linhagem na longa duração do século XIX e da formação da nacionalidade. Além disso, é oportuno lembrar que, se os primeiros passos de Taunay no ofício de historiador foram dados através do interesse pela memória familiar (e sua valorização), a genealogia seria um campo em que ele logo se tornaria exímio, apoiado desta feita pelo velho mestre Capistrano de Abreu, ao enveredar pelos estudos de São Paulo Colonial, através dos genealogistas Pedro Taques e de frei Gaspar da Madre de Deus, já prefigurados desde as suas primeiras publicações.[73]

De alguma forma, a pesquisa sobre a trajetória familiar parece ter sido um lugar de passagem entre a memória e a história, ampliando o que poderia ser um exercício diletante para uma prática metódica e capaz de iluminar contextos mais amplos, sem falar que a genealogia era também moeda de troca muito valiosa, no ambiente altamente competitivo das elites paulistas a que ele pertencia e aos espaços de memória que veio ajudar a construir, como o próprio Museu Paulista. Nosso viajante, que procurava distanciar-se dos embates político-partidários e a quem não apeteciam as lides da engenharia ou dos negócios, iria ganhar um lugar de poder de onde poderia arbitrar a presença e o lugar das nobiliarquias paulistas em seu lugar de memória.[74] Na plataforma da Estação da Luz, em maio de 1909, já era possível divisar algumas das personagens que seriam estratégicas na consecução de seus objetivos futuros, Olavo Egideo de Souza Aranha, o cunhado Edmur, o sempre presente Washington Luís.[75]

Concluindo essas reflexões, creio que é relevante enfatizar que o registro que nos deixou Afonso Taunay de sua viagem nos deixa entrever um momento expressivo de sua formação, o momento em que um interesse, uma paixão, ou até mesmo uma missão, se torna ofício.

Ele nos oferece também um painel de algumas inclinações que foram permanentes em sua atuação na escrita da história por meio do museu, embora não o sejam da mesma forma em sua "fase bandeirante". Uma delas merece referência aqui. Refiro-me à sua sensibilidade para os vestígios da violência política e para a sua sublimação através do espaço museal.[76] Seus registros a esse respeito vão das vítimas do terror revolucionário aos fuzilados da Comuna, do regicídio de 1908 ao exílio do imperador d. Pedro II. Essas reflexões nos são oferecidas, sempre, no diário, a partir de lugares – mausoléu, campas, capelas expiatórias e museus. Estes parecem atraí-lo pela sua capacidade de, ao sobrepor camadas do tempo, propiciar uma forma de conciliação (ou até mesmo de reparação) para o aprendizado das gerações vindouras. O Museu Paulista, onde ele viria a exercer o seu ofício, a partir de 1917, lhe daria espaço e oportunidade para explorar essas dimensões.

Vale lembrar que, entre o final do século XIX e o início do século XX, a escrita da história, no Brasil, passou por um processo extremamente complexo de acerto de contas com o passado recente, no qual a memória, a autobiografia, o testemunho histórico sobre a ação e a trajetória dos pais foram um caminho prolífico e fecundo de autoconhecimento e também de reposicionamento de toda uma geração. Joaquim Nabuco, o barão do Rio Branco e o visconde de Taunay transitaram por essa via, de diferentes maneiras, assim como Capistrano de Abreu, Oliveira Lima e Afonso Taunay também o fizeram, em relação à revisão do legado historiográfico de Varnhagen.[77]

O relato de viagem nos mostra por onde Afonso começou: o resgate do legado familiar, um caminho para a história através da memória e da ideia de revisão, vale dizer pela aceitação das mudanças, mas, ao mesmo tempo, pela inclinação a matizar rupturas e, no limite, propiciar reparações. Nesse sentido, ele pertenceu inteiramente ao seu tempo.

O alcance desse projeto continha também os seus limites. O registro metódico de Taunay nos permitiu perceber também como divisá-los, pois, embora ele insistisse em moderar os ânimos ao som de seu piano, o conflito inseparável da transição/transação entre o velho e o novo já se adivinhava de certo modo nas conversas no convés do Orcoma, onde a percepção de um mundo supostamente sofisticado que desaparecia sob a ameaça de *parvenus* era já embalada ao som da *zamacueca*, do maxixe, do tango, e até mesmo do *cake walk*. Ecos de uma terceira classe que não poderia desfrutar diretamente do sarau.

Notas

1 Este trabalho recebeu apoio de Auxílio de Pesquisa da Fapesp (processo 2019/02230-0) e do CNPq, através de Bolsa de Produtividade.

2 Ver a crônica "Os nossos artistas em Paris". *Gazeta de Notícias*, 6 abr. 1909. Disponível em <http://memoria.bn.br/docreader/DocReader.aspx?bib=103730_04&pagfis=19631>. Acesso em 5/5/2023.

3 Ver Monteiro, 1928.

4 Para um registro do vestíbulo da Estação da Luz, de c. 1906, onde se reuniam os acompanhantes dos viajantes em recepções e despedidas, conferir fotografia de Frédéric Manuel. Disponível em <http://acervo.bndigital.bn.br/sophia/index.html>. Acesso em 5/5/2023.

5 Contribuiu certamente para o desastre financeiro o fato de que a fortuna era sobretudo concentrada em títulos de dívida ativa, privados e públicos, que o visconde de Taunay procurou rentabilizar através da compra de ações no emergente (e instável) mercado financeiro do início da República. Ver T. Reis, 2020.

6 Sobre esse período difícil da vida de Afonso Taunay e seu papel na formação do historiador, ver Anhezini, 2012.

7 Ver Needell, 1987, pp. 118-119. Sobre a Politécnica paulista, ver Ficher, 2005.

8 Taunay. *Viagem pelo Orcoma. Notas tomadas a esmo*, 26 de maio de 1909.

9 O *Correio Paulistano* de 27 de maio de 1909 dera notícia bastante lacônica da partida do Orcoma, destacando em primeiro plano a ida do dr. Antonio Bento de Paiva Azevedo, diretor da Companhia de Fazendeiros de São Paulo, para só em seguida acrescentar: "e o dr. Afonso Taunay, acompanhado de sua esposa". Disponível em <http://memoria.bn.br/DocReader/DocReader.aspx?bib=090972_06&Pesq=Taunay&pagfis=15581>. Acesso em 5/5/2023. O *Commercio de São Paulo*, qualificando o grupo, destaca os representantes políticos, os membros do Colégio São Bento. Disponível em <http://memoria.bn.br/DocReader/227900/22882?pesq=Taunay>. Acesso em 5/5/2023.

10 Taunay. *Viagem pelo Orcoma...*, 26 de maio de 1909.

11 Sobre a Campanha Civilista, existe uma vasta bibliografia. Ver, por exemplo, Fundação Casa de Rui Barbosa, 1981, com esclarecedor prefácio de Francisco de Assis Barbosa. Para uma revisão recente do debate, ver Viscardi, 2012.

12 Taunay. *Viagem pelo Orcoma...*, 27 de maio de 1909, grifos do autor.

13 Goffredo d'Escragnolle Taunay, tio paterno de Afonso, mantém um trânsito frequente com a Europa. Organizador da Liga Latina, ele desenvolvia correspondência com vários círculos europeus, inclusive com o sociólogo Vilfredo Paretto. Ver Paretto, 2001. Ver também L. Taunay, 1905.

14 A experiência foi relatada em um romance de forte teor documentário, V. Taunay, 1894-1895, publicado sob o pseudônimo de Heitor Malheiros.

15 Taunay. *Viagem pelo Orcoma...*, 28 de maio de 1909.

16 Sobre as várias dimensões da escrita de viagem, ver Huenen, 1987. Ver também Garcia, 2011; e Park, 2012, principalmente a primeira parte. Para uma visão de grande abrangência, ver Robertson *et al.*, 1994.

17 Taunay. *Viagem pelo Orcoma...*, 26 de maio de 1909.

18 *Idem*, 28 de maio de 1909.

19 *Idem*, 6 de junho de 1909, grifos do autor.

20 *Idem*, 2 de junho de 1909, grifos do autor.

21 *Idem*, 1º de junho de 1909.

22 *Idem*, 2 de junho de 1909.

23 *Idem*, 1º de junho de 1909.

24 *Idem*, *ibidem*.

25 *Idem*, 3 de junho de 1909.

26 *Idem*, 4 de junho de 1909.

27 *Idem*, 7 de junho de 1909.

28 A transformação do ator branco em negro, pelo uso do *black face*, no teatro. Conferir Billy Van, the monologue comedian, 1900. United States Library of Congress's Prints and Photographs division under the digital ID var.1831 (domínio público).

29 A fantasia de *suffragette* foi utilizada por um jovem inglês no baile do Orcoma. Para uma versão possível dessa indumentária, *vide*: Suffragette. Calendário de 1910. Herbert Art Gallery & Museum, Coventry. Disponível em <https://commons.wikimedia.org/wiki/File:SuffrageteCalendar_HAGAM.jpg>. Acesso em 6/5/2023.

30 A *zamacueca*, dança popular e mestiça. Taunay registra sua entrada nos salões das elites. *Vide La zamacueca*, de Manuel Antonio Caro (1835-1903). Óleo sobre tela da Coleção da Presidência da República do Chile.

31 Taunay. *Viagem pelo Orcoma...*, 7 de junho de 1909.

32 O *cake walk* invade os salões das elites europeias. *Vide* cartão-postal, 1911. Disponível em <https://fr.wikipedia.org/wiki/Fichier:Lecon_de_Cake-Walk_-_L%27Entree.jpeg>. Acesso em 6/5/2023.

33 Taunay. *Viagem pelo Orcoma...*, 8 de junho de 1909.

34 Sobre as diferentes apropriações da cultura popular nos Estados Unidos, ver Simone, 2021. Sobre a presença do *cake walk* nas casas de diversão no Rio de Janeiro, nesse período, ver Magaldi, 2009.

35 Taunay. *Viagem pelo Orcoma...*, 9 de junho de 1909.

36 *Idem*, *ibidem*.

37 O regicídio português de 1908 foi representado na capa do jornal parisiense *Le Petit Journal*, *vide link* disponível em <https://pt.wikipedia.org/wiki/Ficheiro:L%27attentat_de_Lisbonne.jpg>. Acesso em 6/5/2023.

38 Taunay. *Viagem pelo Orcoma...*, 9 de junho de 1909.

39 Refiro-me ao *Entrada da baía e da vila do Rio, a partir do terraço do convento de Santo Antônio em 1816*. *c.* 1818. Óleo sobre tela, 45 x 57 cm. Coleção Museu Nacional de Belas Artes/Iphan/MinC.

40 *Vide* a ilustração de Ângelo Agostini (1843-1910) sobre o atentado de 4 de novembro de 1897 contra o presidente Prudente de Morais. O atentado resultou na morte do então ministro da Guerra, marechal Bittencourt. Disponível em <https://commons.wikimedia.org/wiki/File:Attentado_contra_o_Dr._Prudente_de_Moraes,_Presidente_da_Rep%C3%BAblica,_e_assassinato_do_Ministro_da_Guerra,_no_dia_5_de_Novembro_de_1897,_no_Arsenal_de_Guerra.jpg>. Acesso em 6/5/2023.

41 H. Silva (org.), 1974. Ver também Queiros, 1986 e M.-J. Ferreira, 2010, pp. 31-48.

42 Taunay. *Viagem pelo Orcoma...*, 12 de junho de 1909.

43 Ver Figueirôa, 2010, pp. 357-373.

44 Ver <https://pt.geneanet.org/archives/registres/view/?idcollection=242756&page=227>. Acesso em 6/5/2023.

45 Afonso refere-se com frequência ao bisavô, Nicolas-Antoine Taunay, como Avô, como ocorre aqui.

46 Taunay. *Viagem pelo Orcoma...*, 16 de junho de 1909.

47 Auguste Marie Taunay tivera importante carreira como escultor, antes de vir com a família para o Brasil. Entre outros trabalhos, ele foi autor da escultura de um dos Coriáceos do Arco do Triunfo, que Afonso Taunay menciona aqui.

48 Taunay. *Viagem pelo Orcoma...*, 18 de junho de 1909.

49 O artigo de Carlos Lima Junior, neste volume, nos dá uma percuciente análise dessa pesquisa ingente pelos museus e acervos franceses, conhecendo dirigentes e conservadores, em busca dos registros da presença artística de Nicolas-Antoine Taunay.

50 Criticar severamente

51 Taunay. *Viagem pelo Orcoma...*, 30 de junho de 1909.

52 *Idem*, 4 de julho de 1909.

53 Georges Dumas (1866-1946), médico psiquiatra e filósofo, foi um dos responsáveis pela institucionalização da psicologia científica na França. Ver nota 169 no diário. Ver também Consolim, 2017.

54 Taunay. *Viagem pelo Orcoma...*, 15 de julho de 1909.

55 *Idem*, 22 de julho de 1909.

56 Refiro-me a *Le mur*, escultura de Paul Moreau-Vauthier (Salon des Artistes Français, em 1909). Hoje instalado no cemitério de Père Lachaise com as pedras originais da muralha federada. Disponível em <https://en.wikipedia.org/wiki/Paul_Moreau-Vauthier#/media/File:Monument_fédérés.jpg>. Acesso em 7/5/2023.

57 Tumbas simbólicas das centenas de guardas suíços mortos durante a prisão do rei e da sua família em 10/08/1792. Cartão-postal, s/d. Disponível em <https://fr.m.wikipedia.org/wiki/Fichier:Paris_Chapelle_Expiatoire.jpg>. Acesso em 7/5/2023.

58 Taunay. *Viagem pelo Orcoma...*, 2 de julho 1909.

59 Afonso Taunay, 1911. Para o debate em torno do significado da "missão", inclusive pondo em questão a propriedade do termo, consultar César, 1978; Pedrosa, 1998. Ver também Squeff, 2006; Dias, 2006; e Schwarcz, 2008a.

60 Ver Alfredo Taunay, 1891, pp. 1-108. Sobre esse texto, evocativo da memória familiar, ver Costa, 2017, pp. 15-41.

61 Taunay. *Viagem pelo Orcoma...*, 13 de agosto de 1909.

62 Taunay se refere à valorização do café após o Convênio de Taubaté (a partir de 1906). Sobre o tema, ver Holloway, 1978.

63 Taunay. *Viagem pelo Orcoma...*, 13 de agosto de 1909.

64 *Idem, ibidem.*

65 Cf. Mattos, 1999; S. Lima, 1999; Lima Junior, 2015 (cap. 3).

66 Taunay. *Viagem pelo Orcoma...*, 14 de agosto de 1909. Refiro-me, evidentemente, ao clássico *Langlois & Seignobos*, 1898.

67 "Os princípios gerais da moderna crítica histórica", pronunciada na Faculdade Livre de Filosofia e Letras de São Paulo.

68 *Vide* <http://memoria.bn.br/docreader/DocReader.aspx?bib=090972_06&pesq=Taunay&pagfis=16491>. Acesso em 7/5/2023.

69 *Vide* <http://memoria.bn.br/DocReader/DocReader.aspx?bib=090972_06&PagFis=17513&Pesq=Taunay>. Acesso em 7/5/2023.

70 Afonso Taunay, 1911, pp. 5-202.

71 *Idem*, p. 5.

72 Sobre o tema, ver os trabalhos de Anhezini, 2003, pp. 51-70.

73 Ver Matos, 1977.

74 Lima Junior, 2016, pp. 121-144.

75 Sobre Olavo Egideo, ver <https://cpdoc.fgv.br/sites/default/files/verbetes/primeira-republica/EG%C3%8DDIO,%20Olavo.pdf>. Acesso em 7/5/2023. Ver Anhezini, 2002-2003.

76 Ver Brefe, 2003; Oliveira, 2017, pp. 115-158; assim como Marins, 2017, pp. 159-191, na mesma coletânea.

77 Guimarães, 2008, pp. 59-78; Gomes, 2004.

2

O *GRAND TOUR* DE AFONSO TAUNAY:

ENTRETENIMENTO, PESQUISA E MISSÃO DE FAMÍLIA EM PARIS

Lucia Maria Paschoal Guimarães

São Paulo, 26 de maio de 1909. Em meio a um concorrido "bota-fora", que reuniu mais de cinquenta pessoas na Estação da Luz, às oito horas da manhã, o engenheiro e professor da Escola Politécnica Afonso d'Escragnolle Taunay tomava assento em uma composição da São Paulo Railway com destino ao porto de Santos.[1] Horas mais tarde, ele embarcaria na primeira classe do transatlântico Orcoma rumo à Europa, acompanhado da esposa, da filha e de uma criada.[2] Às vésperas de completar 33 anos,[3] Taunay partia para realizar a experiência do *Grand Tour*.

Desde o início dos anos setecentos, os jovens da aristocracia europeia empreendiam pelo menos uma viagem ao estrangeiro, a fim de aprimorar a educação. Era denominada o *Grand Tour*.[4] O ritual geralmente acontecia por volta dos vinte anos de idade, quando os rapazes já dominavam conhecimentos de arte, de literatura e de história, condições que lhes permitiam usufruir melhor a experiência. Além de familiarizá-los com a cultura clássica, excursionar pelo exterior deveria propiciar novas vivências e ampliar os horizontes dos moços bem-nascidos. Constituía, assim, um complemento indispensável à sua boa formação.

Esse costume atravessou o Atlântico nas centúrias seguintes. No Brasil independente, as elites imperiais cultivavam esse hábito, que perdurou até as primeiras décadas do século passado. Para se ter uma ideia, José Maria da Silva Paranhos Júnior (1845-1912), futuro barão do Rio Branco, após concluir o curso de Direito, embarcou para o Velho Mundo, onde circulou por alguns meses, com a quantia ganha em um bilhete premiado de loteria, acrescida de uma ajuda paterna. Tão afortunado quanto Paranhos Júnior, o recém-diplomado bacharel Joaquim Nabuco (1849-1910) seguiu o mesmo caminho: usou a herança recebida da madrinha para custear o seu giro cultural pela Europa, que se prolongou por quase um ano.[5] Por sua vez, os mancebos menos favorecidos também buscavam meios para realizar o ambicionado périplo: disputavam uma nomeação para ocupar algum cargo menor nas representações diplomáticas do Império e assim poder excursionar pelo continente europeu, tal como ocorreu com Salles Torres Homem, Gonçalves de Magalhães e Araújo Porto-Alegre, três próceres do nosso romantismo literário.[6] Este último, inclusive, escreveu um detalhado diário da excursão que fez à península itálica, em 1836.[7]

Nem sempre a almejada viagem ao estrangeiro ocorria na juventude, como era desejável. Para alguns indivíduos, a chance de empreender o *Grand Tour* só viria a ocorrer na maturidade, ainda que dispusessem dos recursos necessários. O imperador d. Pedro II (1825-1891), por exemplo, fez três grandes périplos intercontinentais durante o seu reinado (1871-1872; 1876-1877; 1887-1888), sendo o primeiro deles aos 46 anos de idade.[8] Outro que vivenciou a experiência mais amadurecido foi o político e escritor Alfredo d'Escragnolle Taunay (1843-1899), o visconde de Taunay, pai do engenheiro Afonso Taunay. O visconde realizou prolongada jornada de estudos por países da Europa, aos 35 anos, em 1878-1879.

Como é sabido, no final do oitocentos, as viagens de longo curso haviam ganhado formidável impulso, estimuladas pelo aperfeiçoamento dos meios de transporte e de comunicação. Além disso, movimentavam as letras, as ciências naturais, a geografia e a história. Com as notícias que circulavam oralmente, uma palheta variada de publicações divulgava obras sobre a arte de viajar, mapas, sugestões de roteiros e narrativas de viajantes, por sinal, bastante apreciadas pelo público letrado, que acreditava no valor pedagógico das viagens, na esteira do que já preconizara Alexander von Humboldt.

No limiar do século XX, a atividade do turismo perderia a primazia do seu caráter humanista ou de ampliação de horizontes intelectuais, para se tornar predominantemente econômica e narcisista. Ainda assim, herdeira da cultura coletiva de viagem oitocentista, a experiência do *Grand Tour* continuaria a abranger um conjunto de práticas e representações, que buscavam compatibilizar instrução com lazer.[9] No caso do viajante Afonso d'Escragnolle Taunay,[10] o relato da sua estada em Paris nos leva a introduzir um outro elemento-chave nessa combinação: resgatar a história de vida do seu bisavô – o pintor francês Nicolas-Antoine de Taunay (1755-1830), que viveu no Brasil entre 1816 e 1821, e reconstituir o legado artístico por ele deixado.

Cruzando o Atlântico: geografia, música e serões

As anotações da caderneta de viagem de Taunay demonstram familiaridade com tendências da cultura de viagem contemporânea. Na descrição do percurso para a Europa, entre os portos de Santos e de La Palisse (França), ele utiliza o aparato descritivo da geografia para reportar suas observações. Anota diariamente o ponto (latitude e longitude) e as condições climáticas, conforme se lê nas referências do dia 30 de maio:

> Nas últimas 24 horas andamos 344 milhas ou uma média de 14,3 milhas por hora. Coordenadas: 10° 40' latitude sul e 33° 21' longitude oeste de Greenwich [...]. À noite tivemos mar picado; o navio chegou a jogar bastante; fiquei bastante atordoado, mas combati o mal-estar tomando gelo às pedrinhas.[11]

Ele também confere acidentes geográficos avistados do convés do navio. Entre outros apontamentos, externa a admiração que experimentou ao deparar com o arquipélago de Fernando de Noronha, cuja paisagem esboçou em rápidos traços no diário:

> [...] Às quatro da tarde vimos Fernando de Noronha, cujo aspecto é muito pitoresco, mais ou menos no meio da ilha se eleva um pico que tem a feição de uma verdadeira torre. [...] Com binóculo percebi que é escalvada o que concorda com a descrição que ainda ultimamente li. [...] Destacado de Fernando de Noronha percebi um rochedo que deve ser alguma das Ratas.[12]

Ao mesmo tempo, os registros da travessia do Atlântico revelam que o engenheiro desfrutava de momentos de descontração e lazer. No entanto, curiosamente, ele pouco se refere à esposa e à filha de dois anos que o acompanhavam. Nas raras notas que escreve sobre as duas, lê-se que, no quarto dia de viagem, ficou muito aflito, pois a esposa sentiu-se bastante indisposta e enjoada. Saiu em busca do médico de bordo, mas este não lhe inspirou confiança, por seu "aspecto vermelhão com jeito de alcoólico".[13] Assinala, ainda, que ambas sofriam com o calor do camarote e deixa subentendido que a garotinha teria participado de brincadeiras para crianças, organizadas pela tripulação no convés do navio: "[...] tudo bem cacete aliás. [...] um diabinho de um inglês deu na menina dois tapas sendo castigado pelo pai com uma *volée* [um par] de tabefes".[14]

O viajante dá testemunho do que viveu e reivindica um estatuto de autenticidade para o seu relato, porém não se pode esquecer que é protagonista da própria narrativa. Nesse sentido, a leitura das suas "notas tomadas a esmo" demonstra que Taunay não se dedicava apenas à contemplação da natureza ou aos jogos de convés, típicos de um cruzeiro de férias. No início da viagem, ele se mostra retraído e solitário no aparatoso transatlântico: "[...] a gente que vem a bordo não se conhece e não me parece muito sociável".[15] De pronto, entre os pares da primeira classe, distinguiu apenas o capitalista e industrial holandês Leão Bergman e mais cinco conterrâneos: Ângelo Mendes de Almeida, com a esposa e o irmão Pennaforte Mendes; Luís Correia Galvão, genro do barão de Pirapitingui; e Antônio Bento de Paiva Azevedo, bacharel em Direito e irmão de João Evangelista Paiva Azevedo, seu aluno "nada brilhante", na Escola Politécnica de São Paulo.[16]

A timidez iria dissipar-se à medida que o filho do visconde de Taunay começou a frequentar o salão de estar do navio – um espaço de convivência situado junto ao bar, guarnecido com um piano, para uso recreativo dos viajantes da primeira classe. Musicista aplicado, dedilhava o instrumento com esmero e atraía as atenções. Por certo, deve ter lembrado dos ensinamentos paternos. Afinal, na opinião do visconde, tocar piano deveria servir "[...] para íntimas satisfações [...], quer nos momentos de tristeza e obsessão, quer nos de alegria, quer enfim para realce em sociedade!".[17]

O certo é que Taunay se assenhorou do instrumento musical e o converteu em ponto de referência. Ali proseava, buscava adversários para o jogo de xadrez e cativava as companheiras de bordo: "À tarde toquei piano no salão conversando com as Sras. Errázuriz, Willishaw e Bussey".[18] Diga-se de passagem, a peça de resistência do seu repertório era a romântica composição de Emmanuel Chabrier: *Feuillet d'Album*,[19] muito apreciada pelo público feminino.

Vaidoso, fazia questão de registrar no diário o sucesso alcançado por suas *performances* ao piano para a seleta plateia do navio: "Tive ontem no tal concerto formidáveis aplausos que me encalistraram a valer o que é estar em terra de cegos; musicalmente falando!".[20] Em síntese, entre uma taça e outra de champagne, ele sentava-se ao piano, tocava gêneros variados, atendia a pedidos e oferecia suporte musical aos camaradas que se aventuravam na arte do bel canto: "Acompanhei ao piano diversos ingleses como Mr. Cameron, Mr. Barclay e fui forçado a pedido geral a ficar no bar até 1h½ tocando piano".[21]

A música lhe trouxe popularidade. Ao seu redor, reuniam-se passageiros de diferentes nacionalidades. Entre os chilenos, salientava-se a família do sr. Lopez Vargas, de Valparaíso, o *hacendado* d. Emilio Crisóstomo de Punta Areñas e a sra. Enriqueta Errázuriz de Prieto,[22] aparentada de políticos importantes e do rico clã argentino dos Alvear. Havia, também, negociantes e engenheiros ingleses, médicos uruguaios, militares peruanos, um padre espanhol e até mesmo "três antipáticos alemães".[23] Isso sem falar dos brasileiros. É bem verdade que essa animada confraria internacional vez por outra excedia-se no consumo do champagne, acabando por provocar intermináveis bate-bocas, que quase chegavam à agressão física: "Houve um momento em que vi iminente um conflito com os ingleses [...]. Chamei à ordem os imprudentes com toda a energia e saí da roda".[24]

De qualquer modo, a narrativa da viagem transatlântica, mais do que evidenciar o domínio de noções de geografia e o repertório musical refinado, revela o envolvimento do engenheiro com atividades de lazer, assim como a preocupação de interagir com os companheiros de jornada, de forma a estabelecer novos relacionamentos,[25] padrão de comportamento que ilumina o ângulo do homem de sociedade, no perfil multifacetado do primogênito do visconde de Taunay.

Turistando na *belle époque* parisiense

Afonso Taunay e suas acompanhantes desembarcaram no porto de La Palisse em 12 de junho de 1909. De lá tomaram o trem para La Rochelle, de onde seguiram para Paris. Na gare de Montparnasse, foram recepcionados por primos de sua esposa, membros da família Souza Queiroz, que os conduziram a um espaçoso apartamento alugado na avenida Friedland, área nobre da cidade, onde deveriam permanecer acomodados.[26] Na manhã seguinte, um domingo, ele assistiu missa em uma capela próxima e à tarde saiu de automóvel com a esposa, a filhinha e os parentes para dar um giro pelo Bois de Boulogne e outros sítios interessantes da redondeza.

Depois de confortavelmente instalado, Taunay dirigiu-se ao Consulado brasileiro para se apresentar às autoridades diplomáticas,[27] e visitou a redação do periódico *Courrier du Brèsil*,[28] um dos principais pontos de confluência da numerosa colônia verde-amarela na França.[29] Daí em diante, enveredou por movimentada vida social. Avistou-se com conterrâneos importantes do mundo das letras e da política, reviu velhos amigos que passeavam pela Cidade-Luz[30] e esbarrou em personalidades do *society* paulistano, a exemplo do conhecido cafeicultor e industrial conde Álvares Penteado e a namorada, Elisa Musa, a passear em Saint Denis.[31]

De toda sorte, suas principais referências na capital francesa são brasileiros quase parisienses: os Souza Queiroz, de São Paulo, e os Betim Paes Leme, do Rio de Janeiro.[32] É bem verdade que há outros personagens referidos na caderneta, aparentemente paulistas, mas cuja identidade não se consegue descobrir.[33] Alguns são indivíduos com os quais Taunay se encontra quase diariamente e demonstra desfrutar de intimidade, como um certo Pedro Torres.[34] Ou, então, o confrade designado apenas de Lyra, hospedado no hotel Anglo Americano, parceiro de andanças, que já havia realizado um *tour* à Inglaterra e deveria regressar ao Brasil em setembro daquele ano.[35]

Taunay conviveu amiudadamente com esse grupo abastado de amigos, que o introduziu na Paris mundana da *belle époque*. Recebia e retribuía suas visitas, oferecia-lhes almoços e jantares na avenue Friedland. Com eles, perambulava pelos lugares da moda, a exemplo do icônico Luna Park,[36] frequentava restaurantes, confeitarias e cafés sofisticados, da categoria do famoso Café de La Paix. E iria ainda mais longe, na ronda pelos espaços elegantes: compareceu às corridas no requintadíssimo Hipódromo de Longchamps, ao lado de d. Augusta Queiroz e família,[37] com quem também excursionou por Saint Germain-en-Laye e em Genebra, na Suíça.[38]

Em outros momentos, desacompanhado, ele se dedicava à *flanerie*, atravessando a pé parques, jardins e avenidas, ou navegando pelo rio Sena no *bateau mouche*.[39] Nas caminhadas solitárias, costumava devassar livrarias e bancas de *bouquinistes*.[40] Ou, então, percorrer igrejas, prédios e monumentos históricos, orientado por manuais e publicações destinados a forasteiros, tal qual o *Guia de viagem Baedeker*. Sem dúvida, o engenheiro esquadrinhou os principais lugares turísticos da capital francesa, inclusive a afamada Torre Eiffel, cuja altura o deixou desapontado, porquanto seria mais baixa do que havia estimado.[41] De quebra, ainda presenciaria as comemorações de 14 de julho, a data nacional da França, em especial, a celebrada queima de fogos do Hotel de Ville, que contemplou junto à ponte da Concorde.[42]

Mas o passeador, que durante as manhãs flanava pelos grandes *boulevards*, à noite cumpria variada e intensa programação. Ora sozinho, ora na companhia da esposa ou de amigos, assistiu espetáculos encenados na Ópera, inclusive uma representação de Aída, que levou ao palco cerca de 300 figurantes.[43] Apreciou recitais de *ballet* e concertos no Trocadero, bem como *performances* teatrais e exibições da Comédie Française. Como se não bastasse, circulou pelas ruas dos bairros boêmios de Pigalle e de Montmartre. No primeiro, pôde admirar os *shows* de horror do Teatro du Grand Guignol,[44] *mis-en-scène* muito em voga na época.[45] Já em Montmartre, explorou dois famosos *cabarets* da *belle époque*. Escoltado por Pedro Torres, foi conhecer o extravagante Cabaret de L'Enfer,[46] cujo porteiro trajado de diabo cumprimentava os fregueses com o mote: "entrem e danem-se". Noutra oportunidade, acompanhado do amigo Heitor, visitou o tenebroso Cabaret du Néant (Cabaret da Morte),[47] hoje em dia reconhecido como o precursor das casas temáticas de diversão, no qual se representavam tramas sinistras, por meio de truques de magia e jogos de ilusão ótica.[48]

Ah! E como todo turista que se preza, o herdeiro do visconde não deixou de ir às compras nas butiques elegantes de Paris. Fez uma incursão em certa loja de *griffe* da rue Auber, provavelmente uma alfaiataria, onde encomendou dois ternos de paletó e um fraque sob medida.[49] Alguns dias depois, enriqueceu o guarda-roupa com um belo sobretudo, adquirido no conhecido magazine Galeries Lafayette, pela quantia de vinte e cinco francos, o que parece ter sido uma pechincha.[50]

As "notas tomadas a esmo" pelo engenheiro e professor da Politécnica de São Paulo confirmam, mais uma vez, a conhecida fascinação que a Cidade--Luz e a cultura francesa exerciam e – por que não dizer? – ainda hoje exercem sobre os brasileiros. Em 1909, a fina flor dos nossos patrícios já havia descoberto que "Paris é uma festa", antecipando-se ao juízo do escritor norte-americano Ernest Hemingway.[51]

Afonso Taunay e família deixaram Paris com destino à Suíça, Itália e Alemanha, em 15 de agosto de 1909, as "notas" cobrem esse périplo até 15 de setembro. Daí em diante não se dispõe de mais informações sobre a viagem, nem se tem noção de que outros sítios teriam percorrido. Sabe-se, todavia, que retornaram à França, pois, no dia 28 de novembro daquele ano, Sara de Sousa Queiroz Taunay deu à luz um menino em Île-de-France, que recebeu o nome de Paulo Feliciano. O *Grand Tour* se encerrou em 17 de fevereiro de 1910, quando os Taunay desembarcaram no porto de Santos, conforme notícia publicada na "Crônica Social", do jornal *Correio Paulistano*.[52]

Recobrando o legado do patriarca: pesquisa e missão de família

Em uma primeira mirada, a temporada de Afonso Taunay na capital francesa, entre 12 de junho e 15 de agosto de 1909, assemelha-se a uma prazerosa maratona recreativa, levada a cabo por um turista em férias, ansioso por devassar cada quarteirão de Paris. No entanto, a leitura mais atenta do seu diário demonstra que ele procurou harmonizar entretenimento com investigações e estudos. Mas que conhecimentos poderiam despertar o seu interesse naquela altura? De antemão, deduz-se que não se situavam no campo da engenharia, pois o *locus* privilegiado de suas andanças eram museus de belas-artes, galerias e exposições de pintura. Munido de guias e catálogos, ele se dirigia a esses "repositórios patrimoniais",[53] a fim de apreciar os clássicos da pintura e da escultura, que listava cuidadosamente na sua caderneta. No entanto, o/a leitor/a logo depreende que outra motivação relevante o levava a frequentar esses espaços: conhecer e inventariar as obras concebidas pelo bisavô, o pintor Nicolas-Antoine Taunay (1755-1830).[54] Nesse sentido, é emblemático o registro da sua visita inaugural ao Museu do Louvre, realizada em 19 de junho de 1909:

> [...] Entrei no Louvre pela primeira vez e passei de relance pelas salas egípcias indo às salas da Escola Francesa na ânsia de ver quadros de meu bisavô [...]. Debalde procurei Taunay; comprando um catálogo vi que só existe um hoje: *Pedro o eremita pregando a primeira cruzada*. Ao sair comprei uma fotografia da tela que deve ser linda. Amanhã hei de procurá-la.[55]

De fato, no dia seguinte, ele voltou para rever as salas de exposição da Escola Francesa, mas sofreria novo desapontamento: "Procurei os quadros de Taunay por toda a parte, sem resultado. Estudando o catálogo, verifico que atualmente estão retirados, circunstância que sobremaneira me aborreceu. Hei de falar a respeito com o conservador Sr. Le Prier".[56] A busca no Louvre pouco avançou, até descobrir o retrato do bisavô em um quadro de François-Joseph Heim, que reproduz a cena do rei Carlos X distribuindo os prêmios concedidos aos artistas expositores do Salão de 1824. Radiante com o achado, Taunay comprou uma fotografia da tela.[57]

Seja como for, sem desmerecer o talento de Nicolas-Antoine, um dos pintores favoritos de Napoleão Bonaparte, membro da Academia Real de Pintura e Escultura de Paris, depois Instituto de França, onde presidiu a classe de Belas-Artes, nota-se que o bisneto brasileiro imaginou uma aura de celebridade e virtuosismo em torno do ancestral, que não corresponderia às avaliações da crítica contemporânea, conforme ele próprio sinaliza:

> [...] um tal Sr. Léonce Bénédite, conservador do Luxembourg, num trabalho escrito sobre o século 19 *malmène* [maltrata] bastante a reputação do avô. É preciso *le tancer vertemente* [criticar severamente], tanto mais quanto mostra uma ignorância absoluta acerca das obras do Mestre.[58]

Cabe assinalar, à guisa de curiosidade, que o livro cujo nome Taunay não se dignou mencionar intitula-se *La peinture au XIXème siècle d'aprés les chefs-d'oeuvre des maîtres et les meilleurs tableaux des principaux artistes*.[59] De toda sorte, o juízo do professor de história da arte mexeu com os brios do engenheiro, que tomou para si a "missão" de confrontar o livro de Bénédite e livrar as "obras do Mestre" do obscurantismo.

Taunay saiu em campo e fez sucessivas incursões em diferentes museus, investiu na compra de gravuras, catálogos de acervos e publicações do gênero. O acentuado empenho atrás do paradeiro dos quadros de Nicolas-Antoine transcenderia os melindres de um bisneto, magoado com a crítica perpetrada ao antepassado. Seu comportamento sugeria uma busca sistemática de testemunhos, semelhante a um projeto de investigação, cujo objetivo consistiria em recuperar o papel desempenhado pelo bisavô no panorama artístico franco-brasileiro.

Não cabe, no momento, entrar em detalhes a respeito do itinerário profissional cumprido pelo pintor, nem tampouco da "colônia de artistas e artesãos franceses", da qual ele fazia parte, contratados por d. João VI para dar início ao ensino das belas artes no Brasil, temas exaustivamente examinados por Lilia Schwarcz, no livro *O Sol do Brasil. Nicolas-Antoine Taunay e as desventuras dos artistas franceses na corte de D. João.*[60] Por ora, cabe apenas pontuar que Nicolas-Antoine Taunay foi autor de numerosas composições do gênero histórico e pinturas de cenas populares, miniaturas, decorações e retratos. Desembarcou no Rio de Janeiro em 1816, com a esposa, Josephine, e cinco filhos (Auguste-Marie Charles, Thomas-Marie Hippolyte, Félix-Marie Émille, Theodore-Marie e Adrien Aimé), além do irmão, o escultor Auguste Marie Taunay. Em 1821, o pintor decidiu regressar à França, acompanhado da esposa e do filho Hippolyte, enquanto os demais familiares optaram por permanecer no Brasil. Nicolas retomou suas atividades no Instituto de França e voltou a expor no Salão de Paris. Faleceu na capital francesa, em 1831.

A ideia de recobrar a trajetória e a obra do patriarca talvez já fosse acalentada há algum tempo, pelo ramo brasileiro dos Taunay. Possivelmente, pelo visconde de Taunay, quando esteve em Paris, no *Grand Tour* que empreendeu pela Europa no final da década de 1870. Ou, então, por seu irmão, Luiz Goffredo, que visitou a França em 1881, em sua primeira missão oficial no Velho Mundo.[61] Entretanto, houve um acontecimento que parece ter impulsionado decisivamente o projeto: o lançamento do livro de Manuel de Oliveira Lima, intitulado *D. João VI no Brasil*,[62] em 1908, ano do centenário da transferência da corte portuguesa para o Brasil. O trabalho do historiador pernambucano seria qualificado por Afonso Taunay de "magna parte da campanha" de "reabilitação do soberano", em cujo governo "muito se fez pelo bem do Brasil, entre 1808 e 1821".[63] Ora, entre as benfeitorias introduzidas nesse período, um evento que estava a merecer análise mais acurada era justamente a vinda dos artistas franceses, "de mérito e reputação", para o estabelecimento de uma academia de belas-artes na corte. Assunto, aliás, pouco privilegiado no livro de Oliveira Lima,[64] e sobre o qual Varnhagen dedicou apenas quatro linhas, na sua *História geral do Brasil*.[65]

Na consecução desse projeto, Afonso contou com dois colaboradores devotados, ambos descendentes de Nicolas-Antoine: o primo francês Victor Taunay (1852-1926) e o tio paterno Luiz Goffredo d'Escragnolle Taunay (1853--1942). O primeiro era filho de Hippolyte Taunay, o único descendente do pintor que com ele voltou para a França, como já foi mencionado. Homem de imprensa, oficial da Legião de Honra, *habitué* dos círculos culturais de Paris, Victor integrou o corpo de redatores dos periódicos *La Gazette de France* e do

La Vérité e estimulou o estabelecimento da primeira organização internacional de jornalistas, o Bureau Central das Associações de Imprensa. Pioneiro dos congressos internacionais de jornalistas, presidiu o sindicato da categoria e exerceu forte influência para a regulamentação da profissão na França.

Logo que se acomodou em Paris, Afonso Taunay tratou de procurar o primo mais velho. Fez-lhe uma visita de cortesia, na residência à rue du Bac, e deixou no diário um registro muito bem impressionado desse encontro:

> [...] recebeu-me [...] com grande afetuosidade no seu bom apartamento [...] onde há muitas curiosidades e velharias tais como tapetes, antiqualhas de diversas espécies, um cravo do século XVII, quadros, louças, móveis, um *bric-à-brac* completo. Tem muita coisa do Avô: estampas, desenhos, retratos, miniaturas, fotografias, notas, documentos e um grande busto. [...] e ele falou de modo muito amigo da visita de Papai e Mamãe em 1878.[66]

Victor retribuiu a gentileza, dirigindo-se ao apartamento da avenue Friedland com um belo buquê de rosas vermelhas para Sara. Bem depressa, "excelente camaradagem" se estabeleceu entre os primos.[67] Mais do que estreitar as relações de parentesco, o francês se engajou no projeto do brasileiro, na qualidade de legatário da história de Nicolas-Antoine e das peças que compunham o quebra-cabeças da sua memória. Foi em meio ao *bric-à-brac* de Victor que Afonso veio a conhecer os dois autorretratos do pintor, além de antigas imagens dos parentes, como a da bisavó Josephine Rendel cercada pelos filhos.[68]

Ao mesmo tempo, o jornalista acionou seus contatos para recomendar o primo a galeristas, colecionadores, impressores, fotógrafos e profissionais do mundo das artes em geral que pudessem auxiliar na montagem do inventário da produção do patriarca dos Taunay e indicar a respectiva localização. Embora não fosse um perito, ele possuía bons conhecimentos de pintura e sabia tratar com negociantes do mercado de obras de arte. Não por acaso, ele acompanhou Afonso na negociação da compra da miniatura *Les orés du frère Philippe*, pintada por Nicolas, adquirida de um certo sr. Gérard, na rue Chauchat.[69]

Quanto ao tio paterno, Luiz Goffredo d'Escragnolle Taunay (1853-1942), observa-se o seu envolvimento com os planos do sobrinho desde o início da viagem. Basta lembrar que, na ida para a França, na escala do navio no Rio de Janeiro, Goffredo lhe entregou um ofício, assinado por Rodolfo Bernardelli, então diretor da Escola Nacional de Belas Artes, dirigido ao seu homólogo de Paris, provavelmente uma carta de apresentação, por ele providenciada.[70]

Engenheiro e professor da Escola Politécnica do Rio de Janeiro,[71] inventor de uma máquina de secar café em parceria com Augusto Carlos da Silva Telles, entre outras credenciais, o dr. Goffredo participara de diversas comissões enviadas pelo governo brasileiro à Europa, desde o período monárquico,[72] como já mencionado. Bem relacionado em Paris, desfrutava de posição respeitável no ambiente científico da Cidade-Luz. Aficionado da cultura francesa, escreveu o opúsculo *De la nécessité d'une Ligue Latine*, publicado em Paris, por volta de 1903,[73] uma espécie de manifesto, em prol da defesa dos vínculos culturais dos povos de origem latina, que ensejou a criação da União Latina.[74]

As redes de sociabilidade do tio na França abriram portas para a consecução do projeto do sobrinho. Veja-se, entre outros, o caso do acesso ao acervo do Musée Social. Segundo se lê no diário, ele foi acolhido pelo diretor da instituição, o professor André Lichtenberger, por recomendação do tio. É evidente que, também por causa do parentesco, o diretor lhe fez uma série de oferecimentos e o levou para o chá da tarde no jornal *L'Opinion*, do qual era redator, introduzindo Afonso, por assim dizer, na intelectualidade francesa.

Tal como aconteceu com o professor Lichtenberger, é quase certo que outras entrevistas com responsáveis por museus e instituições do gênero também devem ter acontecido por interveniência de Goffredo, com quem Afonso trocava correspondência regularmente e dava informações a respeito do andamento de suas investigações. Nesse sentido, parece bastante sugestivo o encontro com o conservador do Museu de Versalhes: "procurei o amabilíssimo Sr. André Perаté e fui tratado com a maior das gentilezas; acompanhou-me para mostrar os quadros do Avô e sobretudo a soberba coleção de desenhos".[75]

Mas existe ainda um outro personagem que possivelmente também deve ter contribuído para a consecução do projeto, cuja relação com Afonso d'Escragnolle Taunay merece ser explorada futuramente: Georges Dumas (1866-1946) – psicólogo e professor de psicologia experimental da Sorbonne.

Sabe-se que, a partir de 1908, Dumas passou a atuar como porta-voz do Groupement des Universités et des Grandes Écoles de France pour les rélations avec l'Amerique Latine.[76] Nesse mesmo ano, ele veio ao Brasil e esteve em São Paulo, onde mais tarde desempenharia papel relevante na criação do Liceu

Franco-Brasileiro (SP) e depois na designação das missões universitárias da década de 1930.

Até onde se tem notícia, não existem pistas de que o psicólogo, *doublé* de "embaixador cultural",[77] manteve algum contato com Taunay em São Paulo, em 1908. No diário, todavia, há uma nota curiosa a respeito de uma visita realizada pelo engenheiro ao professor da Sorbonne, na sua residência no boulevard Saint Germain, sem maiores protocolos ou qualquer recomendação. Nas palavras de Taunay, "recebeu-me ele amabilissimamente; conversamos cerca de duas horas, fez-me os maiores oferecimentos".[78] Passados alguns dias, Georges Dumas o chamou para jantar em sua casa, tendo também como convidado um colega da Sorbonne – o professor Charles Diehl, especialista em história da arte bizantina – e sua esposa.[79] Lamentavelmente, apesar da detalhada descrição do jantar e da conversa entre os convivas, Taunay ficou a nos dever que tipo de préstimos Dumas lhe disponibilizou.

"Viagem pelo Orcoma" e "notas tomadas a esmo" demonstram a familiaridade de Afonso Taunay com as práticas e representações da cultura de viagem na virada do século XIX para o XX. No relato de suas andanças e planos cotidianos em Paris – ou até da ausência deles, às vezes –, Taunay misturava suas fantasias, suas motivações, seus anseios ou suas considerações de toda espécie, inclusive o mau humor quando não alcançava o que pretendia.[80] Mais do que um diário de viagem tradicional, as "notas escritas a esmo" se superpõem sem perder a coerência do todo ou romper com o quadro narrativo do *Grand Tour*, oferecendo ao leitor pistas valiosas das aspirações de Taunay, que ultrapassam simples deambulações do turista em férias e revelam as intenções do pesquisador comprometido que petende levar a cabo a sua missão.

A investigação meticulosa nos acervos dos museus do Louvre, Social, Carnavalet, de Luxembourg, das Artes Decorativas e de Versalhes, bem como na Biblioteca Nacional de França, no Jardin des Plantes e nos Archives, entre outras instituições culturais e de patrimônio, rendeu frutos. O esforço do engenheiro possibilitou recuperar a trajetória do bisavô, bem como inventariar e localizar a respectiva produção artística. Todavia, para além de cumprir sua missão de família, é importante notar que as pesquisas desenvolvidas por Afonso Taunay, do ponto de vista historiográfico, cobriram brechas deixadas por Varnhagen e também por Oliveira Lima na análise do período joanino.

Seja como for, a consolidação dos resultados das suas investigações viria a público nas páginas da *Revista do Instituto Histórico e Geográfico Brasileiro*.[81] Em 1911, a revista divulgou o artigo "A missão artística de 1816",[82] acrescido das biografias de todos os artistas contratados na França por d. João VI para iniciar as atividades da Academia, reeditado sob a forma de opúsculo, quase meio século mais tarde, em 1957, pelo Serviço do Patrimônio Histórico e Artístico Nacional.[83]

Além desse inédito, em 1916, a *Revista do IHGB* publicou mais um texto original do engenheiro sobre o tema, com o título "Documentos sobre a vida e a obra de Nicolau Antonio Taunay", trabalho de fôlego que compreende a biografia do pintor acompanhada de um alentado catálogo *raisonné* de toda a sua obra.[84] Os dois contributos tornaram-se referências no âmbito da história da arte brasileira, assim como a denominação com que Taunay batizou o episódio da vinda dos mestres franceses: "Missão Artística" – designação, por sinal, que só recentemente viria a ser contestada. Mas isso já é uma outra história...

Notas

1 Taunay. *Viagem pelo Orcoma...*, 26 de maio de 1909. É membro do IHGB.

2 Houve também um segundo "bota-fora" no porto do Rio de Janeiro, menos concorrido do que o da Estação da Luz, por ocasião da escala do navio na então capital federal, que reuniu amigos e parentes cariocas.

3 Em 11 de junho de 1909, Afonso Taunay completaria 33 anos.

4 Lambert (ed.), 1935.

5 Sobre a elite imperial e o sentido pedagógico das viagens ao estrangeiro, ver Guimarães, 2015.

6 A título de informação, vale lembrar que Salles Torres Homem, Gonçalves de Magalhães e Araújo Porto-Alegre foram designados adidos à legação brasileira em Paris por interferência do então deputado Evaristo da Veiga, que os considerava talentosos e promissores. Os três jovens aproveitaram o ensejo para estudar e viajar por diversos países do continente, sobretudo os mais representativos da cultura clássica. *Idem, ibidem*. Ver também Squeff, 2017.

7 Conferir Porto-Alegre, 1836, pp. 161-213. Sobre a narrativa de Araújo Porto-Alegre, ver Ferro, 2006. Ver também Squeff, 2017.

8 Ver Guimarães, 2015.

9 Sobre o conceito de cultura de viagem, ver Bertrand, 2004, pp. 207-209.

10 Taunay. *Viagem pelo Orcoma. Notas tomadas a esmo.*

11 *Idem*, 29 de maio de 1909.

12 *Idem*, 31 de maio de 1909.

13 *Idem*, 28 de maio de 1909.

14 *Idem, ibidem.*

15 *Idem, ibidem.*

16 *Idem, ibidem.*

17 Alfredo Taunay, 2004, p. 72, grifo nosso. Ver, também, Anhezini, 2012, p. 96.

18 Ver, entre outras notas, Taunay. *Viagem pelo Orcoma*..., 5 de junho de 1909.

19 *Idem*, 1º de junho de 1909.

20 *Idem*, 2 de junho de 1909.

21 *Idem*, 8 de junho de 1909.

22 A sra. Enriqueta era prima de Isidoro Errázuriz, diplomata que manteve relações de amizade com visconde de Taunay e faleceu no Rio de Janeiro em 1898. D. Enriqueta também era irmã de D. Mathias Errázuriz, chileno que exerceu a diplomacia na Argentina, esteve no Rio de Janeiro algumas vezes, e também frequentou a residência do visconde em Petrópolis. D. Mathias desposou uma jovem argentina da opulenta família Alvear e passou a residir em Paris. Ver, entre outras anotações, Taunay. *Viagem pelo Orcoma*..., 1º de junho de 1909.

23 *Idem*, 10 de junho de 1909.

24 *Idem*, 7 de junho de 1909.

25 O engenheiro demonstra preocupação de interagir com outros passageiros sucessivas vezes. Veja-se o caso de Mme. Bonvalot, que se dizia aparentada do explorador francês Gabriel Bonvalot, "foi nossa companheira de viagem, é simpática e inteligente. Sinto realmente não ter cultivado a bordo essas relações, no meio daquela monotonia cacetíssima". *Idem*, 12 de junho de 1909.

26 Na caderneta de viagens, Taunay reproduz a planta do imóvel, alugado pela quantia de quatrocentos francos mensais. *Idem, ibidem.*

27 Essa apresentação era importante e necessária, porquanto durante a viagem as correspondências que lhe fossem destinadas deveriam ser endereçadas ao Consulado.

28 O hebdomadário *Courrier du Brésil* circulou entre 1906 e 1914. Vendido em livrarias, custava 40 cêntimos e era o principal veículo de divulgação da numerosa colônia brasileira residente na França.

29 Ver, T. Barbosa, 2019.

30 Carlos Claudio, Rodrigo Octávio (Rodrigo Octávio Langaard de Menezes, da Academia Brasileira de Letras e do Instituto Histórico e Geográfico Brasileiro), Boa Vista (provavelmente tratava-se do conde da Boa Vista), Wenceslau Guimarães (latifundiário e político baiano), Mauricio de Medeiros (médico carioca e mais tarde membro da Academia Brasileira de Letras), entre outros conterrâneos, que circulavam por Paris naquela ocasião.

31 Taunay. *Viagem pelo Orcoma*..., 25 de julho de 1909.

32 Entre os Souza Queiroz, com residência em Paris na época, Taunay registra: Guida, prima Chiquinha e seus filhos (Aluísio, Maurillo e Zezé), com endereço à avenida Friedland, n. 22. Também do clã Souza Queiroz, encontravam-se na Cidade-Luz d. Augusta Queiroz e Lili, hospedadas no Hotel Richmond. Os Betim Paes Leme estavam alojados no Hotel du Palais d'Orsay.

33 Infelizmente, não se consegue identificar esses indivíduos, pois Taunay omite os nomes completos e quando o faz não oferece pistas das suas atividades em Paris. Pedro Torres, Lyra, Luís Correia Galvão, Tininho Paixão, Paulo, Betim (talvez o marido de d. Izar Betim Paes Leme), Alberto Pareto, Heitor, Pedro Torres, Alfredo Torres, Eduardo Schmidt, Ivan, Abreu, Luna (seria nora de d. Izar Betim Paes Leme), Galeno, Julieta e Antoninho Assumpção, Arthur Cunha. Aparentemente, Lili, Julieta e Antoninho Assumpção faziam parte da família de d. Augusta Queiroz.

34 Pedro Torres é um dos companheiros mais assíduos de Taunay, nas jornadas mundanas por Paris.

35 Taunay. *Viagem pelo Orcoma*..., 14 de agosto de 1909.

36 Famoso parque de diversões, recém-inaugurado em Paris (1909), onde Taunay relata ter visto um indivíduo engolir serpentes vivas. *Idem*, 2 de agosto de 1909.

37 *Idem*, 27 de junho de 1909.

38 Ver, por exemplo, o relato da excursão realizada pela Saint Germain-en-Laye, com d. Augusta Queiroz, Lili, Julieta e Antoninho Assumpção. *Idem*, 26 de junho de 1909. Sobre o encontro na Suíça, conferir *Idem*, 16, 17 e 18 de agosto de 1909.

39 *Idem*, 23 de junho de 1909.

40 *Bouquinistes*, denominação que se dá aos livreiros que exercem suas atividades operando caixas de metal verde, enfileiradas ao longo das margens do rio Sena, onde vendem livros usados, revistas, selos, gravuras antigas e cartões-postais.

41 Taunay. *Viagem pelo Orcoma...*, 29 de junho de 1909.

42 *Idem*, 14 de julho de 1909.

43 *Idem*, 28 de julho de 1909.

44 *Idem*, 23 de junho de 1909.

45 Ver Letourneux, 2017, p. 154.

46 Taunay. *Viagem pelo Orcoma...*, 3 de julho de 1909.

47 *Idem*, 3 de julho de 1909.

48 Sobre as casas noturnas temáticas e *shows* de horror, ver Letourneux, 2017, pp. 143-162.

49 Taunay. *Viagem pelo Orcoma...*, 19 de junho de 1909. Ele voltaria ao alfaiate para experimentar a encomenda no dia 22 de junho de 1909.

50 *Idem*, 20 de julho de 1909.

51 Hemingway, 2013.

52 Cf. "Crônica Social". *Correio Paulistano*, sexta-Feira, 18 fev. 1910, p. 4.

53 A expressão é de Maria Izabel Rocha Roque. Ver Roque, 2012.

54 Nicolas-Antoine Taunay veio para o Brasil em 1816, com a esposa e os cinco filhos: em 1821, voltou para a França acompanhado da esposa e do filho Hippolyte, os demais permaneceram no Brasil, sendo que Félix-Émille casou-se com a brasileira Gabriela d'Escragnolle e constituiu família. Seu filho mais velho, Alfredo d'Escragnolle Taunay, era o pai do engenheiro Afonso d'Escragnolle Taunay. Sobre Félix-Émille, ver Dias, 2009.

55 Taunay. *Viagem pelo Orcoma...*, 19 de junho de 1909.

56 *Idem*, 20 de junho de 1909, grifo nosso.

57 *Idem*, 22 de junho de 1909.

58 *Idem*, 30 de junho de 1909, grifo nosso.

59 Reeditado em 2017, na Coleção *Forgotten Books*, o livro clássico do historiador da arte Léonce Bénédite, na época diretor do Museu de Luxemburgo, apareceu em 1909. Ver Bénédite, s/d. [1909].

60 Ver Schwarcz, 2008a; Schwarcz, 2008b, pp. 353-355.

61 Ver Couty; Taunay & Telles, 1881, p. 5.

62 M. Lima, 2006.

63 Afonso Taunay, 1911.

64 M. Lima, 2006, pp. 167-172.

65 Varnhagen limita-se a uma rápida notícia e sequer menciona a presença de Nicolas-Antoine Taunay. "[...] A Academia das belas artes foi confiada a vários franceses, que, sob a direção de [Joaquim] Le Breton, secretário que fora da secção respectiva àquelas, no Instituto de França, aceitaram a oferta de passarem ao Brasil. Da pintura foi professor o conhecido [J. B.] Debret, e da arquitetura o hábil Grandjean [de Montigni]..." Conferir Varnhagen, 1956, p. 96.

66 Taunay. *Viagem pelo Orcoma...*, 16 de junho de 1909.

[67] *Idem*.
[68] *Idem*, 9 de julho de 1909.
[69] *Idem*, *ibidem*.
[70] *Idem*, 27 de maio de 1909.
[71] Stahl, 2016.
[72] Couty; Taunay & Telles, 1881, p. 5.
[73] Taunay, s/d. Na coletânea *O Brasil e as origens da União Latina. pmd.*, há uma reprodução fac-similar do manifesto de Luiz Goffredo d'Escragnolle Taunay. Ver Fundação Alexandre de Gusmão, 2002.
[74] *Idem*.
[75] Taunay. *Viagem pelo Orcoma...*, 31 de julho de 1909.
[76] George Dumas foi o grande artífice da política cultural francesa do período entre-guerras para a América Latina em geral e o Brasil em particular. Cf. Petitjean, 1989.
[77] A expressão é de Marcia Cristina Consolim. Ver Consolim, 2017.
[78] Taunay. *Viagem pelo Orcoma...*, 6 de julho de 1909.
[79] *Idem*, 15 de julho de 1909.
[80] Um bom exemplo do mau humor de Taunay se encontra expresso na nota a respeito do seu desentendimento com o bibliotecário do Museu de Artes Decorativas. Ver *Idem*, 20 de julho de 1909.
[81] Afonso d'Escragnolle Taunay foi admitido sócio correspondente do IHGB em 1911.
[82] Afonso Taunay, 1911.
[83] *Idem*, 1956.
[84] *Idem*, 1916.

3

O *SÉJOUR* DE AFONSO TAUNAY NA EUROPA:

EM BUSCA DE UMA "MISSÃO"

Carlos Lima Junior

Com o desembarque às 6 horas da manhã do dia 12 de junho de 1909, deu--se o início da travessia de Afonso Taunay pela Europa, com a primeira parada na França, antes de prosseguir para a Itália, Suíça e Alemanha.

A narrativa do atento observador oscila entre a alteridade: "A paisagem tão diversa da nossa";[1] a da expectativa que não se é alcançada: "A entrada de Paris não me entusiasmou demais; achei a Torre Eiffel muito menor do que me parecia dever ser";[2] ou daquele que se deixa levar pela surpresa: "Impressão espantosa, sobretudo do movimento que é assombroso, por toda a parte".[3] Algumas apostas interpretativas podem ser feitas a partir da leitura desse manuscrito no que tange aos impactos dessa longa viagem para a sua trajetória profissional, nas publicações futuras dentro dos domínios da história, quando de seu regresso. Se Taunay se despede da grande comitiva na plataforma em Santos como um professor de química do Ginásio de São Bento (Imagem 3.1), habilitação conferida pela formação em Engenharia pela Politécnica do Rio de Janeiro, alguns anos depois de seu retorno, sua fama de historiador, e depois de diretor do Museu Paulista, se faria notar.

Como veremos, as anotações em letras apressadas, a partir da experiência em terras estrangeiras, serão posteriormente incorporadas em escritos publicados poucos anos depois do retorno ao Brasil, seja a respeito da complexa história dos Taunays, seja na formulação do projeto iconográfico do Museu Paulista. Pode-se depreender pela narrativa, contida no diário, que houve muitas "viagens" dentro de uma só.[4]

Isso porque o percurso mundano – certamente orientado por guias da cidade, com destaque para as construções, os monumentos e as curiosidades locais a serem visitados –[5] é todo entremeado com anotações obsessivas sobre a história da família,[6] e sua relação com a cultura artística da França napoleônica. A ambição em recuperar os indícios sobre a linhagem paterna – e, a partir deles, vislumbrar um passado familiar glorioso na presença de alguns de seus membros – parece pautar toda a investigação, que, como veremos, não foi feita apenas por simples curiosidade a respeito de sua ancestralidade francesa.

Imagem 3.1 – Afonso Taunay acompanhado de alunos (todos homens) do 5º ano do Gymnasio de São Bento em imagem colada em um de seus diários de capa verde preenchidos de recortes de jornais. Na rotina de historiador e diretor do Museu Paulista, cabia também as aulas de química, assumidas ainda anos antes da viagem à Europa, em 1909. SVDHICO – MP. Crédito fotográfico: Carlos Lima Junior.

É provável, como já aventado por Lucia Guimarães e Wilma Peres Costa, em seus respectivos capítulos, que Taunay carregava na bagagem, quando do embarque para a Europa, a pretensão de escrever a biografia sobre o seu bisavô, o pintor de paisagem Nicolas-Antoine Taunay, que aportou no Brasil em 1816 com um grupo de artistas franceses chefiados por Joachim Lebreton. Apenas um ano antes do embarque de Afonso Taunay, Oliveira Lima publicava o seu *D. João VI no Brasil*,[7] pelo qual revisitava o período joanino de maneira mais arejada, buscando reenquadrar a importância daquele período e seus desdobramentos para a constituição da nação. Taunay, ao escrever a "Missão Artística Francesa", publicado em 1911,[8] parece encontrar uma fresta no estudo de Lima para atar a história familiar à nacional e projetar seu sobrenome paterno ao desenvolvimento das belas-artes no Brasil.

O episódio da vinda dos artistas franceses, em 1816, e do estabelecimento da instituição de ensino no Rio de Janeiro, poderia ser interpretado dentre as medidas benéficas levadas a cabo por d. João quando de sua permanência no Brasil.[9] A ida à França, os registros contidos em seu diário e as publicações que dali se depreendem parecem ser os muitos fios que atam a história dessa sua "missão".

A missão antes da "Missão"

Dias antes de seguir para a Europa, o que vai acontecer em 26 de maio de 1909, Afonso Taunay recebia uma carta timbrada do Musée du Louvre, datada do dia 9 daquele mês, com indicação de uma série de livros a serem consultados e de instituições parisienses que valeriam a pena ser percorridas. Essa resposta redigida por Théophille Homolle (1878-1925),[10] diretor dos museus nacionais, atendia a consulta feita em carta anterior remetida por Taunay, o que demonstra a intenção de nutrir-se, ainda no Brasil, de informações que pudessem nortear a pesquisa no exterior. Para além dos guias que condicionariam os seus passos e seu olhar, Taunay munia-se, igualmente, de orientações para a sua investigação. Eram os primeiros dados arregimentados para desenhar um possível mapa de Paris, e de seus arredores, todo sinalizado por bibliotecas, arquivos e museus a serem vasculhados. A passagem por Paris parece concentrar, assim, certa missão que desembocará em outra "Missão".

Mas é possível ainda que Afonso tenha se recordado da passagem da carta endereçada por d. Pedro II ao pai, Alfredo, quando o monarca já se encontrava no exílio, e que ressaltava que "De Versailles já vi quase tudo, não esquecendo, bem entendido, os quadros de seu avô [Nicolas-Antoine Taunay]",[11] ou mesmo do verbete escrito por Alfredo sobre Nicolas quando se referiu ao artista como "o mais illustre dos fundadores da Academia das Belas Artes, membro do Instituto de França, célebre pintor da Escola Francesa e cujos quadros estão no Louvre, em Versailles e nas principais galerias da Europa".[12] E, de fato, uma vez na França, como veremos, Taunay empreendeu pesquisas nos museus indicados, retornando inúmeras vezes a eles, em busca dos quadros assinados por Nicolas.

É no primeiro encontro entusiasmado com Victor Taunay em Paris que se deixa transparecer a ânsia por se compreender os nebulosos rastros sobre o histórico da família. O "velho primo", caçula de seu tio avô Hippolyte, que residia em um "bom apartamento onde há muitas curiosidades e velharias" na rue du Bac, possuía, segundo Afonso, "muita coisa do Avô; estampas, desenhos, retratos, miniaturas, fotografias, notas, documentos e um grande busto".[13] A quem Afonso se refere como avô era, na verdade, seu bisavô: Nicolas-Antoine Taunay – pai de seu avô paterno, Félix-Émile Taunay – figura que vai perseguir durante todo o seu *séjour*.

Se o esforço em situar Nicolas-Antoine entre os grandes de sua época, no passado, é notória, como veremos, nem sempre o tamanho da expectativa será confirmado pela realidade, no presente. Assim, a descoberta de uma efígie de Taunay em uma pintura de François-Joseph Heim, *Carlos X distribuindo aos artistas as medalhas correspondentes ao Salon de 1824*, e que possibilitava identificar seu bisavô entre os pares de sua época, motivou o registro: "Comprei uma fotografia dessa tela".[14] O prazeroso achado vai se contrapor, entretanto, a certo desconsolo com a constatação de que as obras da lavra de seu bisavô não estavam expostas nas galerias do Louvre, como esperado:

> [...] entrei no Louvre pela primeira vez e passei de relance pelas salas egípcias indo às salas da Escola Francesa na ânsia de ver os quadros de *meu bisavô*.
> Tive forte sensação ao avistar inesperadamente o Escriba Acocorado e a Victoria de Samotrácia; grande choque deu-me também a Joconda. Pensei que a impressão dos grandes quadros antigos ficasse muito aquém do que devia ser mas enganava-me redondamente, extasiei-me com os italianos da Renascença que aliás vi a correr pelo adiantado da hora; nas salas da Escola Francesa reconheci logo um mundo de quadro velhos conhecidos; entre os que avistei primeiro estavam *Le radeau de la méduse, Le serment des Horaces, Les pestiférés de Jaffa, Le sacre de Napoleón, Le sommeil d'Endyimion, Les Sabines s'interposant entre les Romains et les Sabins*, etc.
> Debalde procurei Taunay, comprando um catálogo vi que só existe um hoje: "*Pedro o eremita pregando a primeira cruzada*". Ao sair comprei uma fotografia da tela que deve ser linda. Amanhã hei de procurá-la.[15]

De fato, Afonso retornou ao Louvre no dia 20 de julho de 1909, no entanto,

> Procurei os quadros de Taunay por toda a parte, sem resultado. Estudando o catálogo, verifico que atualmente estão retirados, circunstância que sobremaneira me aborreceu. Hei de falar a esse respeito com o conservador Sr. Le Prier.[16]

A conversa com o conservador surtiu efeito, e a justificativa era de que "estão à espera da mudança do Ministério das Colônias para recolocá-los". Se a ausência de quadros de Taunay expostos no Louvre foi uma questão para Afonso, as críticas feitas em relação ao bisavô parecem desestabilizar novamente sua euforia:

> Um tal Sr. Leonce Beneditte, conservador do Luxembourg, num trabalho sobre os artistas do século 19 *malmène* bastante a reputação do Avô. É preciso *le tancer vertement* tanto mais quanto mostra uma ignorância absoluta acerca das obras do mestre.[17]

Enquanto os quadros de Nicolas-Antoine não estavam facilmente dispostos ao encontro do olhar, o que exigia de Taunay paciência e muitas buscas, diferente é o caso das esculturas de autoria de Charles Auguste Taunay, identificado afetuosamente como *tonton* Auguste, que poderiam ser visualizadas, não apenas em vias públicas – "Saímos da exposição, fomos ao Louvre, no arco do Carrossel vi as duas damas e o Coriáceo de *tonton* Auguste";[18] bem como em recintos com afluxos de transeuntes:

> Vi numa escada do edifício um busto de Ducis de *tonton* Auguste.[19] Esplêndido sobretudo na expressão da boca. Está assinado e foi dado por Ducis a Gerard,[20] o grande pintor e por este legado a Comédia Francesa.[21]

Ou então, já inseridas em museus:

> Voltei ao Louvre; descobri dois altos-relevos de *tonton* Auguste na sala da escada que vai do fundo da galeria das antiguidades egípcias ao primeiro andar. Representam a Agricultura e o Comércio.[22]

Mas voltemos ao quadro de Heim[23] (Imagem 3.2). Taunay entusiasma-se em localizar o bisavô em um dos mais importantes certames do meio artístico francês, o Salon, na ocasião da entrega das premiações pelas mãos do próprio rei Carlos X no Salon Carré du Louvre, em 1825, por ocasião da mostra do ano anterior. Essa pintura poderia atestar, como um documento, a posição de destaque de Nicolas-Antoine Taunay, situado entre os grandes de sua época, individualizado entre tantos outros artistas ali retratados.[24] Além da anotação feita no diário sobre a existência do quadro, Taunay dedicaria algumas linhas a respeito na publicação de 1911:

No célebre quadro de Heim: *Carlos X distribuindo prêmios aos artistas após o encerramento do Salon de 1824* figura o nosso artista.
Nesta grande tela que se acha no Museu do Louvre e apresenta notabilíssimo conjunto de retratos de todas as notoriedades artísticas da França de 1824, vê-se Taunay na primeira fila dos assistentes (Imagem 3.3), no momento em que o rei faz a entrega a Carle Vernet e a Cartelier do grande cordão da Ordem de S. Miguel. Ao lado estão a velha Mme. Vigée Lebrun e Horacio Vernet na plenitude de sua elegância juvenil, a contrastar com a ancianidade da grande pintora de retratos e a figura do nosso pintor, septuagenário, com uma enorme cabeleira branca e os indefectíveis óculos.[25]

Imagem 3.2 – François-Joseph Heim (1787-1865). *Charles X distribuant des récompenses aux artistes, à lá fin du Salon de 1824 au Louvre*. 1824. Óleo sobre tela. 1,73 x 2,56 m. Musée du Louvre, Paris.

Além desse achado, Taunay depararia com outros retratos e autorretratos de Nicolas-Antoine durante as investigações, os quais seriam posteriormente reproduzidos em suas publicações sobre o bisavô (Imagem 3.4). Como ele próprio registraria: "Fui à rua J.J. Rosseau, 19, Livraria Lemerner e lá comprei a estampa do quadro de Boilly, Portrait d'Isabey et de Taunay".[26] De acordo com Taunay, o "Auto-retrato em 1795" pertencia ao próprio primo Victor, residente em Paris.[27]

Imagem 3.3 – Com a casaca própria dos membros da Académie Française, Nicolas-Antoine Taunay, com seus grandes óculos redondos e cabelos brancos, é retratado por Heim na tribuna com outros artistas que assistem à distribuição dos prêmios pelas mãos de Carlos X, no Salon Carré do Musée du Louvre.

É certamente no Palácio de Versalhes que Afonso Taunay poderá visualizar a maior quantidade de obras reunidas de Nicolas-Antoine, dedicadas à campanha napoleônica:[28]

> [...] tive grande satisfação em ver diversos quadros de meu Avô: O ataque de Cossaria, Entrada dos franceses em Munique, Volta da guarda imperial a Paris, Bonaparte no campo de batalha de Lodi, A travessia dos desfiladeiros do Guadarrama, Parada no monte São Bernardo, e O combate de Dierdorf (de que nunca ouvi falar). De todos gostei imenso, menos do quarto que achei menos *réussi*

que os outros. Não pude avistar a *Batalha de Ebelsberg*, a *Batalha de Nazareth* e o retrato de *Gérard Spalde...ck*. Descobri também o busto de Miron (Jean Baptiste) feito por *tonton* Auguste e logo depois o próprio busto de Nicolau Antônio Taunay, o que me causou muito real prazer. *Cela flatte la vanité à Papa.*[29]

Imagem 3.4 – Retrato de Nicolas-Antoine Taunay. Afonso Taunay, 1911.

O levantamento sistemático[30] dos escritos sobre o bisavô na Bibliothèque Nationale de France,[31] nos Archives Nationales, nos encontros com os colecionadores e *marchands*, bem como o levantamento de obras realizado com o Louvre e o Château de Versalhes dão-nos uma amostragem do esforço em compreender a produção do pintor de paisagem, situar suas principais obras e vislumbrar a possível posição de um artista afamado anos antes de aportar no Rio de Janeiro em 1816.[32]

"A viagem não acaba nunca" ou a "Missão" sempre revisitada

Se havia certa desolação na frase "Trinta e três anos! Pouco brilhantes. *Go ahead*",[33] anotada no dia de seu aniversário, em 11 de julho, é a partir da década de 1910 que Taunay adentra instâncias de consagração carioca e paulista e ganha certa notoriedade em relação aos pares a partir de suas obras. Como já mencionado, muitas das anotações de pesquisa do diário integrariam o "A missão artística de 1816", publicado em 1911,[34] um ano antes do artigo "Os princípios gerais da moderna crítica histórica", publicado em 1912 na *Revista do Instituto Histórico de São Paulo*, e que lhe permite o ingresso no Instituto paulista.[35]

Antes mesmo de seu estudo biográfico sobre seu bisavô ser publicado no Brasil, uma parte dele foi, curiosamente, traduzida para o russo e saiu pelo jornal de arte *Starye Godye* (Imagem 3.5), de São Petersburgo, na edição de dezembro de 1910. O exemplar preservado na Bibliothèque de l'Institut Nationale de Histoire de l'Art (Inha) possui a seguinte inscrição em francês, que não se deve, muito provavelmente, à letra de Afonso:[36] "*Nicolas Antoine Taunay par M. A. d'Escragnolle Taunay. Ingénieur a San Paulo (Brésil)*". E no canto superior esquerdo: "*hommage de l'auteur à Monsieur J. Doucet*".[37] É caso ainda de se desvendar as possíveis relações travadas entre Taunay e o afamado colecionador Jacques Doucet, bem como a iniciativa do historiador em reportar seu estudo à Rússia, cujas pinturas assinadas por Nicolas-Antoine, e pertencentes ao Hermitage (Imagem 3.6), ilustram também a publicação.[38] No trecho a seguir, em que Taunay comenta de maneira elogiosa a presença dos quadros de Nicolas no museu russo, percebe-se um certo esforço em equilibrar a balança no que se refere ao prestígio do bisavô, dado o pouco destaque conferido pelas instituições francesas naquele momento:

Imagem 3.5 – Afonso Taunay. "Николя Антуан Таунай" [Nicolas-Antoine Taunay]. *Starye Godye.* São Petersburgo, 1910. Crédito fotográfico: Carlos Lima Junior.

Onde Taunay está exposto com todo o brilho do talento e da arte é em São Petersburgo, no Museu Imperial Ermitage, que possui duas lindíssimas paisagens do Oberland Bernez que escapam, inteiramente, às fórmulas da paisagem histórica, e um quadrinho: *A folga no acampamento*, legítima obra-prima pela composição, vida e colorido. Agradou tanto a imperatriz Maria Feodorovna que o ourives Duval, da corte russa, dele se desfez a contragosto, ofertando-o a soberana ao marido, Alexandre I, no seu dia onomástico, em 1815. É hoje uma das pérolas da coleção do Hermitage e um dos melhores representantes da Escola Francesa, na célebre galeria russa.[39]

Imagem 3.6 – As duas pinturas de Nicolas-Antoine Taunay dispostas no Hermitage mencionadas por Afonso: *Le torrent* e *Paysage avec la ronde des paysans*. Afonso Taunay. “Николя Антуан Таунай” [Nicolas-Antoine Taunay]. *Starye Godye*. São Petersburgo, 1910. Crédito fotográfico: Carlos Lima Junior.

Ainda na publicação russa, com a mesma caligrafia, existe a menção de que

> Em breve será publicado outro trabalho do mesmo autor sobre os Artistas franceses que em 1816 fundaram no Rio de Janeiro a Academia Nacional de Belas Artes, hoje esplendidamente instalada em um Palácio que custou quase 8 milhões.

O trecho já alude, como promessa, não somente ao estudo de Taunay que integrará, no ano seguinte, as páginas da *Revista do IHGB*, bem como ao novo edifício construído para a abrigar a "Academia", em substituição daquele, inaugurado em 1826 – e projetado por Grandjean de Montigny –, quando das reformas implementadas na área central do Rio de Janeiro pelo prefeito Pereira Passos.[40] Nesse mesmo momento, e desde 1890, a instituição artística, não mais chamada de "Academia Imperial de Belas Artes", e sim "Escola Nacional de Belas Artes",[41] estava sob direção do escultor Rodolpho Bernardelli,[42] personagem citado por Taunay no diário quando de sua parada no Rio antes de tomar o vapor e prosseguir de vez para a Europa: "Tio Goffredo deu-me ofício do Bernardelli para o diretor da Escola de Belas Artes de Paris".[43] É provável que nessa missiva constasse uma apresentação formal de Afonso Taunay, redigida pelo escultor, ao artista Léon Bonnat, que ocupava naquela altura a direção da École Nationale Supérieure des Beaux-Arts e que fora mencionado brevemente por Taunay quando afirmou, já em terras francesas: "Fui a casa do Victor onde redigi uma carta a Bonnat, pedindo-lhe uma entrevista".[44]

Não há maiores informações no diário se Afonso teve de fato a oportunidade de encontrar-se pessoalmente com o artista francês, ou se ele o ajudou de alguma maneira com as investigações sobre o bisavô pintor. O certo é que as relações de Taunay com Bernardelli não se limitaram à época da viagem, prosseguindo anos depois do retorno de Taunay ao Brasil, prestando-lhe auxílio nas buscas nos arquivos da Escola de Belas Artes do Rio de Janeiro. Esse é o caso da carta redigida em abril de 1910, quando o escultor, além de confessar os infortúnios com a construção do novo edifício da escola, afirmou:

> Tenho uma notícia a lhe comunicar, o senhor Encarregado da Legação de França, Monsieur Lacombe, me mandou cópia de uns documentos que existem no arquivo da Legação, referentes ao Le Breton, isto é, é uma lista de quadros que ele trouxe para aqui, e que tinha adquirido em Paris em 1815, muitos dos quadros que estão

> na lista, estão aqui na nossa coleção e assim poderei preparar melhor o Catálogo que tanto me dá que pensar.[45]

A ajuda de Bernardelli será de fato reconhecida por Afonso, que lhe dedica um lugar especial em sua publicação sobre a "Missão", inserindo-o como um continuador dos esforços abertos por aqueles artistas franceses que aportam em 1816, na medida em que o escultor, como diretor, "empreeendeu [...] a mais pertinaz e valente campanha para que o Brasil tivesse uma escola de Artes digna do seu papel no concerto das nações. E conseguiu-o".[46] As informações contidas na carta enviada por Bernardelli serão incorporadas ao texto sobre a "Missão", explicitadas por Taunay da seguinte maneira:

> Obtivemos a curiosa relação destes quadros graças a um documento comunicado pelo nosso ilustre escultor Bernardelli, que teve do arquivo do Consulado francês, no Rio de Janeiro. Várias dessas telas pertencem hoje à Pinacoteca Nacional, muitas desapareceram e provavelmente se perderam quando Henrique José da Silva as deixou fechadas num cômodo escuro e extraordinariamente húmido durante mais de seis meses, e atiradas ao chão, ao alcance de ratos e insetos, segundo nos refere Debret.[47]

Para o desagrado de Afonso, o primo Victor, que tanto o ajudara na estada em Paris, será aquele que publicará – não sabemos precisar em que ano, mas certamente após "A missão artística de 1816" vir a público – a obra de poucas páginas intitulada *Une lignee des artistes: les Taunays.* Apesar da autoria não mencionada, Afonso anota de próprio punho, no alto da capa, o nome de "Victor Augusto Taunay" e esclarece na página seguinte que aquilo se tratava da "brochureca de Victor Taunay com diversos erros dos que fiz no *Missão Artística*".[48] Com o uso frequente de pontos de interrogação para as dúvidas sobre a proveniência de determinado dado ali afirmado, tido, a seu ver, por incerto, além do reconhecimento de trechos inteiros que foram extraídos de seu livro, acompanhados, inclusive, das referidas páginas, as marginálias no texto de Victor são, assim, todas sinalizadas com comentários desgostosos de Afonso em relação à ausência de créditos a seu estudo, publicado em 1911.

Ao lado de algumas passagens pode-se ler, por exemplo, "tudo isto é copiado por um erro que cometi", "erros enormes", ou até mesmo um "que burro!", quando o primo se equivoca e afirma que Félix-Émile, irmão de seu avô, Hippolyte, esteve à testa da Academia Imperial de Belas Artes até o ano 1881, em vez de 1851, como corrigiu incisivamente Afonso. Para além de uma mera rixa entre dois membros da família, e a disputa pela narrativa da sua história – ainda que Afonso evoque para si uma fala mais autorizada, já que o primo o plagiou –, as anotações contidas no livro de Victor permitem entrever como Afonso Taunay revisitou a sua "Missão Artística Francesa", reconhecendo os próprios equívocos cometidos na publicação de 1911, que, na época, escaparam a Victor.

De maneira obstinada, Taunay revisou o tema por toda vida, praticamente. É o que é possível depreender das camadas de anotações realizadas ao longo dos anos em uma das folhas do livro (Imagem 3.7) "Nicolau Antonio Taunay: documentos sobre e a sua vida e sua obra", publicado em 1916, em virtude do centenário da vinda dos artistas franceses ao Rio de Janeiro, exemplar este que pertencia ao próprio Afonso, e atualmente preservado no Museu Paulista.[49] Nas marginálias, Taunay acrescenta, modifica, o que demonstra as inquietações do autor com o assunto tão caro à história familiar. Sobre o quadro *Cascata a doze léguas do Rio de Janeiro*, por exemplo, para além das informações ali já impressas em 1916, Taunay acrescenta de próprio punho que a obra

> Esteve muito tempo no Museu de Zoologia do Jardim de Plantas de Paris, onde o vi em 1910 bastante deteriorado. Em 1946, estava no Hotel de Ville de [ilegível]. Consta que foi destruído num bombardeio aéreo em 1944 hitleriano.[50]

Nesse comentário a respeito do trânsito da obra até a sua destruição, há a menção ao ano 1910, o que permite reforçar o argumento de que a estada na capital francesa, de fato, extrapolou a data dos registros realizados no diário, feitos em 1909. Atento às discussões sobre o tema da "Missão" por outros autores,[51] Taunay não deixava de indicar, nas próprias obras, os possíveis equívocos que surgiam. Esse é o caso, por exemplo, da atribuição incorreta feita por Laudelino Freire (Imagem 3.8) acerca de um suposto autorretrato de Nicolas-Antoine, rebatido como improvável por Afonso:

> A pintura reproduzida na obra do dr. Laudelino Freire: *Um século de pintura*, como o provável autorretrato de Nicolau Antonio Taunay, está evidentemente mal atribuída ao pintor, pois representa pessoa que em nada se parece com qualquer dos seus seis retratos autênticos. Houve manifesto e absoluto engano nessa procurada identificação.[52]

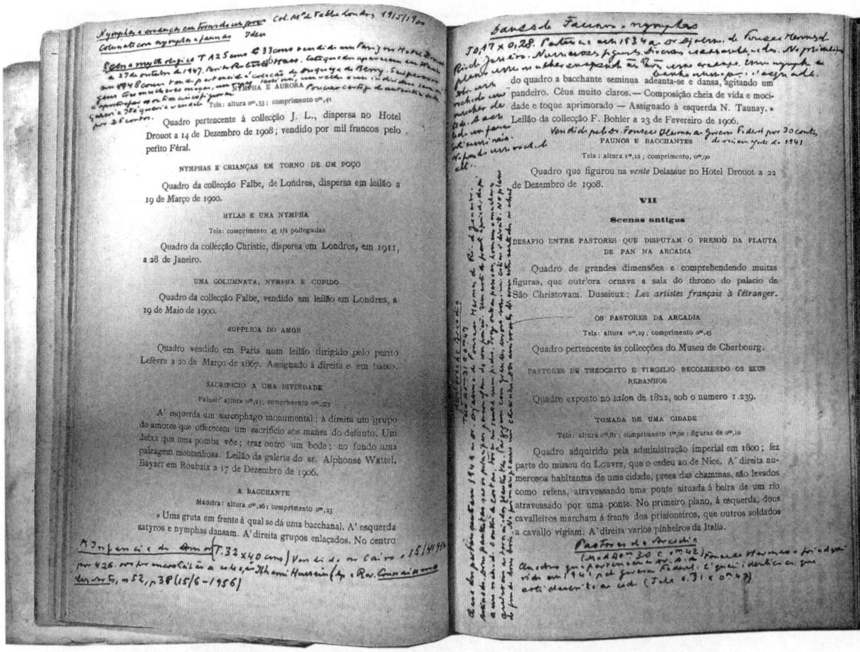

NYMPHA E AURORA

Tela: altura 0m,33; comprimento 0m,41

Quadro pertencente á collecção J. L., dispersa no Hotel Drouot a 14 de Dezembro de 1908; vendido por mil francos pelo perito Féral.

NYMPHAS E CRIANÇAS EM TORNO DE UM POÇO

Quadro da collecção Falbe, de Londres, dispersa em leilão a 19 de Março de 1900.

HYLAS E UMA NYMPHA

Tela: comprimento 45 1/2 pollegadas

Quadro da collecção Christie, dispersa em Londres, em 1911, a 28 de Janeiro.

UMA COLUMNATA, NYMPHA E CUPIDO

Quadro da collecção Falbe, vendido em leilão em Londres, a 19 de Maio de 1900.

SUPPLICA DO AMOR

Quadro vendido em Paris num leilão dirigido pelo perito Lefèvre a 20 de Março de 1867. Assignado á direita e em baixo.

SACRIFICIO A UMA DIVINDADE

Painel: altura 0m,23; comprimento 0m,275

A' esquerda um sarcophago monumental; á direita um grupo de amores que offerecem um sacrificio aos manes do defunto. Um deixa que uma pomba vôe; traz outro um bode; no fundo uma paizagem montanhosa. Leilão da galeria do sr. Alphonse Wattel, Bayart em Roubaix a 17 de Dezembro de 1906.

A BACCHANTE

Madeira: altura 0m,26; comprimento 0m,23

« Uma gruta em frente á qual se dá uma bacchanal. A' esquerda satyros e nymphas dansam. A' direita grupos enlaçados. No centro do quadro a bacchante seminua adeanta-se e dansa, agitando um pandeiro. Céus muito claros. — Composição cheia de vida e mocidade e toque aprimorado — Assignado á esquerda N. Taunay. » Leilão da collecção F. Bohler a 23 de Fevereiro de 1906.

FAUNOS E BACCHANTES

Tela: altura 1m,12; comprimento, 0m,90

Quadro que figurou na *vente* Delassue no Hotel Drouot a 22 de Dezembro de 1908.

VII

Scenas antigas

DESAFIO ENTRE PASTORES QUE DISPUTAM O PREMIO DA FLAUTA DE PAN NA ARCADIA

Quadro de grandes dimensões e comprehendendo muitas figuras, que outr'ora ornava a sala do throno do palacio de São Christovam. Dussieux: *Les artistes français à l'étranger*.

OS PASTORES DA ARCADIA

Tela: altura 0m,29; comprimento 0m,45

Quadro pertencente ás collecções do Museu de Cherbourg.

PASTORES DE THEOCRITO E VIRGILIO RECOLHENDO OS SEUS REBANHOS

Quadro exposto no *salon* de 1822, sob o numero 1.239.

TOMADA DE UMA CIDADE

Tela: altura 0m,81; comprimento 1m,00; figuras de 0m,10

Quadro adquirido pela administração imperial em 1800; fez parte do museu do Louvre, que o cedeu ao de Nice. A' direita numerosos habitantes de uma cidade, presa das chammas, são levados como refens, atravessando uma ponte situada á beira de um rio atravessado por uma ponte. No primeiro plano, á esquerda, dous cavalleiros marcham á frente dos prisioneiros, que outros soldados a cavallo vigiam: A' direita varios pinheiros da Italia.

Imagem 3.7 – Uma pesquisa nunca dada por finalizada: anotações feitas por Afonso Taunay na obra que reúne documentos e pinturas de seu bisavô. Na base da página, uma das notas data de 1956, registrada 40 anos após a publicação do livro, realizada em 1916. Créditos fotográficos: Carlos Lima Junior.

Quando de sua viagem para a Europa, Taunay concentrou suas pesquisas na França, com uma breve passagem anterior por Lisboa, de apenas um dia, onde visitou monumentos, museus e algumas igrejas. A respeito da carência de documentos preservados em Portugal, no livro sobre a "Missão" de 1911, foi por ele justificada muitos anos depois, na edição publicada em 1956:

> Debalde, durante largo tempo, tentamos obter as cópias dos documentos diplomáticos portugueses relativos à vinda dos artistas franceses ao Brasil, em 1816. Deles em 1912 nós pretendíamos utilizar para a primeira tiragem desta *A missão artística de 1816*, à qual, por pura generosidade, conferiu o Instituto Histórico Brasileiro a medalha D. Pedro II.
>
> O estado de perturbação em que vivia Portugal, na época, impediu-nos de o conseguir.[53]

Imagem 3.8 – "Falsamente 'Attribuído a Nicolau Taunay' pelo velhacão auctor desta biografia." Anotação feita por Afonso sobre a atribuição de um autorretrato de seu bisavô por Laudelino Freire no "Galeria Histórica". O equívoco seria observado, em tons mais polidos, no livro *Nicolau Antonio Taunay: sua vida, documentos e obras*, de 1916. Crédito fotográfico: Carlos Lima Junior.

A Lisboa encontrada por Taunay em 1909 reverberava o clima de tensão com o assassinato do rei d. Carlos I e do príncipe d. Luiz, ocorrido no ano anterior. Não à toa o *chauffeur*, ao passar pelo Terreiro do Paço, lhe indicou "o lugar do atentado de 1º de fevereiro".[54] As agitações políticas não deixaram de ser sentidas por Taunay, principalmente na ocasião de sua visita ao mausoléu dos Bragança em São Vicente de Fora:

No centro da capela estão os túmulos em mármore de D. Carlos I e do Príncipe D. Luiz Philippe assassinados em fevereiro de 1908.
Disse-nos o guarda que não os podíamos ver porque muito se decompuseram. Soube depois, pela Jesuína Paço d'Arcos, que a razão é outra, alguns miseráveis têm ido a S. Vicente insultar e profanar os túmulos dos dois infelizes príncipes. O cuidado com que o guarda fechava a porta faz-me crer que tais cenas se tenham dado com efeito.[55]

Ainda que Taunay tenha prolongado a sua viagem para além de 1909, as investidas nos arquivos portugueses pareciam ser inviáveis, já que as agitações políticas não amenizaram. Pelo contrário, intensificaram-se culminando com a queda da Monarquia e implantação da República em outubro de 1910. A importância da documentação portuguesa na medida que poderia lançar mais uma pedra ao desenho do mosaico da "Missão" seria sinalizada pelo amigo embaixador na França, Alberto do Rego Rangel (1871-1945), uma das figuras-chave na intermediação do acesso de muitos documentos recorridos por Taunay, inclusive os franceses:

Paris 7 Outubro 1917

Meu querido Taunay
Consegui entrar no Instituto armado de uma carta da Legação. Depois das protelações em uso por parte da gallica burocracia abalroei o Secretario Perpetuo, monsieur Widor. Buscado [?] e rebuscado o papelório nada se encontrou senão na acta da sessão de 23 de Dezembro de 1815 o seguinte:

Le Secretaire Perpetuél lit une lettre par laquelle M. Taunay annonce à M. le Presidente qu'il entreprend un grand voyage et qu'il enverra à la classe les travaux qu'un beau pays lui inspirera.
Mr Le Breton, Secrétaire perpetuél demande à la Classe un congé pour le méme voyage qu'il, qu'il entreprend dans l'espérance d'etre utile aux arts etc., etc.[56]

Infelizmente os trechos do procés verbal não nos esclarecem o caso de ter ou não havido missão oficial. Esses artistas! Nem disseram para onde despencavam! Contentaram-se com o indefinido *là bas*.
O único caminho a seguir é da legação portuguesa. Na correspondência official de 1815 deve haver qualquer referência. Já estou armado de uma carta para o João Chagas e amanhã irei pedir-lhe pelas chagas de Nosso Senhor que me deixe metter a bicanca nos archivos.

Quando estive no Instituto o Widor e o bibliothecário citaram-me uma obra curiosíssima de Monsieur Taunay, Nicolau, publicada em 1822. Achei o caso sexquipedalíssimo. Quando me mostraram tratava-se do livro de Ferdinand Denis com a colaboração do Hipolito!!! *Tas d'idiots*, murmurei com os meus botões, laureando todo o pessoal de *coupole* com o mais merecido dos epíl'tetos.

[...]

Um fervido abraço do A R [Alberto Rangel][57]

A MISSÃO ARTISTICA DE 1816 — 1912.

LEXICO DE LACUNAS — 1914. (Exgotado).

ESTUDOS BIOGRAPHICOS sobre Pedro Taques de Almeida Paes Leme, Frei Gaspar da Madre de Deus e Conselheiro José Antonio de Azevedo Castro.

Imagem 3.9 – "Pessima expressão physionomica." Fotografia colada na página em que constam as obras publicadas por Afonso Taunay, no livro dedicado ao seu bisavô, Nicolas-Antoine Taunay. Na base, "1917", o mesmo ano em que Taunay assume como diretor no Museu Paulista, cargo em que permanecerá até 1945.[58] Crédito fotográfico: Carlos Lima Junior.

A carta de Rangel a Taunay denota também como o autor percorreu o tema da "Missão", na busca de reunir documentos que pudessem sanar as possíveis lacunas daquela investigação iniciada em 1909 em arquivos estrangeiros. Esse amplo material seria anos depois incluído na edição de 1956, publicado dois anos antes da morte de Taunay.

Na página em que consta "as obras do mesmo auctor", no volume dedicado à biografia do bisavô e que foi reservado para incluir as anotações sobre novos dados que pudessem surgir, Afonso Taunay colou uma foto sua (Imagem 3.9). O olhar compenetrado, a veste elegante e os cabelos que já começavam a aparentar os primeiros fios brancos demonstravam um Taunay mais amadurecido do que aquele que embarcou em 1909. O ano anotado sobre a superfície da foto é "1917" – ano este que marca uma nova guinada na carreira do engenheiro convertido cada vez mais em historiador: a de diretor do Museu Paulista, cuja experiência no exterior, na visita a tantos museus históricos, certamente seria, como veremos, mobilizada para aquele do alto do Ipiranga.

As experiências do outro lado do Atlântico evocadas às margens do Ipiranga

A trajetória de Afonso Taunay será marcada, sobretudo, pelo ingresso no Museu Paulista, instituição científica aberta ao público em 1895 e alojada no Edifício-Monumento construído na última década do Império para celebrar a independência do Brasil.[59] Taunay, como diretor em 1917, vai reorientar o caráter do museu, antes dedicado às ciências naturais, para propriamente histórico. Espécie de "Vivant-Denon dos trópicos", Afonso Taunay organizará o museu e fará, sobretudo, largo uso das imagens bidimensionais[60] e tridimensionais em seu projeto decorativo levado a cabo a partir de 1919. Para a fabricação desse projeto, Taunay parece lançar mão de uma série de modelos iconográficos para grandes edifícios públicos dotados de pinturas e esculturas, que visualizou em sua viagem à Europa, adaptando-os para as demandas daquele *Panthéon* a ser decorado no Ipiranga.[61]

Para tanto foi imprescindível o recrutamento de uma certa fração de pintores e escultores do círculo da Escola Nacional de Belas Artes, entre eles Fernandes Machado, os irmãos Henrique e Rodolpho Bernadelli, Rodolpho

Amoedo, e outros, além daqueles do circuito artístico de São Paulo, para a produção de pinturas e esculturas versadas sobre personagens e feitos históricos tidos por determinantes para a construção da nação.

O critério meticuloso na angariação das fontes que pudessem servir de matrizes visuais para os artistas, uma vez que a pintura ou a escultura seriam compreendidas como verdadeiros documentos, já que, baseados em materiais tidos por autênticos, entravam em choque, por vezes, com a postura inventiva dos artistas que nem sempre seguiam à risca as orientações de Taunay.[62] Durante as negociações do preparo das obras, alguns desentendimentos entre o diretor e os artistas, inclusive, ocasionaram o estremecimento de antigas amizades. Apesar de toda consideração devotada a Rodolpho Bernardelli na publicação do "Missão Artística" em 1911, o atraso na entrega da estátua de d. Pedro I destinada ao nicho central da escadaria levou Taunay a desabafar os infortúnios que aquela obra lhe custou com o próprio presidente do estado, Washington Luís, que chegou a repreendê-lo dizendo "está bonito vai o snr. fazer a festa de D. Pedro I sem D. Pedro I".[63]

A delicada situação levou Taunay a recorrer ao tio Goffredo, o mesmo que em 1909 entregou o ofício redigido pelo próprio Bernardelli para ser remetido ao diretor da instituição de ensino francesa. Segundo ele, a respeito do escultor Bernardelli depois das brigas em torno da "malfadada" estátua do primeiro imperador: "Enfim é evidente que deseja romper comigo; paciência, sinto muito mas sobretudo por causa do Snr. mas tenho a convicção de que cumpri o meu dever com toda a correção".[64]

A escolha por "scennas bellicas" e o mote de "repulsa pelo estrangeiro invasor", pensadas por Taunay para o Salão de Honra, em 1919,[65] parece remeter ao exemplo francês da "Galeria de Batalhas" construída no Palácio de Versalhes, durante o reinado de Louis-Philippe, e aberta ao público em 1838. Modelo iconográfico que certamente Taunay conhecia, uma vez que, em seu próprio diário de viagem, deixaria registrado que teria visitado o palácio de "fio a pavio".

A historiadora Cecília Helena de Salles Oliveira aproxima, por exemplo, a iniciativa de Taunay, no Museu Paulista, com o Musée Carnavalet – o museu da cidade de Paris criado em 1866 e visitado mais de uma vez por Taunay durante a sua estada na cidade.[66] Essa relação possível está documentada, inclusive, em carta de Lidia Souza de Rezende ao diretor: "O Primo foi bem inspirado e louvo a ideia de fazer à semelhança do Museu Carnavalet a exposição de documentos da história da Independência e o Museu do Ypiranga está talhado para isso".[67]

As remissões ao que vira na Europa, enquanto modelos a serem adaptados para o Museu Paulista, podem ser identificadas já nos primeiros registros de Taunay enquanto diretor da instituição. Esse é o caso de uma das passagens presentes no relatório sobre o funcionamento do museu de 1917, em que Taunay demarcaria as suas ações em contraposição àquelas da gestão anterior, do zoólogo alemão Herman von Ihering:

> Logo à entrada do Museu, contrastando com a elegância e sunptuosidade do seu peristilo tão nobre, surgiam aos olhos dos visitantes atônitos um camelo e uma girafa lamentavelmente pelados, desbotados, sujos, pessimamente preparados, espécimens de uma taxidermia pré-histórica. Nas salas do andar superior nada mais desagradável do que o aspecto dos armários onde se viam as coleções zoológicas, mineralógicas, etnográficas, numismáticas etc... Já por si feios, desgraciosos, pesados, pintados funereamente de preto e amarelo, encimados por um horrendo frontão, tinham o interior em mísero estado. [...] Resolvi também substituir a cor preta do exterior pela branca, *a exemplo do que vira na Europa.*[68]

Muitos anos mais tarde, em 1924, quando o Museu Paulista já estava com as reformas concluídas, Taunay foi consultado para o programa decorativo do novo edifício a ser construído na capital Federal (Rio de Janeiro) para abrigar a Assembleia Legislativa do Estado.[69] Na carta endereçada a Arnolpho Azevedo, Taunay explicita o tanto que os modelos decorativos europeus presenciados naquela viagem ainda o inspiravam:

> Que pensa V. Ex. se os quatro painéis se reportassem à constituição do território? Poderiam ser o Descobrimento, a repulsa dos estrangeiros; as bandeiras, a posse da Amazonia. É verdade que o edifício da Câmara deve ter uma decoração que lembre mais a história política do país do que qualquer outra, muito embora daí não se infira que as demais modalidades da história nacional sejam preteridas. *Lembro-me de haver visto no salão majestoso das sessões da Câmara dos Deputados da República Helvetia no seu magnifico palácio federal de Berna,*[70] uma enorme tela ocupando a parede [folha 2] por trás da mesa da assembleia, pintura essa que representa uma paisagem característica dos Alpes, no centro da Suíça com a sua geleira e seus lagos. Se bem me lembro mesmo creio que se trata do Lago dos Quatro Cantões.[71]

De fato, a 6 de setembro de 1909, Taunay registrou em seu diário, na parte dedicada à Berna, que

> [...] aproveitamos bem o tempo visitando a fossa dos ursos na extremidade da tão pitoresca rua principal de Marktgasse, o palácio federal,[72] onde há uma linda sala de sessões do parlamento suíço.[73]

Como se vê, dessa viagem de formação, Taunay traria de volta na pesada bagagem muito mais que seu novo *fraek*, livros da Flammarion e os registros contidos no diário sobre o seu bisavô. A ida ao velho mundo foi um (re) encontro com os parentes vivos, mas certamente muito mais com os mortos. A experiência do deslocamento pelo Atlântico teve desdobramentos vários: dela resultou a monografia, que lhe conferia acesso à confraria dos intelectuais do IHGB, em que ele remontaria uma suposta saga da família, devotando a importância fundamental dos Taunays na constituição da cultura brasileira, mas também os impasses que comprometeram o deslanchar de um projeto do qual eram integrantes: a "Missão Artística Francesa".

Basta uma pesquisa nos principais jornais de São Paulo e do Rio de Janeiro para verificar como a construção social de seu nome, nos anos iniciais de sua carreira, deveu-se muito à "Missão Artística Francesa de 1816". Apesar da realização das pesquisas sobre as bandeiras paulistas e das monções, efetuadas notadamente a partir da década de 1920 e que serão responsáveis pela sua consagração enquanto historiador, Taunay não descuidará do projeto da escrita da história de sua família, sempre atento em localizar obras até então desconhecidas de seu bisavô, além de arregimentar documentos inéditos a seu respeito. Entre os seus guardados, por exemplo, pode-se encontrar uma carta assinada por Nicolas-Antoine Taunay, datada do ano 12 da Revolução (1804), em que o artista relata as dificuldades financeiras ali vivenciadas, 12 anos antes de viajar ao Brasil. No verso desta, com a letra de Afonso, "D'este documento me fez presente o bondoso (e roubado) Dr. Manuel Dias da [ilegível] (1888-1948) de S. Paulo a 13 de novembro de 1926. Afonso de E. Taunay".

José Saramago foi mesmo perspicaz em afirmar que "A viagem não acaba nunca. Só os viajantes acabam. E mesmo estes podem prolongar-se em memória, em lembrança, em narrativa".[74] Passado mais de um século da viagem de Taunay pela Europa, podemos, ao folhear seu diário, tornar-nos também tripulantes do Orcoma e ser conduzidos a todo vapor ao Velho Mundo; um deslocamento ao passado, ele mesmo já compreendido como uma espécie de "país estrangeiro".[75]

NOTAS

1 Taunay. *Viagem pelo Orcoma...*, 12 de junho de 1909.

2 *Idem, ibidem.*

3 *Idem, ibidem.*

4 Este texto sai beneficiado de muitas contribuições de Wilma Peres Costa durante as nossas conversas a respeito do diário, a quem imensamente agradeço. Ressalto que os equívocos porventura existentes são todos meus.

5 Sobre a questão, consultar o já clássico Agulhon, 1988.

6 Para uma discussão ampla sobre os membros da família e sua ligação com a cultura brasileira ao longo dos oitocentos, cf. Schwarcz & Dias, 2008; Costa, 2018.

7 M. Lima, 2006 [1908].

8 Afonso Taunay, 1911.

9 A ampla discussão recente sobre "A missão artística de 1816", em seus mais variados aspectos – as implicâncias sobre o próprio termo "missão" empregado por Afonso Taunay na publicação de 1911; se a iniciativa partiu de d. João ou dos próprios artistas; os agentes envolvidos, do lado francês e da Corte portuguesa na Europa – pode ser encontrada em Squeff, 2006; Dias, 2006; 2009; 2014; Schwarcz, 2008a; Telles, 2015; 2019. Para um balanço historiográfico sobre o assunto, *vide* Schwarcz & Simioni, 2016.

10 "Carta de Th. Homolle". Musée du Louvre, 16 maio 1909. Coleção Família Taunay. SVDHICO – MP – USP. Homolle era arqueólogo e ocupou, para além do cargo de diretor dos Museus Nacionais, o de professor na École Nationale Supérieure e chegou a atuar nos Archives Nationales.

11 "Carta de d. Pedro de Alcântara a Alfredo d'Escragnolle Taunay". Versalhes, 29 maio 1891, 1912, tomo LXXV, p. 165.

12 *Idem, ibidem.*

13 Taunay. *Viagem pelo Orcoma...*, 16 de junho de 1909.

14 *Idem*, 22 de junho de 1909.

15 *Idem*, 20 de junho de 1909.

16 *Idem*, 20 de junho de 1909.

17 *Idem*, 30 de junho de 1909.

18 *Idem*, 18 de junho de 1909. Refiro-me a Charles Auguste Taunay (1768-1824). Coriáceo. Estátua em mármore (Arco Carrousel do Louvre). 1806-1808. Disponível em <https://en.wikipedia.org/wiki/Auguste_Marie_Taunay#/media/File:Cuirassier_Taunay_Carrousel.jpg>. Acesso em 7/5/2023.

19 O escultor Charles Auguste Taunay (1768-1824) veio com seu irmão Nicolas-Antoine ao Brasil, em 1816, e aqui permaneceu, vindo a falecer em 1824. Era já um escultor de renome, com trabalhos na escadaria e no carrossel do Louvre, assim como no Arco do Triunfo. Foi o titular da cadeira de escultura na Academia Imperial de Belas Artes do Rio de Janeiro.

20 Sobre as negociações que envolveram essa obra, ver Gerard, 1886, p. 22.

21 Taunay. *Viagem pelo Orcoma...*, 17 de junho de 1909.

22 *Idem*, 22 de junho de 1909.

23 Chaudonneret, 1999.

24 O quadro encontra-se descrito com bastante vagar em Béraud, 1827, pp. 1-5. Vale notar que o nome de Nicolas-Antoine Taunay não esteve entre os artistas que receberam premiação no certame. Cf. "Noms des artistes qui ont obtenu des medailles (peintres)". Beaux-Arts, *Journal des Débats. Politiques et Littéraires*. Dimanche, 16 jan. 1825. Agradeço

ao pesquisador, e colega, Fabriccio Novelli Duro por toda a ajuda com a documentação referente ao Salon de 1824.

25 Afonso Taunay, 1911, p. 141.

26 Taunay. *Viagem pelo Orcoma*..., 26 de julho de 1909.

27 Afonso Taunay, 1916, p. 124.

28 A respeito do achado, anotou Taunay em seu diário que "escrevi a tio Goffredo contando--lhe isso. Os quadros de Versailles são 9, dos quais oito sobre assuntos militares". Taunay. *Viagem pelo Orcoma*..., 28 de junho de 1909.

29 *Idem*, 4 de julho de 1909.

30 Da lista de instituições pesquisadas por Taunay, constava também a Biblioteca de Artes Decorativas. Apesar dos elogios feitos, trabalhou apenas um dia ali. Conforme relatado no diário: "Estive trabalhando na biblioteca das Artes Decorativas onde se deu um incidente desagradabilíssimo com um velhote implicante que me parece bibliotecário. Custei a não lhe atirar com um livro às ventas e saí dando-lhe as costas quando queria explicações. Ficou furioso a esbravejar; tenho de renunciar a ir a essa biblioteca tão cômoda e agradável". *Idem*, 20 de julho de 1909.

31 Taunay anotou no diário todos os dias em que esteve na Biblioteca Nacional, onde obteve o cartão permanente para seis meses (feito em 28 de julho) e, inclusive, em muitos dos casos, informa o tempo de permanência pesquisando. *Idem*, 28 e 30 de julho; 3, 4, 5, 6, 7 (Gabinete de Estampas e Impressos), 9, 10, 11, 12 e 14 de agosto de 1909.

32 Sobre a produção do artista, cf. sobretudo: Lebrun-Jouve, 2003; Schwarcz, 2008a; Schwarcz & Dias (org.), 2008; Corrêa do Lago, 2009.

33 Taunay. *Viagem pelo Orcoma*..., 11 de julho de 1909.

34 Afonso Taunay, 1911.

35 *Idem*, 1912. Sobre os pressupostos que norteavam a compreensão da história por Taunay, *vide* o incontornável estudo de Anhezini, 2012.

36 Com a caligrafia de Afonso pode-se ler anotado no exemplar: "*Tiré à part d'article publié dans le grand magazine d'art de Saint Petersbourg* Starye Godye, *en decembre 1910, sur Nicolas Antoine Taunay. Illustré par les soins de Mr. P.P. de Weiner, directeur du magazine, historien et critique d'art*". [Reimpresso de um artigo publicado na grande revista de arte de São Petersburgo *Starye Godye*, em dezembro de 1910, sobre Nicolas-Antoine Taunay. Ilustrado pelo sr. P. P. de Weiner, diretor da revista, historiador e crítico de arte.]

37 Afonso Taunay, 1910. Bibliothèque de l'Institut National d'Histoire de l'Art. Localizacão: Piece 826.

38 De todo modo, o arquivo do Museu Paulista preserva uma carta remetida de São Petersburgo datada de 1911, o que permite desconfiar que as tratativas de Taunay com aquele periódico prosseguiram para além do ano 1910, quando houve a publicação.

39 Afonso Taunay, 1911, p. 129.

40 Vale observar que, nessa época (1909), o prédio da antiga Academia, idealizado por Grandjean de Montigny, passou a abrigar a Secretaria de Estado dos Negócios da Instrução Pública, Correios e Telégrafos e foi demolido em 1938. Por decisão de Rodrigo Melo e Franco de Andrade, o pórtico do edifício (sem o portão, destinado ao Museu Histórico Nacional) foi transferido na década de 1940 para o Jardim Botânico do Rio de Janeiro, um dos principais lugares de memória referentes ao período joanino. A imagem do pórtico instalado na aleia do jardim será a escolhida para figurar na capa da edição do "Missão Artística Francesa" de 1956. Afonso Taunay, em seu texto de discurso por ocasião das comemorações dos 150 anos da vinda dos artistas franceses, ao comentar sobre a publicação, confessou que o livro "ultimamente ampliado, atendendo a um pedido do prezado e [...] [ilegível] amigo

Rodrigo Melo Franco de Andrade, esse benemérito presidente do nosso Serviço Patrimônio Histórico e Artístico Nacional". *Diário de Notícias*. Edição 09902, suplemento literário. Rio de Janeiro, domingo, 13 fev. 1955, p. 5. Hemeroteca Digital da Fundação da Biblioteca Nacional do Rio de Janeiro. No arquivo do Museu Paulista, consta uma carta de Melo e Franco endereçada a Afonso cujo conteúdo se relaciona à organização do livro, em curso desde 1954. "Carta de Rodrigo Melo Franco de Andrade a Afonso Taunay". 10 de maio de 1954. FPMP – Série Correspondências. SVDHICO – MP – USP. Cf. Pereira, 2016, p. 240; Ribeiro, 2008; Almeida, 2008.

41 Sobre a reforma empreendida na instituição artística carioca durante os anos de direção de Rodolpho Bernardelli, que permaneceu no cargo de 1890 a 1915, *vide* Dazzi, 2011.

42 A respeito da atuação do escultor na Escola Nacional de Belas Artes, cf. M. Silva, 2011.

43 Taunay. *Viagem pelo Orcoma*..., 27 de maio de 1909.

44 *Idem*, 6 de julho de 1909.

45 "Carta de Rodolpho Bernardelli" [Directoria da Escola Nacional de Bellas-Artes. Av. da Central – RJ]. 14 de abril de 1910. Coleção Família Taunay. SVDHICO – MP – USP.

46 Afonso Taunay, 1911, p. 10.

47 Vale observar que Taunay faz questão de mencionar que foi durante a direção de Bernardelli que a Pinacoteca da Escola de Belas Artes passou a contar com exemplares assinados por Nicolas, sendo alguns deles comprados no ano da viagem à Europa por Afonso: "adquiriu há anos o Sr. Bernardelli duas telas, *Hermínia entre os pastores* e o *Theatro de la Folie* e, em 1909, comprou, dos herdeiros do Barão de Taunay [Félix-Émile Taunay], numerosos quadros entre os quais quatro magníficas vistas do Rio de Janeiro, vários retratos, alguns dos quais excelentes, dignos dos melhores mestres, como o da *Aia Jeanneton*, um lindo quadro anedótico o *Mensageiro da Paz*, etc. deste modo reparando séria injustiça alheia". Afonso Taunay, 1911, p. 140.

48 Grifo do próprio autor.

49 Afonso Taunay, 1916, p. 14. Essa monografia foi publicada, conforme ressalta o próprio Taunay, no "Tomo LXXVIII, Parte II, da *Revista do Instituto Histórico e Geográfico Brasileiro*, comemorando o primeiro centenário da fundação da Escola Nacional de Belas Artes, pelos artistas da Missão de 1816".

50 *Idem, ibidem*.

51 A respeito dos primeiros embates historiográficos quando da publicação do livro, cf. Squeff, 2006.

52 Afonso Taunay, 1916, p. 102, grifos do próprio Taunay.

53 Afonso Taunay, 1956, p. 12. Conforme ressalta Taunay na mesma página, o acesso aos documentos preservados em Portugal por ele analisados deveu-se muito ao auxílio de Jerônimo de Avelar Figueira de Melo (1879-1947), primeiro secretário da embaixada do Brasil em Lisboa.

54 Taunay. *Viagem pelo Orcoma*, 9 de junho de 1909.

55 *Idem*, 9 de junho de 1909.

56 "O Secretário Perpétuo lê uma carta pela qual o Sr. Taunay anuncia ao Sr. Presidente que está empreendendo uma grande viagem e que enviará à classe os trabalhos que um belo país lhe inspirará. O Sr. Le Breton, Secretário Perpétuo, pede licença à Classe para a mesma viagem que está fazendo na esperança de ser útil às artes etc., etc."

57 "Carta de Alberto Rangel a Afonso Taunay". Paris, 7 out. 1917. Arquivo Permanente do Museu Paulista. Fundo Museu Paulista. Serviço de Documentação Textual e Iconografia. Museu Paulista da USP. Itálicos do próprio Rangel. Os documentos localizados por Alberto

do Rego Rangel e Jerônimo de Avelar Figueira de Melo foram incorporados posteriormente ao artigo. Taunay, *Anais* do Museu Paulista, vol. 3.

58 Afonso Taunay, 1916. Coleção Família Taunay. Serviço de Documentação Histórica e Iconografia do Museu Paulista da USP (SVDHICO).

59 Sobre a associação da colina do Ipiranga, local em que o edifício-monumento foi construído na década de 1880, e que passou a abrigar o Museu Paulista a partir de 1893, com a memória da Independência, *vide* sobretudo Oliveira, 1999; Lima Junior; Schwarcz & Stumpf, 2022.

60 A respeito da problemática das matrizes visuais recorridas por Taunay para a produção das pinturas conforme a sua perspectiva histórica, cf. Carvalho & Lima, 1993.

61 Sobre os programas decorativos franceses que nortearam Taunay, cf. Mattos, 1999; Brefe, 2005; Lima Junior, 2015.

62 Quanto às desavenças entre os artistas, sobretudo ligados à Escola Nacional de Belas Artes do Rio de Janeiro, e Afonso Taunay na preparação das telas para o Museu Paulista, *vide* Mattos, 1999; Brefe, 2005; Christo, 2005; Marins, 2007; Lima Junior, 2021.

63 "Carta de Afonso Taunay a Rodolpho Bernardelli", 16 dez. 1922. A respeito da tensa produção da estátua de d. Pedro I por Bernardelli, cf. M. Silva, 2011; Lima Junior, 2022.

64 "Carta de Afonso Taunay ao tio Goffredo", 8 set. 1923. SVDHICO. Museu Paulista.

65 Tive a oportunidade de discutir com vagar esse projeto de Taunay datado de 1919, que, segundo ele próprio, foi "inteiramente modificado com o correr do tempo", em Lima Junior, 2015 (cap. 3). *Vide* também Lima Junior & Nery, 2019.

66 *Vide* passagens em Taunay. *Viagem pelo Orcoma*..., 25 de junho e 13 de julho de 1909.

67 "Carta de Lidia de Souza Rezende a Afonso Taunay". 5 maio 1918. Arquivo Permanente do Museu Paulista/Fundo Museu Paulista. Série Correspondência. SVDHICO – MP – USP. *Apud* Oliveira, 1999, pp. 83-85.

68 Relatório referente ao ano de 1917 apresentado a 2 jan. 1918, ao ex.mo snr. secretário do Interior, dr. Oscar Rodrigues Alves, pelo diretor, em comissão, do Museu Paulista, Afonso d'Escragnolle Taunay. Biblioteca do Museu Paulista da USP. Grifos nossos.

69 Refiro-me a Eliseu Visconti (1866-1944). *Os constituintes de 1891 no antigo Paço da Quinta da Boa Vista*, 1926. Óleo sobre tela. Palácio Tiradentes, Rio de Janeiro.

70 Refiro-me a Charles Alexandre Giron (1863-1914). *O lago dos Quatro-Cantões, o berço da confederação*, 1901. Pintura mural, 5 x 12 m. Sala do Conselho Nacional. Palácio Federal de Berna.

71 Lima Junior, 2015. Grifos nossos. Sobre a decoração desse edifício público carioca, e onde encontra-se também citada essa carta de Taunay, cf. Alves, 2019.

72 O edifício chamado *Bundeshaus* está localizado em Berna e abriga a sede do governo e parlamento suíço. Projetado pelo arquiteto Hans Wilhelm Auer (1847-1906), o palácio começou a ser construído em 1884 e foi finalizado em 1902.

73 Taunay. *Viagem pelo Orcoma*..., 6 de setembro de 1909.

74 Saramago, 2003.

75 Refiro-me aqui à frase "The past is a foreign country: they do things differently there", do livro *The Go-Between*, de Leslie Poles Hartley, publicado em 1953.

4

A VIAGEM DE AFONSO D'ESCRAGNOLLE TAUNAY:

O ESTABELECIMENTO DO TURISMO E OS GUIAS DE VIAGEM DURANTE A *BELLE ÉPOQUE* (SÃO PAULO-PARIS, 1909-1910)

Joana Monteleone

A ideia da viagem vem sempre imbuída com uma série de atributos, conceitos e visões.[1] Tzvetan Todorov se pergunta o que não seria uma viagem. E ele mesmo responde elencando os diferentes tipos de relatos de viagens desde a Antiguidade, a perenidade do tema.[2] Já nos séculos XVII e XVIII, a viagem se associa aos ideais da Ilustração. A ideia da viagem como forma de aquisição de saber expandiu-se nessa época pelas sociedades científicas e academias do Velho Mundo".[3] Mas ela esteve também, sobretudo a partir de meados do século XVIII, associada à busca pela saúde em localidades fora das cidades. *Spas*, estações de águas, hospedagens nas montanhas em busca de "novos ares" se multiplicaram pela Europa, na medida em que viajar se tornava mais fácil e mais confortável. Tanto em uma dimensão como em outra, a prática da viagem era uma atitude reservada à elite aristocrática, muitas vezes associada à busca pelo próprio autoconhecimento.[4] As justificativas para as viagens, de saúde ou de autoconhecimento, encontram um paralelo com a criação e o desenvolvimento dos restaurantes também associados à cura e à busca pela saúde.[5] São, afinal, duas atitudes que emergem após a Revolução Francesa, com a ascensão da burguesia, e vão marcar o século XIX.

A própria ideia de se tirar um tempo de lazer, para o descanso, longe do trabalho e de casa, era complexa e envolvia dogmas religiosos e morais. O lazer era condenado por diferentes religiões cristãs. Assim, quando se viajava para longe para um tempo de descanso, a associação com a busca pela cura ou pelo restabelecimento de uma doença ajudava a amenizar a culpa pelo ócio.[6] De todos os modos, a busca pela saúde, tanto no restaurante como também nos hotéis, associa-se ao desenvolvimento de novos negócios ligados ao transporte de mercadorias e de pessoas.

Auguste Escoffier, renomado *chef* francês, ajuda a produzir uma importante transformação na década de 1890, ao se associar, ao mesmo tempo, a dois empreendimentos: os hotéis Ritz e a linha de navios Hamburg-Amerika Lines. Ambos passam a servir seus pratos, a organizar a cozinha do jeito que ele havia pensado e a estabelecer a ideia de conforto e luxo para os passageiros de navios.[7]

Entre 1870 e 1914, anos que ficaram conhecidos como *Belle Époque*, as viagens à Europa se tornaram não apenas uma rotina na vida de muitos brasileiros, mas um negócio. Foi nesse período que as viagens transatlânticas da América (e do Brasil) para a Europa foram organizadas, expandindo a ideia de turismo, com rotas, hotéis, restaurantes, cidades e sítios a serem visitados.

Uma viagem, múltiplos significados

Afonso d'Escragnolle Taunay saiu de São Paulo em direção à Europa numa quarta-feira, 26 de maio de 1909. Viajou a bordo do Orcoma, um navio novo construído apenas um ano antes, em 1908. As viagens à Europa representavam o ápice intelectual e sentimental de jovens da elite brasileira. Afonso, aos 33 anos, recém-casado, viajava com a mulher, Sara de Souza Queiroz, e Ana, a filha pequena. Engenheiro, era professor da Escola Politécnica de São Paulo, criada havia poucas décadas e que funcionava no solar do marquês de Três Rios, no Bom Retiro, em São Paulo.

A viagem para a Europa, na época, era considerada um rito de passagem com muitos significados diferentes, que ia de uma iniciação intelectual ao aprendizado sexual, em casos de lua de mel, passando pela reafirmação de classe e o pertencimento à elite.

A viagem à Europa era, portanto, um marco e Taunay faz o que vários outros viajantes fizeram na época: escrever um diário, guardar *souvenirs*, como recortes de jornais, cardápios, programas de teatro, ópera ou concertos. Uma série de impressos, hoje descritos como "efêmeros", se expandem nesse momento, ligados ao próprio negócio do turismo. O termo "efêmero" pode aqui ser enganoso, pois frequentemente esses impressos eram ciosamente guardados pelas pessoas como repositórios de lembranças da viagem ou dos seus momentos marcantes, como parece ser o caso aqui. Vale dizer é que esses elementos eram frequentemente inseridos no texto do relato para incrementar o sentido de veracidade, tópica importante do relato de viagem. O documento que temos em mãos, o manuscrito do caderno com o folheto/cardápio como capa e paratexto, sugere, em sua materialidade, que seu autor e proprietário lhe atribuía valor afetivo (até porque o fez encadernar posteriormente) e também confere uma certa unidade à viagem que descreve, muito embora dela se registre apenas a ida e não o retorno.[8]

Sua jornada teve, em quase todos os aspectos, o caráter e o significado das viagens do século XIX: a ideia de iniciação intelectual e maturidade sexual, a jornada em busca dos elementos de civilização na Europa, a presença dos pontos principais de cada lugar (o que precisava ser visto, pensado e incorporado ao seu repertório intelectual), as relações de classe envolvidas tanto na viagem do navio como nas visitas que fazia na Europa. O diário funcionava como uma maneira de lembrar-se de todos esses elementos.

Escrever um diário, *como esse diário*, que usamos para fazer o presente livro, era hábito compartilhado por outros viajantes. No diário, detalhes sobre a viagem escritos a quente, ou seja, no momento em que estavam acontecendo – no mesmo dia ou nos dias subsequentes em que os acontecimentos ocorreram. Essa informação é importante porque muitos outros diários de viagem foram escritos *a posteriori*, ou seja, depois que a viagem foi feita; eles têm outras funções e características. Vale observar também que, no presente documento, diário e folheto da companhia de navegação se fundem em um documento único como registro e suporte de memória.

No caso de Afonso Taunay, todos esses elementos estavam em jogo quando partiu naquele 26 de maio de 1909 no navio Orcoma, no porto de Santos, despedindo-se com pesar dos sogros e da mãe. A viagem não era de lua mel, mas quase, já que ele havia se casado há pouco mais de 3 anos e já tinha uma filhinha. No tempo em que ficam na Europa, o casamento se consolidou, e a nova paternidade também, já que, no período em que esteve fora, nasceu mais um filho, o primeiro menino.

A ideia de aprendizado intelectual é o que mais chama a atenção já que ele era professor da Escola Politécnica – o diário está cheio de referências técnicas, a velocidade, as características da embarcação, sua segurança e depois a referência a museus, óperas, concertos, lugares históricos visitados. E a noção de pertencimento de classe se reafirmava a cada dia no diário, nos escritos em que comentava quem estava na primeira classe, quem ia fazer o que na Europa e com quem.

Quando Taunay pegou o navio em Santos, ele viajava num sistema de transporte de passageiros que havia se sofisticado muito nas últimas décadas do século XIX. Os navios passaram a emular hotéis, em luxo e conforto. Grandes, com muitas cabines, com uma cozinha bem equipada e farta, a viagem de turismo e negócios, reservada às elites, tornou-se em si um passatempo.

Se, em meados do século do XIX, as viagens a negócios e *de saúde* impulsionaram a uniformização e constância das viagens – com partidas e chegadas de navios e trens predeterminadas, hotéis que ofereciam leitos e refeições confiáveis, guias que informavam o que fazer, onde comer e se hospedar em cada lugar; com o passar das décadas, percebeu-se um novo nicho de mercado, um novo negócio, que envolvia várias empresas relacionadas às viagens: é o que hoje chamamos de viagem de turismo, mas teve várias designações no século XIX.

O navio Orcoma, construído por W. Beardmore, em Glasgow, Escócia, realizava uma de suas primeiras viagens. Era um navio moderno e muito rápido e estava destinado a cruzar o Atlântico ligando a Europa à América, muitas vezes passando pelo Estreito de Magalhães e subindo pela costa do Pacífico e de volta. Ele costumava bater *records* de velocidade, ligando Liverpool e Callao, no Peru, em 32 dias, 22 horas e 40 minutos.[9]

Assim como o Titanic, construído alguns anos depois, em 1912, o Orcoma pertencia à série de luxuosos e confortáveis navios destinados às viagens de turismo e de negócios, ligando os continentes de maneira segura. Todas as amenidades modernas estavam aí presentes: jantares sofisticados, danças e brincadeiras para distrair os passageiros, biblioteca, bares, jogos de tabuleiro.

A viagem de Afonso Taunay em maio de 1909 se enquadra nessa nova modalidade de negócios, a do turismo, que floresceu a partir da década de 1870. Um negócio que envolvia toda uma cadeia de novos estabelecimentos – dos meios de transporte aos de hospedagem e de alimentação, mas também de visitas e passeios. Esse novo negócio, que envolvia uma estada única e prolongada na Europa, visitas a pontos turísticos, estadas em hotéis renomados, uso dos guias para visitas, visita a lugares de lazer, como restaurantes, museus, teatros, mercados, casas de concertos. Pela leitura do diário, percebe-se que Taunay conhecia os rituais envolvidos numa viagem de alta classe e sabia o que fazer durante sua jornada. Sabia também o que significava esse tipo de viagem, em termos de distinção e pertencimento de classe.[10]

Uma das características principais da viagem de Taunay foi uma espécie de inversão das ideias clássicas das viagens até meados dos oitocentos. Taunay sai de uma cidade distante de um país exótico, o Brasil, e parte para conhecer a "civilização", que na época queria dizer a Europa. Até pouquíssimo tempo antes, o corriqueiro eram as viagens de europeus para as terras até então desconhecidas por eles. Em comum às duas viagens, de Taunay e dos viajantes europeus, era a ideia de que a civilização se localizava na Europa, com valores europeus e ligados à cultura europeia.

Taunay no seu diário, então, *pertence* e se reconhece como *pertencente* a uma longa tradição de viajantes. Ao mesmo tempo que tem o mesmo olhar de estranhamento cultural de viajantes europeus que passaram pelo Brasil, ele estranha hábitos e costumes europeus. E, ainda assim, sabe que esses mesmos hábitos que estranha são sinais de civilidade, de uma civilização superior.

O relato de viajantes, no século XIX, torna-se uma forma literária, com seus métodos, tramas, narrativas e clichês. Esses relatos dividem-se em muitas e diferentes categorias, como a viagem de peregrinação, a de comércio, a de erudição (certamente a de Afonso Taunay), de imaginação, como fez Borges, de expansão de fronteiras, muitas vezes associadas a narrativas de guerras, entre tantas outras.[11]

O *Grand Tour* na *Belle Époque*: o negócio do turismo e suas instituições

"*Tour*" significa "circuito, volta ao redor", de onde vem a palavra "turista", com raízes na língua francesa. As palavras *tourist* e *tourism* estavam dicionarizadas em inglês desde 1811. O *Grand Tour* designa a viagem a lugares da Europa (mais especificamente à Itália) feita por membros da elite francesa e inglesa desde o século XVIII para ilustrar-se, amadurecer e conhecer obras de arte e novas maneiras de viver. O *Grand Tour* também servia como uma iniciação a uma eventual carreira diplomática.[12]

O *Grand Tour* era uma tradição na família Taunay, que realizou a viagem em várias abrangências e tempos. O bisavô de Afonso, o pintor Nicolas-Antoine Taunay havia feito a viagem à Itália como prêmio que era conferido aos artistas do Salon. O visconde de Taunay, seu pai, fez a viagem em 1878, tendo estado a maior parte do tempo em Paris, mas também foi a Roma.

Em conexão com as transformações econômicas e culturais da Europa do Iluminismo e da Revolução Industrial, o viajante da segunda metade do século XIX não é o viajante de expedições de guerras e conquistas, não é o missionário ou o peregrino, e nem o estudioso ou cientista natural, ou o diplomata em missão oficial, mas sim o *grand tourist*, conforme era chamado o viajante amante da cultura dos antigos e de seus monumentos, com um gosto exacerbado por ruínas que beirava a obsessão e uma inclinação inusitada para contemplar paisagens com seu olhar armado no enquadramento de amplas vistas panorâmicas, compostas segundo um idioma permeado por valores estéticos sublimes. Um viajante dispondo acima de tudo de recursos e tempo nas primeiras viagens registradas pela historiografia da prática social de viajar por puro prazer e por amor à cultura.[13]

Taunay fez um *Grand Tour* à moda da *Belle Époque*, um *Grand Tour* do fim do século XIX. E, ainda que tenha incluído a Itália como destino de viagem no meio de sua estada europeia, o centro da viagem foi a França, no geral, e Paris, em particular. O diário converge para Paris, aponta a cidade e o objetivo final de civilizar-se.

Com a intensificação da navegação a vapor na década de 1840, as viagens começaram a ganhar um caráter múltiplo, de comércio, de saúde ou de turismo. Essa última função era uma novidade. Ao longo do século, as viagens de turismo vão se organizar e se tornar um negócio lucrativo, que envolveria uma enorme cadeia empresarial. Para que o turismo se tornasse uma possibilidade real de viagens seguras, uma série de outras condições e instituições teriam que ser construídas.

As viagens teriam de ser tornar seguras para vender a ideia de aventura. Para que isso se tornasse uma realidade, em primeiro lugar pequenas viagens pelo interior do próprio país se tornaram acessíveis por meio de uma malha ferroviária pontual e segura. Cidades do litoral tornaram-se um destino comum, assim como pequenas aldeias nas montanhas. Em segundo lugar, uma série de estabelecimentos teriam de ser criados ou incentivados nesse processo: hotéis, restaurantes, tavernas, lojas. Por último, roteiros tiveram de ser criados para que os viajantes usufruíssem de seu tempo livre na cidade que escolheram visitar.

Na Europa, nos meados do século XIX, onde as grandes cidades também inchavam em proporção nunca vista anteriormente, as estações ferroviárias foram ganhando importância, tornando-se edificações monumentais e sendo compreendidas, em associação com hotéis, restaurantes e outros equipamentos, como fundamentais para atender as multidões em movimento.[14]

Ir passar uma temporada e se hospedar num desses lugares era ao mesmo tempo uma recomendação médica e uma forma de distinção social - de quem dispunha de tempo e dinheiro para se curar num lugar caro e sofisticado como um grande hotel. Hotéis, viagens e viajantes traduziam esse novo tempo da modernidade.

Os navios a vapor e ferrovias teriam de ter rotas regulares e seguras para que o negócio do turismo florescesse. Dessa forma, muitos negócios tiveram de se estabelecer para que o turismo se tornasse uma atividade econômica rentável. E isso ocorreu ao longo do século XIX, com a incrível expansão da mobilidade urbana, impulsionada primeiramente pelo crescente desenvolvimento do capitalismo.

Na América do Norte, as cidades que possuíam um comércio vibrante e uma indústria em expansão abrigaram os primeiros hotéis. Onde os negócios prosperavam, chegavam os hotéis e as linhas de trem (às vezes nessa ordem, mas nem sempre). A cidade de Nova York foi a pioneira com a abertura do The City, na década de 1790. Mas, no começo de século XIX, os hotéis passaram a seguir a linha do trem e, consequentemente, dos negócios. O Baltimore City Hotel foi aberto em 1826; o Washington National em 1827; o Philadelphia's United States Hotel em 1828; o Boston's Renowed Tremont House em 1829; o Cincinnati's Pearl Street House em 1831; o St. Charles, em Nova Orleans, em 1837.[15]

A viagem de Taunay começa na Estação da Luz, em São Paulo, depois, quando ele embarca no Orcoma. Em Santos ele e a família almoçam no restaurante da sofisticada Rotisserie Sportsman.

> Chegamos a Santos às 10 hs; Pérsio esperava com as [carroças] a fim de levar as bagagens a bordo. Meu sogro [conduziu-me à Rotisserie] onde almoçamos. Às 12 entramos no navio que às 2 deve zarpar. Tive boa impressão do vapor que é enorme mas grandíssima decepção com o nosso camarote [acanhadíssimo] embora muito bem situado e arejado. O Orcoma está repleto levando 1.371.[16]

O estabelecimento ficava localizado entre a praça Mauá e a rua XV de Novembro e, pela lateral, a rua Riachuelo, em frente à Associação Comercial, e pertencia a João Serrachioli. O lugar, considerado o mais chique de Santos, recebia viajantes, uns que iam passar temporadas de lazer perto do mar, outros que precisavam passar alguns dias antes de embarcarem, alguns ainda para fazerem negócios relacionados ao café.

O hábito de descer à praia e acompanhar os parentes que iam viajar era corrente. Mesmo em São Paulo, existiam restaurantes ao redor da Estação da Luz que eram muito frequentados. A Rotisserie Sportsman era um desses locais – na verdade o mais famoso e o melhor restaurante de Santos.

Na viagem de Taunay, os hotéis aparecem com frequência. No dia 12 de junho de 1909, ele escreveu "À noite veio visitar-me o Lyra que já me procurara de dia; está no hotel Anglo Americano, onde também se hospedou o Tininho Paixão";[17] no dia 16 de junho, "O Betim veio procurar-me cedo; fomos ao Bois e depois ao seu hotel onde almocei";[18] e no mesmo dia escreveu também "Hoje veio ver Sara trazendo-lhe um belo *bouquet* de rosas vermelhas. Vieram também D. Izar Paes Leme, D. Augusta Queiroz e Lili (Hotel Richmand, rue du Helder)";[19] no dia de 18 de junho, "À noite fui visitar D. Augusta Queiroz e o Bergman (Grande Hotel), não os encontrei, voltando pelo metrô via *Opera*". São 39 menções a hotéis em todo o diário, demonstrando como os hotéis já faziam parte do cotidiano da viagem. Taunay faz visitas a amigos que se hospedam em hotéis, recebe pessoas, reserva, almoça ou toma chá, deixa correspondências e várias atitudes corriqueiras relacionadas à vida em hotéis ao longo da viagem.

Há de fato a presença constante dos hotéis nas pessoas que ele visita, aliás, desde o navio, onde procurou sempre marcar os endereços que iria visitar. Mas, por outro lado, ele ficou em casa, num apartamento alugado em Paris que tem um aspecto de domesticidade importante, não apenas por parte da família de Sara, como da sua própria (veja as relações que estabelece com o primo Victor, elo com a família francesa e a memória familiar).

Ainda assim, viajar para a Europa, e mais especificamente para Paris, não significava necessariamente hospedar-se em hotéis. Como as estadas eram mais longas (muitas vezes a ida à Europa era um momento único na vida), alugar apartamentos, *villas* ou casas era bastante comum, como acontece com o nosso autor, existindo já até mesmo uma rede de facilitadores dessas transações.

Nessa viagem, a importância dos hotéis se revela sobretudo no período final, nas viagens à Suíça e à Itália, onde toda a rede de negócios do turismo – hotéis, guias de viagem, restaurantes – está bem evidente.[20]

Há um contraste com Paris, onde Taunay parece estar "em casa", em um apartamento alugado, perto da família, e fica todo o tempo envolvido com uma *troupe* de brasileiros que circulam por lá ou moram lá. Mesmo assim Taunay comporta-se como um turista na capital francesa – seu tempo é o tempo do lazer e do conhecimento da cidade, de visitar museus e pontos turísticos, ir a óperas, ao teatro, fazer visitas a parentes. O tempo do turismo se caracteriza então como a oposição ao tempo do trabalho.[21]

Taunay raramente menciona o que comeu e não parece muito interessado nas cozinhas dos diferentes lugares que visitou.

Para Taunay, o almoço ou o jantar eram, essencialmente, marcadores temporais e não momentos de descobrimento, prazer ou conhecimento. Assim, ele visita os lugares antes ou depois do almoço: "depois do almoço fomos ao museu",[22] escreveu ele no dia 1º de agosto de 1909. Ou, em outro dia, 23 de agosto: "Depois do almoço fomos passear pela cidade";[23] ou quando visitava Veneza: "Depois do almoço tomei numa gôndola e fui me conduzir pelos canais [...] Desci do barco [...] absolutamente labirinto de vielas, becos, passagens".[24]

Hotéis e restaurantes tornam-se indissociáveis no século XIX. Em *A cidade-exposição*, Heloísa Barbuy destaca que "a modernidade era realizada na conjuração de dois de seus principais elementos: as estações de trem e os hotéis".[25] Pode-se acrescentar restaurantes, confeitarias, sorveterias, cervejarias e cafés – como a casa de chá Rumpelmayer citada por Taunay –, que também possuíam o mesmo *status*: símbolos da modernidade e do cosmopolitismo crescentes do século XIX.

Novos parâmetros do tempo e do consumo. A instituição dos guias de viagem

O século XIX também viu nascer um tipo novo de produção editorial: os guias de turismo. Com o aumento exponencial dos transportes, as pessoas passam a viajar de carruagens, de trem, de navios a vapor. Primeiro as viagens se organizam ao redor do comércio, de trocas comerciais. Esses comerciantes, que fazem a rota Europa/Estados Unidos, ou Europa/América Latina, precisavam de indicações confiáveis sobre onde ficar, o que comer e onde conduzir negócios – algumas vezes também precisam de médicos, de professores de línguas, de roupas ou móveis.

Os guias de viagem profissionais começaram no século XIX, seguindo a crescente expansão das viagens de turismo. Em 1839, o inglês John Murray II, editor de uma tradicional família do ramo (que publicava o jornal *The Star* desde 1788), decidiu fazer uma publicação que facilitasse a vida dos viajantes ingleses pelo mundo. Inspirado pelos almanaques, ele criou o guia *Murray's Handbook for Travelers* em 1836, com a editora em crescimento por causa de diferentes sucessos literários, como os livros de Lord Byron, por exemplo.[26] Durante todo o século XIX, tanto os livros de viagens, que cresciam em tiragem, locais que cobriam e variedade de editores, como os almanaques davam as informações que o crescente número de viajantes necessitava.

Os guias de viagem são muito importantes durante todo o período. Durante a viagem de Alfredo Taunay, pai de Afonso, à Europa em 1878, ele já usava o *Guia Baedeker*. Algumas publicações passam a dar conta desse tipo de informação, já que as cidades, nesse período, crescem e se tornam complexas. Taunay compra dois desses guias, o Baedeker e o Joanne, ao longo de sua estada na Europa. No dia 28 de junho de 1909, ele escreve:

> Estive a passear pelos *bouvelards*; comprei Baedeker do Reno, Bélgica e Holanda e Londres e Joanne dos arredores de Paris e Suíça. Mandei a d. Augusta um Baedeker da Palestina. Comprei também para o Betim, Saint Cendre e M. Clarenbom e para Murilo um livro de Jules Verne.[27]

E em outra passagem, quando estava visitando Veneza, na Itália, afirma:

> Voltei ao hotel Luna às 8½ e dali fui com Sara visitar a Catedral de São Marcos. Tive contínuas decepções. Achei a fachada baixa, sem imponência, e o interior meio estrambótico. Percorri minuciosamente a basílica, gastando nessa visita umas 4 horas. Vi o batismo, o tesouro, a sacristia, a *palla d'oro*, percorri também as galerias e fui ao balcão da igreja onde francamente não me extasiei ante a famosa *quadriga* comitiva. O aspecto da praça é belo, mas supunha-o muito mais grandioso; achei a *piazza* estreita, acanhada e os edifícios de reservatórios bem distantes do que deles diz o Baedeker.[28]

Os guias Murray, ingleses, claramente inspirados nos almanaques, foram seguidos de muitos outros tipos de guias de viagens, que se multiplicaram no século XIX, até que, em 1909, Taunay achasse completamente natural fazer sua viagem baseando-se em diferentes guias que encontrava em Paris.

Na Alemanha na década de 1830, outro editor teve uma ideia semelhante à de Murray. Karl Baedeker também fazia parte de uma família de editores e lançou seu guia de viagens com algumas inovações em relação ao de Murray – seus guias deveriam contar toda a informação necessária para que os viajantes pudessem ver a região escolhida sem ter que pedir outras dicas. Dessa maneira, seus guias ficaram conhecidos por terem muitos detalhes informativos sobre acomodações, lugares para comer e o que ver.

Os guias de viagens foram um sucesso imediato, impulsionando as firmas editorais que os publicavam e firmando-se como um filão de publicação de não ficção. Muitos seguiram os passos de Murray e Baedeker,[29] logo traduzido para o inglês.

Em 12 de agosto, Taunay compra os guias necessários para mais uma etapa da viagem e anotou no diário:

> Comprei os guias de Suíça e do Nordeste da França. À 7¾ parti da gare Saint--Lazare em direção ao Havre, às 10 e pouco desembarquei em Rouen e tomei quarto no hotel de Paris. Passeei um pouco, antes de me deitar estive a ouvir música no cais e entrei às 11½.[30]

O ENGENHEIRO APRENDIZ DE HISTORIADOR

Durante 17 dias o engenheiro Afonso Taunay e sua esposa Sara dividiram um camarote, na primeira classe do Orcoma, um transatlântico de luxo, pertencente à frota inglesa Pacific Steam Navigation Company, que havia entrado em operação, no ano anterior, fazendo a rota Londres-Santiago do Chile. A rota do navio que havia saído de Santiago, naquele ano 1909, fazia escalas em Buenos Aires, Montevidéu, Santos, Rio de Janeiro, Lisboa, Porto, La Rochelle e finalmente Londres. A primeira viagem do Orcoma havia sido noticiada pelo jornal *Gazeta de Notícias* do Rio de Janeiro, em 8 de novembro de 1908, em longa reportagem descrevendo o luxo das "vastas e confortáveis acomodações".[31] A notícia mostrava os requintes dos camarotes da primeira classe e a modernidade oferecida pelos equipamentos elétricos disponíveis: ventiladores, máquinas de lavar louça e roupa, escovas para os cabelos etc. Pode-se deduzir, portanto, que a família Taunay viajou em grande estilo.

Não há indicações explícitas no texto sobre quem financiava a viagem, mas é possível supor que as posses da família da esposa fossem a principal fonte de recursos. Uma das últimas iniciativas de Afonso tomada em território brasileiro, na parada do Orcoma no porto do Rio de Janeiro, indica esse apoio: "Escrevi às pressas ao meu sogro pedindo-lhe que, no caso de baixa de câmbio, devido a alguma bernarda possível, me mandasse logo mais 5.000 francos".[32]

A situação financeira de Afonso, até o casamento, havia sido bastante difícil. Seu pai, o visconde de Taunay, não havia deixado nenhum recurso, e cabia a ele a responsabilidade pela manutenção da mãe, como mostram os cadernos de contabilidade manuscritos de Alfredo Taunay que estão, em uma das pastas azuis, na biblioteca do Museu Paulista. A correspondência de Afonso indica também como sua intensa atividade jornalística estava ligada à busca de garantir um equilíbrio financeiro, acumulando-se com o emprego na Politécnica e no Colégio do Mosteiro de São Bento.[33]

A viagem de Afonso se realizava aos 33 anos, completados em Paris, aproximadamente mesma idade com que o seu pai fizera sua primeira viagem à Europa (1878), com muito maior largueza de recursos.[34] É possível que, nos longos dias e noites, passados no convés do Orcoma, reverberasse na cabeça do jovem mestre da Politécnica o conteúdo da carta que o pai lhe enviara de Petrópolis, no dia 11 de junho de 1894, quando Afonso completava 18 anos.

> A vida é um bem e tem belos trechos, mas necessita de grande preparo para florescer dos 25 anos aos 45, período bem longo, tu bem vês, e até lá não deve ser senão o pedestal em que se vai erigir a estátua completa e formosa.[35]

Algumas das recomendações do pai ele seguiu à risca, como o cultivo da música, tornando-se exímio pianista, talento que ele usará largamente a bordo do Orcoma. "Não descuides do piano. Tens nele já bastante talento para que em sociedade disponhas de mais recursos do que muitíssimos outros para seres festejado e acolhido com favor excepcional."[36]

Uma das recomendações do pai que Afonso nunca conseguiu obedecer foi a de corrigir a sua letra, de difícil leitura, que perdurou a vida toda. A historiadora Miriam Ellis, que o conheceu de perto, falou sobre seus hábitos de escrita: "Escrevia de próprio punho, com letra miúda que chegava a simplificações extremas de um gênero de estenografia muito pessoal. Não ditava a secretárias. Não escrevia a máquina".[37]

Em dezembro do ano anterior, portanto, cinco meses antes da partida de Afonso para Paris um outro carioca também havia feito sua primeira travessia do Atlântico para um périplo por três capitais europeias: Lisboa, Londres e Paris. Trata-se do cronista João do Rio, o pseudônimo de Paulo Barreto, que viaja para realizar uma série de palestras em Lisboa e enviar reportagens para o jornal *Gazeta de Notícias* do Rio de Janeiro.

Se para Afonso a intimidade com outros passageiros era algo incômoda, travejada pela necessidade de assentar contatos sociais e relações de interesse, Paulo Barreto expunha saborosamente as conversas mundanas entre os passageiros num artigo intitulado "A intimidade de bordo", datado de 1º de janeiro de 1909.

> Essa intimidade, seja qual for a raça, torna-se verdadeiramente pitoresca num grande transatlântico, espécie de grande hotel oceânico, onde ao cabo de dois ou três dias, o animal homem começa a sentir a atroz necessidade de matar o tempo [...] Ai do homem se o interlocutor conhece alguém do seu meio. Começam a falar mal desse alguém e em pouco tempo toda a cidade passa no cadinho das frases ferozes [...] No fim da noite o transatlântico inteiro contava-me coisas da vida secreta e exigia confidências.[38]

De turista a *bourgeois-bohème*

Na manhã do dia 9 de junho, de 1909, uma quarta-feira ensolarada de fim de primavera, Afonso levantou-se mais cedo que o habitual para poder subir ao tombadilho do transatlântico e admirar a entrada de Lisboa, pelo estuário do Tejo. Como de hábito, a primeira observação é a de desapontamento: "esperava um panorama mais imponente". Não obstante esse tom depreciativo inicial, a verdade é que a visita, que durou de quatro a cinco horas a bordo de um táxi, rendeu-lhe o mais longo relato de todo o diário. Seu itinerário é febril, como se estivesse previamente traçado. E, de fato, estava, pois é de novo João do Rio quem nos indica que a peregrinação turística por Lisboa, com o ponto alto na visita ao mausoléu dos Braganças, havia se tornado uma verdadeira obrigação dos brasileiros em visita à Europa.

– Vamos a S. Vicente fora?

> S. Vicente de fora, o convento, cuja igreja foi fundada por D. Afonso Henriques em 1147, logo após a tomada de Lisboa, é um passeio obrigatório do estrangeiro. Mais obrigatório que os museus e tão importante como ir à Batalha e passear o claustro dos Jerônimos. Para o peregrino que seja brasileiro, principalmente. Lá dorme o sono eterno D. Pedro II, último imperador do Brasil. [...] Depois, S. Vicente, meu caro, está agora na moda, está de novo em moda, o que não acontecia desde D. Luiz e a sua morte. Não há quem não queira ver os corpos de D. Carlos e do pobre príncipe herdeiro, tão estupidamente assassinados.[39]

Em Paris, o ar *blasé* de Afonso logo se manifesta, nas suas primeiras impressões sobre a cidade. A Torre Eiffel lhe pareceu "muito menor do que me parecia dever ser", porém seus olhos atentos registraram com encantamento a estatuária espalhada pela cidade, fruto da política de revitalização promovida pelo Segundo Império e início da Terceira República. Napoleão III e seu fiel escudeiro o barão de Haussmann haviam transformado a Paris medieval e estudantil na esplendorosa capital tecnológica do primeiro quartel do século XX.

Os habitantes de Paris, em 1909, já desfrutavam das modernidades do novo século. A cidade convivia com o efervescente mundo de novas ideias e era conhecida como a capital mundial dos aeroplanos, da eletricidade e do metrô – que havia sido inaugurado para a Exposição Universal de 1900. Em 1909, o metropolitano já contava com cinco linhas em operação.

Pioneira no transporte público, Paris mantinha também o título de capital mundial do automóvel, desde a Exposição Universal de 1889, quando um veículo sem tração animal foi exibido ao público, pela primeira vez. Vinte anos depois, a cidade dispunha de várias fábricas de automóveis espalhadas nos subúrbios operários, chamados de "cinturão vermelho". Para quem havia saído da capital paulista, que possuía, em 1909, uma diminuta frota de automóveis, desembarcar em Paris com a família e ter à disposição, na porta de casa, um táxi movido por motor de explosão – ao alcance de uma simples ligação telefônica – deve ter sido uma importante imersão nos tempos modernos. Foi o que aconteceu, já no dia seguinte à chegada ao apartamento da avenida Friedland, um domingo, quando Afonso Taunay e o "primo Murilo" embarcaram em um táxi rumo ao Bois de Boulogne, seguindo o caminho da Champs Élysées.

Não nos enganemos, porém, com essa primeira impressão. Para o esposo da jovem senhora que carregava o sobrenome de uma das famílias mais ricas de São Paulo, a vida do casal em Paris era modesta. Em nenhum momento Afonso anota que o casal almoçou ou jantou fora do apartamento alugado. Ao contrário, nas noites em que o casal não saía para ir à opera, ou ao teatro, recebia parentes, como a prima Chiquinha e filhos, o primo Murilo, o casal Betim, e Victor Taunay – o primo que vivia em Paris, no número 93 da rua de Bac. No registro de Afonso, essa visita se atualiza, repleta de memórias superpostas.

> Recebeu-me o velho primo com grande afetuosidade no seu bom apartamento onde há muitas curiosidades e velharias tais como tapeçarias, antiqualhas de diversas espécies, um cravo do século XVII, quadros, louças, móveis, um *bric à brac* completo.
> Tem muita coisa do Avô; estampas, desenhos, retratos, miniaturas, fotografias, notas, documentos e um grande busto. Fizemos excelente camaradagem e ele falou de modo muito amigo da visita de Papai e Mamãe em 1878.[40]

A partir dessa visita, a pesquisa sobre a obra e a fortuna crítica do pintor Nicolas-Antoine Taunay tornou-se sua principal preocupação, seja nas visitas aos museus, seja nas longas tardes de pesquisa na Biblioteca Nacional. Afonso Taunay esteve em visita ao Museu do Louvre sete vezes durante a estada.

Afonso registrou no caderno vinte visitas aos vários museus da capital francesa, sendo que o Louvre e o Carnavalet mereceram número maior de idas. Ele também visitou, nos arredores de Paris, em Saint-Germain en Laye, o museu de antiguidades galo-romanas. Não deixou de visitar dois museus mundanos que surgiram em Paris, a partir das Exposições Universais de 1889 e 1900: o Museu Grévin (museu de cera) e o Palais de Mirages, este último, adquirido pelo empresário Alfredo Grévin, dono do primeiro. Palais de Mirages continha salas com conjunto de espelhos que deformavam o corpo dos visitantes e era a coqueluche dos visitantes do primeiro decênio, do novo século. Entretanto, nada mais motivou o nosso jovem engenheiro que as visitas às igrejas parisienses. Entre missas e visitas, Afonso anotou a ida a mais de vinte igrejas na cidade, uma vez que sua obsessão sempre foi por túmulos de santos e reis. Em Saint Denis, onde estão enterrados os restos mortais dos reis da França, esteve por duas vezes para apreciar os cenotáfios da imensa catedral.

O *habitus* do parisiense de frequentar os cafés raramente fez parte da rotina de Afonso, tendo sido registrado apenas duas ou três vezes no diário. O máximo de desprendimento com o dinheiro a que o casal se permitia destinava-se a apresentações operísticas, peças teatrais e espetáculos de variedade. Pelo diário nota-se a primorosa educação musical de Afonso Taunay. Ele faz críticas e observações sobre as orquestras e os cantores com profundo conhecimento musical. Também dá pistas de um gosto não convencional na música lírica. Afonso evitou assistir a espetáculos de compositores italianos – os preferidos dos teatros cariocas e paulistas –, preferindo as obras do russo Mussorgski e dos franceses Massenet e Camille Saint-Saëns. O diário atesta também a sua intensa admiração pela obra wagneriana, como podemos perceber ao ler as anotações que fez no diário logo após assistir às apresentações de *Tristão e Isolda* e *Crepúsculo dos Deuses*.

Em sentido distinto, nas preferências teatrais, Afonso revela o seu conservadorismo, preferindo os espetáculos da Comédie Française, do Trocadero, do Palais Royal e do recém-inaugurado teatro do Chatêlet, sempre em companhia de Sara.

Algumas vezes, em companhia de amigos brasileiros, permitiu-se ir a espetáculos não convencionais e dirigidos ao público adulto. Ele menciona pelo menos duas dessas casas que faziam furor internacional e estavam listadas no *Guide des Plaisirs*[41] de Paris, das edições Nilsson. Esses espetáculos eram populares entre os viajantes brasileiros, como narra João do Rio em saborosa crônica descrevendo uma noite boêmia na capital francesa, na estada do cronista, com um grupo de amigos, no início de 1909, percorrendo os *cabarets* de vários gêneros e gostos duvidosos. A noite se inicia com um jantar no sofisticado Maxim's, após o qual o grupo de amigos aluga uma *limousine* para percorrer os *cabarets* de Montmartre. Após um périplo por vários desses *cabarets*, João do Rio satiriza o fascínio dos turistas por esses lugares:

> Em primeiro lugar [os *cabarets*] estão os descendentes de Bruant[42] e estão talhados para inglês ver. São *cabarets* para o assombro dos estrangeiros, assombro verdadeiramente difícil de acabar. Assim há o *cabaret* do Inferno. Tudo naturalmente vermelho, o porteiro vestido de Satanás [...] É crispante de falsidade, é triste e o estrangeiro sai de lá bradando: "Que pândega".[43]

Quanto a Taunay, a primeira escapulida foi no dia 23 de junho, duas semanas após sua chegada, quando decide ir sozinho ao espetáculo do Grand Guignol, teatro especializado em peças de terror. Ele escreve no diário "o espetáculo de Grand Guignol não me impressionou muito; é uma espécie de ducha escocesa de dramas horríveis".[44]

A segunda experiência ocorreu na noite de sábado, dia 3 de julho, quando Afonso e Sara receberam a visita de Pedro Torres, para jantar. Após o café, regado a conversas amenas, Taunay e Pedro saem a pé para andar pelos *boulevards* e assim, como que por acaso, relata Taunay:

> [...] fui parar no Cabaret de l'Enfer, gênero de diversão totalmente imbecil, muito longe das cores com que mo pintava o Adelmar. Verdade é que não estive no Néant devido à má vontade de Pedro. Grande movimento nos bulevares exteriores de *cocottes* de ínfima classe e de indivíduos mal-encarados.[45]

Ainda no tema das diversões, chama a atenção na leitura do caderno de anotações de Afonso a falta de referência às salas de cinema. Afinal, desde a primeira projeção pública, realizada pelos irmãos Lumière, em 28 de dezembro de 1895, com o filme *L'Arrivée d'un Train à la Ciotat*, os diretores franceses marcaram presença na história da sétima arte. Nos primórdios do cinema, final do século XIX e a primeira década do século XX, foram os cineastas franceses como Alice Guy Blaché e Georges Méliès os introdutores de uma narrativa, utilizando a capacidade de gravar imagens em movimento para contar histórias. Em 1909, as salas de cinema parisienses exibiam oito títulos de filmes produzidos pelos estúdios de Georges Méliès, o ilusionista, que inventou os efeitos especiais para os filmes, tal qual conhecemos até hoje.

Na primeira década do século XX, os artistas de Montmartre faziam suas primeiras experiências com o cubismo; o gramofone estava presente nos bares e nos salões de chá e um austríaco estava fazendo palestras e escrevendo sobre os segredos do inconsciente, mas esses temas não estavam entre os interesses do nosso viajante.

Em busca de uma vocação

No dia 11 de julho de 1909, a primeira frase que Afonso anotou no seu caderno foi: "Trinta e três anos! Pouco brilhantes. *Go ahead...*".[46]

Orientado por guias de viagens, revistas especializadas e catálogos de bibliotecas, a viagem a Paris tinha também como meta reinventar a vida e, para tanto, estudar muito. E foi o que ele fez.

A pesquisa se estende também pelos lugares de memória da saga familiar. No dia 8 de agosto, Afonso faz questão de ir com Sara a Montmorency, distante 17 km de Paris, onde, através da narrativa do pai, acreditava terem habitado o pintor e sua família, na mesma casa onde havia morado Jean Jacques Rousseau. De regresso à Paris, Afonso anota: "Vi o *mont* Louis, a casa de J.J. Rousseau agrestes onde também morou o Avô e onde creio haver nascido meu Avô".[47]

O orgulho da linhagem Taunay e, secundariamente, dos Escragnolle, apontando e valorizando a origem nobre ajudará o republicano Afonso d'Escragnolle Taunay a pavimentar seu futuro. Afinal, em seu título de eleitor, em plena República, Afonso colocou como filiação os títulos visconde e viscondessa de Taunay (Imagem 4.1), no lugar do nome de seus pais. Nos 64 dias em que Afonso Taunay narrou a permanência da família em Paris, 15 desses dias ele passou pesquisando na Bibliothèque National de France onde, no dia 28 de julho, fez carteirinha de frequentador, por um semestre, indicando a continuidade de seus estudos.

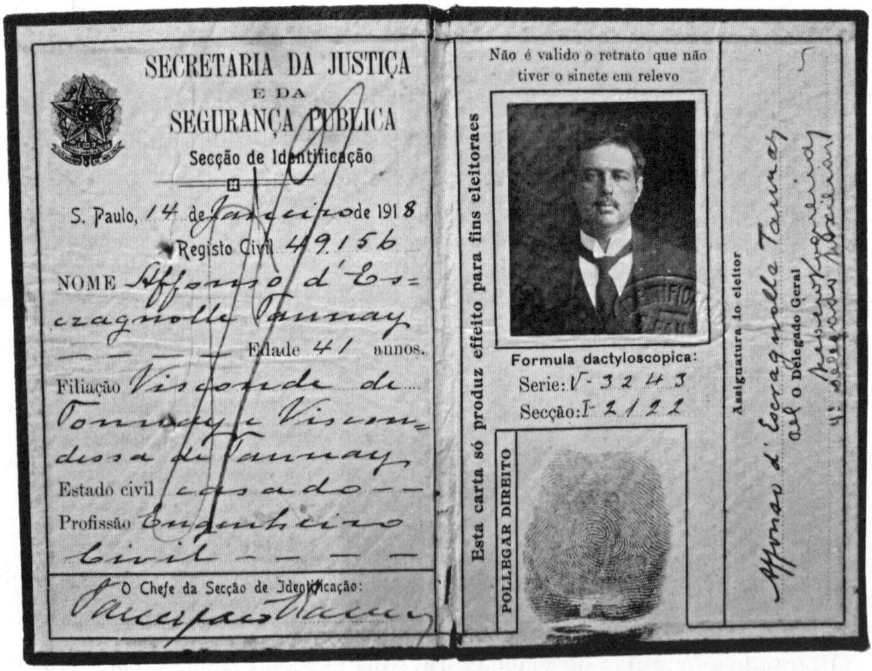

Imagem 4.1 – No título de eleitor da República, Afonso Taunay, aos 41 anos de idade, ainda marcava sua filiação ligada aos titulares do Império: visconde e viscondessa de Taunay. Coleção Família Taunay. SVDHICO – MP – USP. Crédito fotográfico: Marcus Ozores.

Os percursos de um metódico

As narrativas de Afonso no seu caderno de notas – geralmente curtas, pontuais e pessoais – mostram que os momentos que ele reservava para passear com a família por Paris e arredores são poucos e, mesmo assim, têm sempre um objetivo educativo cultural. Apenas quatro vezes ele saiu da cidade: duas vezes foi a Versalhes; uma a Montmorency; outra para Yvelines; e a última ao Havre. Distante da prática do *flâneur*, ele tem sempre um roteiro pré-programado. Nada é por acaso, e Afonso não permitiu deixar-se perder pelas ruas parisienses, ou levar-se pela curiosidade fugaz do olhar, do cheiro, do prazer.

Para entendermos sua circulação pelas calçadas da capital francesa, basta colocar, de um lado, o mapa da cidade de Paris e seus *arrondissements* e, de outro, as anotações do engenheiro, no seu caderno. A circulação de Afonso pela Paris de 1909, então considerada a capital do mundo – na década que antecede a Grande Guerra –, restringe-se aos *arrondissements* centrais em torno do seu apartamento. No entanto, esse apartamento estava situado a apenas 800 metros de um dos mais belos parques da cidade, o Parc Monceau, no qual esteve apenas uma vez, de acordo com seus apontamentos. Nas vizinhanças do Parc Monceau moravam, nesse ano 1909, três nomes importantes da literatura e da música francesa. No número 93 da rue de Courcelles, morava Collete, a escritora vanguardista, que nesse mesmo ano se separou do marido – o crítico e escritor Henry Gauthier-Villars, a quem ela acusava de mantê-la em cárcere privado, obrigando-a a escrever 16 horas por dia, produzindo um grande escândalo jornalístico. No número 45 dessa mesma rua, Marcel Proust morou e, em 1909, aquele que viria a ser o mais importante memorialista do século sobrevivia escrevendo artigos, sobre a vida mundana dos parisienses, nas páginas do *Le Figaro*. No número 83, da mesma rua, residia o compositor de *Carnaval dos Animais*, Camille Saint-Saëns.

Tampouco interessou a Afonso visitar os outros dois imensos parques, construídos durante a remodelação da cidade pelo governo do Napoleão III, com a direção artística do barão de Hausmann: Parc de Montsouris e Parc des Buttes Chaumont.

Não obstante, nosso narrador é dotado de uma atividade incansável. Por exemplo, no dia 13 de agosto, Afonso havia regressado da viagem de uma noite e um dia à cidade de Rouen e ao Havre, e vamos encontrá-lo na manhã do sábado, dia 14, na Sorbonne para assistir ao concurso de *agrégation* da cadeira de história e geografia. Ele ainda encontra um tempo para rezar na capela de Richelieu, localizada na entrada da universidade, e compra um postal com a imagem do crânio do ministro de Luís XIII.

Dois dias depois, a família d'Escragnolle Taunay embarcava num trem, em direção à Suíça. Eram férias familiares que durariam 33 dias para fugir do calor escaldante do verão parisiense, para os quais Afonso havia comprado guias turísticos, numa de suas saídas para *bouquiner*,[48] como tinha por hábito anotar no diário. As férias incluíam visitas a mais três países, Suíça, Itália e Alemanha.

Durante esses dias, viajando de trem, Afonso, além dos passeios pelos cumes mais altos das montanhas da Suíça, aproveita o tempo livre para visitar oito museus distribuídos pelos três países que visitou; visitar a escola Politécnica de Zurique – que estava fechada; assistir a um concerto de órgão, na Catedral de Genebra; visitar a Academia de Ciências, em Turim, localizada no antigo colégio dos jesuítas; e ir à missa, visitar igrejas e cenotáfios, num total de 14 vezes.

No penúltimo dia de aventuras anotadas no diário, em 15 de setembro, Afonso relata sua visita à Exposição Internacional Aeronáutica de Frankfurt. A conquista do ar pelo homem sempre foi grande paixão das pesquisas de Afonso, ao longo da vida. Como observa o historiador Odilon Nogueira de Matos: "Afonso apaixona-se pelos assuntos de que tratava [...] como ter escrito dois livros sobre Bartolomeu de Gusmão [...] o nosso Padre Voador".[49]

O diário de Taunay termina incompleto pouco tempo depois, no 113º dia de viagem, dia 15 de setembro de 1909, depois de terem percorrido quase toda a Europa – da Itália aos Alpes suíços, passando pela Alemanha. Taunay viajou modernamente durante a *Belle Époque*, um período de estabelecimento de um tipo de viagem que estava para desaparecer. Deduz-se que a família está em Weisbaden, Alemanha. Taunay vê diferentes atrações – pinturas, zoológicos, uma exposição de uma tribo africana –, e seu olhar de engenheiro foca nos zepelins e aeroplanos.

À noite, ao chegar ao quarto do hotel, anotou:

> Passei o resto do dia no parque de AH, na exposição nacional de aeratação, onde pude apreciar de muito perto as manobras do *Zeppelin* que leva a bordo 20 passageiros. Interessantíssima essa exposição, muito documentada na parte

> retrospectiva e histórica, completa no que se refere a todas as minúcias da navegação aérea, atualmente. Visitei os hangares de diversos balões, dirigíveis e os aeroplanos de vários sistemas. Entre os quais um de Blériot.[50]

Usufruindo de seu tempo de aprendizagem em Paris, Taunay, o engenheiro, atravessou o Atlântico de navio e pôde olhar para o futuro, prenunciado por balões, zepelins e aviões. O que Taunay via com olhos brilhantes no futuro, no entanto, duraria pouco. Um novo tempo se avizinhava, e os mares se esvaziariam das embarcações repletas de viajantes civis ávidos pelo conhecimento para dar lugar aos combatentes dos navios de guerra.

A história do Orcoma reflete esses tempos conturbados. Em 1912, o Titanic naufragou, representando o fim das grandes travessias oceânicas em navios luxuosos.[51] Pouco depois, o Orcoma, em 1914, foi requisitado para ações de patrulha militares da Primeira Guerra Mundial. Era o fim de uma época.

A estada de Afonso d'Escragnolle Taunay em Paris foi o tempo necessário para que o jovem engenheiro apressasse o processo adiantado de metamorfose, pelo qual, em seu casulo de estudo na estada parisiense, o engenheiro se transformaria em historiador.

Mas devemos reconhecer que, como *flâneur*, ele estava bem distante de seu conterrâneo carioca, o João do Rio, um experiente doutor na arte de flanar, com seu olhar múltiplo, capaz de capturar em suas crônicas a incrível diversidade da cidade.

> A rua! Que é a rua?
> Um cançonetista de Montmartre fá-la dizer:
> *Je suis la rue, femme êternellement verte,*
> *Je n'ai jamais trouvé d'autre carrière ouverte*
> *Sinon d'être la rue, et, de tout temps, depuis*
> *Que ce pénible monde est monde, je la suis.*[52]

Notas

1 Na escrita deste capítulo, particularmente em sua segunda parte, foram incorporadas muitas das percepções e sugestões de Marcus Vinicius Ozores, com seu olhar de *flâneur* fotógrafo, pelas quais sou grata.

2 Todorov, 2006.

3 Lisboa, 1997, p. 35.

4 Sobre a associação de viagens e saúde, ver Sandoval-Strausz, 2007; e Flandrin & Montanari, 1998 (cap. 1, 42, 45).

5 Sobre a associação de hotéis e restaurantes, ver Spang, 2003.

6 Veblen, 1983.

7 James, 2008.

8 Sobre o tema, ver Lima & Carvalho, 2009. Ver também Cardoso, 2009; Garcia, 2011.

9 Ver <https://www.chilecollector.com/archwebhist/archwebmaritmas/transportes_maritimos.html>. Acesso em 8/5/2023.

10 Sobre viagens de luxo e distinção social, ver o já citado Veblen, 1983; e também Ortiz, 2019.

11 Para a narrativa de viagens, ver "The Literature of Travel", 1700-1900. *The Cambridge History of English and American Literature (1907-1921)*; e Todorov, 2006.

12 Hibbert, 1969.

13 Salgueiro, 2002.

14 Siqueira, 2013.

15 Monteleone, 2015, p. 103.

16 Taunay. *Viagem pelo Orcoma...*, 26 de maio de 1909.

17 *Idem*, 12 de junho de 1909.

18 *Idem*, 16 de junho de 1909.

19 *Idem, ibidem.*

20 Sobre os guias de viagem para a Suíça, ver Raffestin, 2002.

21 Hibbert, 1969.

22 Taunay. Viagem pelo Orcoma..., 1º de agosto de 1909.

23 *Idem*, 23 de agosto de 1909.

24 *Idem*, 29 de agosto de 1909.

25 Barbuy, 2006. Ver em especial o capítulo "Usos da cidade" e o subitem: "Hotéis e restaurantes: novas formas de sociabilidade", que começa na p. 92.

26 Para a história de John Murray II, ver *The origens and history of the John Murray's handbook for travelers*. Disponível em <https://archive.org/stream/johnmurrayiii18000murriala#page/38/mode/2up>. Acesso em 22/6/2020.

27 Taunay. *Viagem pelo Orcoma...*, 28 de junho de 1909.

28 *Idem*, 29 de agosto de 1909.

29 Para consultar o mapa no *Guia Baedeker* mostrando a rota de Estrasburgo a Mainz, conferir <https://gallica.bnf.fr/ark:/12148/btv1b10223400c/f1.item.r=Baedecker,%20Karl.zoom>. Acesso em 8/5/2023. Para o *Guia Joanne*, utilizado por Taunay nos arredores de Paris, consultar <https://gallica.bnf.fr/ark:/12148/bpt6k6492507w/f125.item>. Acesso em 8/5/2023.

30 Taunay. *Viagem pelo Orcoma...*, 12 de agosto de 1909.

31 *Gazeta de Notícias*, Rio de Janeiro, 8 nov. 1908. Disponível em <http://memoria.bn.br/DocReader/DocReader.aspx?bib=103730_04&pagfis=18603>. Acesso em 8/5/2023. Na França, o jornal *Navigazette*, 3 set. 1908, publicou uma reportagem de oito colunas na capa falando maravilhas sobre o Orcoma. Ver em <https://gallica.bnf.fr/ark:/12148/bpt6k5524592z.r=orcoma?rk=21459;2>. Acesso em 8/5/2023.

32 Taunay. *Viagem pelo Orcoma...*, 27 de maio de 1909.

33 Anhezini, 2012 (cap. 1).

34 Ver V. Taunay, 2008, pp. 103-167.

35 Trechos da carta do pai enviada ao jovem Afonso Taunay, conferir Ellis & Horch, 1977, p. 11.

36 *Idem*, pp. 11-13.

37 *Idem*, p. 37.

38 *Vide* <http://memoria.bn.br/docreader/DocReader.aspx?bib=103730_04&pagfis=18975>. Acesso em 15/3/2022.

39 Artigo de João do Rio, pseudônimo de João Paulo Emílio Cristóvão dos Santos Coelho Barreto, publicado no jornal *Gazeta de Notícias*, do Rio de Janeiro, em 22 dez. 1909. Disponível em <http://memoria.bn.br/docreader/DocReader.aspx?bib=103730_04&pagfis=21793>. Acesso em 15/3/2022.

40 Taunay. *Viagem pelo Orcoma...*, 15 de junho e 11 de julho de 1909.

41 *Guide des Plaisirs à Paris*, 1909. Disponível em <https://gallica.bnf.fr/ark:/12148/bpt6k932174b/f2.item>. Acesso em 8/5/2023.

42 Aristide Bruant foi cantor de cabaré, comediante e dono de boate. Ele é mais conhecido como o homem de lenço vermelho e capa preta em alguns pôsteres famosos de Henri de Toulouse-Lautrec. Ele também foi considerado o criador do gênero musical *chanson réaliste*.

43 João do Rio, artigo publicado no jornal *Gazeta de Notícias*, 30 abr. 1909. Disponível em <http://memoria.bn.br/docreader/DocReader.aspx?bib=103730_04&pagfis=19795>. Acesso em 8/5/2023.

44 Taunay. *Viagem pelo Orcoma...*, 9 e 23 de junho de 1909.

45 *Idem*, *ibidem*.

46 *Idem*, 9 de junho e 11 de julho de 1909.

47 *Idem*, 8 de agosto de 1909.

48 Vendedores de livros usados, gravuras e estampas. *Vide* Praça da Bastilha. Fotografia de Eugène Atget. 1910-1912. Disponível em <https://gallica.bnf.fr/ark:/12148/btv1b105069852.r=bouquiniste?rk=64378;0>. Acesso em 8/5/2023.

49 Matos, 1977, p. 44.

50 Taunay. *Viagem pelo Orcoma...*, 15 de setembro de 1909. A travessia do canal da Mancha por Louis Blériot em agosto de 1909 foi representada no *Le Petit Jornal*, 1909. Disponível em <https://gallica.bnf.fr/ark:/12148/bpt6k716864c.item>. Acesso em 8/5/2023.

51 *Idem*.

52 Barreto, 1909, p. 1. "Eu sou a rua, mulher eternamente verde,/Eu nunca encontrei outra carreira aberta/Que não seja a de ser a rua, e desde sempre eu assim sou,/desde que esse doloroso mundo é mundo."

REFERÊNCIAS BIBLIOGRÁFICAS

AGULHON, Maurice. "La 'statuomanie' et l'histoire". *Histoire vagabonde. Ethnologie et politique dans la France contemporaine.* Paris, Éditions Gallimard, 1988.

ALMEIDA, Bernardo Domingos de. "Portal da antiga Academia Imperial de Belas Artes: a entrada do Neoclassicismo no Brasil". *19&20.* Rio de Janeiro, vol. III, n. 1, jan. 2008.

ALPHAND, A. *Les promenades de Paris: histoire, description des embellissements, dépenses de création et d'entretien des Bois de Boulogne et de Vincennes, Champs-Elysées, parcs, squares, boulevards, places plantées: étude sur l'art des jardins et arboretum par A. Alphand. Planches.* Paris, Rothschild, s/d.

ALVES, Fabíola Cristina. "Olhando o passado no Palácio Tiradentes: um retrato coletivo da autoridade republicana disfarçada de esperança". *Anais* do Museu Paulista. São Paulo, vol. 27, 2019, pp. 1-24.

ANHEZINI, Karina. "O Museu Paulista e trocas intelectuais na escrita da história de Afonso de Taunay". *Anais* do Museu Paulista. São Paulo, vol. 10-11, 2002--2003, pp. 37-60.

____. "Correspondência e escrita da história na trajetória intelectual de Afonso Taunay". *Estudos Históricos.* Rio de Janeiro, n. 32, 2003, pp. 51-70.

____. *Um metódico à brasileira: a história da historiografia de Afonso de Taunay (1911--1939).* São Paulo, Editora da Unesp, 2012.

ARTFEUIL. *Histoire heroique de la noblesse de Provence.* Avignon, Vve. Girard, 1757. Disponível em <https://gallica.bnf.fr/ark:/12148/bpt6k55003022.texteImage>. Acesso em 12/3/2022.

BARBOSA, Rui. "Le premier playdoyer pour Dreyfus". Carta de Londres, publicada em 3 fev. 1895. *Jornal do Commercio do Rio de Janeiro.* Rio de Janeiro, Laemmert, 1899.

BARBOSA, Thalita Moreira. *A elite no exílio. A colônia brasileira de Paris (1889 a 1928).* Juiz de Fora, Universidade Federal de Juiz de Fora, 2019 (Dissertação de mestrado).

BARBUY, Heloísa. *A cidade-exposição.* São Paulo, Edusp, 2006.

BARRETO, Paulo. *A alma encantadora das ruas.* 1909 (Edição digital da Fundação Biblioteca Nacional de obra de direito público).

BÉNÉDITE, Léonce. *La peinture au XIXème siècle d'après les chefs-d'oeuvre des maîtres et les meilleurs tableaux des principaux artistes.* Paris, Ernest Flammarion, s/d. [1909].

BÉRAUD, Antony. *Annales* de l'École Française des Beaux-Arts. Recueil de gravures au trait, d'après les principales Productions exposées périodiquement au salon du Louvre par les artistes vivans; Les prix remportés aux différens concours; Les Productions des élèves de l'école Française a Rome; Les monuments de sculpture et grands travaux d'architecture qui s'exécutent, etc.; Avec des notices historiques et critiques, des considérations sur l'état et les progress des arts; la biographie des artistes dont la France déplore chaque année la perte, etc., etc. par Antony Béraud, et une Société d'artistes et d'hommes de Lettres. Pour servir de suite et de complément aux Salons de 1808 a 1824. Paris, Publiés par Feu C. P. Landon, 1827.

BERTRAND, Gilles (dir.). *La culture du voyage. Pratiques et discours de la Renaissance à l'aube du XXe siècle.* Paris, L'Harmattan/Crhipa, 2004.

BOREL D'HAUTERIVE, André-François-Joseph. *Annuaire de la noblesse de France et des maisons souveraines d'Europe.* Paris, Dentu, 1864. Disponível em <https://gallica.bnf.fr/ark:/12148/bpt6k36592w>. Acesso em 12/3/2022.

BREFE, Ana Cláudia Fonseca. *Anais* do Museu Paulista, vol. 10-11, n. 1, 2003, pp. 79-103. Disponível em <https://doi.org/10.1590/S0101-47142003000100006>. Acesso em 15/5/2023.

BREFE, Ana Cláudia Fonseca. *O Museu Paulista. Afonso Taunay e a memória nacional. 1917-1945.* São Paulo, Editora da Unesp/Museu Paulista, 2005.

BROCA, Paulo. *Instructions générales pour les recherches anthropologiques à faire sur le vivant.* 2. ed. Paris, G. Masson, 1879. Disponível em <https://gallica.bnf.fr/ark:/12148/bpt6k763956.texteImage>. Acesso em 12/3/2022.

CARDOSO, Ciro F. & VAINFAS, Ronaldo. "História e análise de textos". *Domínios da História. Ensaios de teoria e metodologia.* Rio de Janeiro, Campus, 1997.

CARDOSO, Rafael. *Impresso no Brasil, 1808-1930. Destaques da história gráfica no Acervo da Biblioteca Nacional.* Rio de Janeiro, Verso, 2009.

"CARTA DE D. PEDRO DE ALCÂNTARA A ALFREDO D'ESCRAGNOLLE TAUNAY". Versalhes, 29 maio 1891. *Revista do Instituto Histórico e Geographico Brasileiro*, tomo LXXV, 1912.

CARVALHO, Vânia Carneiro de & LIMA, Solange Ferraz de. "São Paulo antigo, uma encomenda da modernidade: as fotografias de Militão nas pinturas do Museu Paulista". *Anais* do Museu Paulista. São Paulo, n. 1, 1993, pp. 147-178.

CÉSAR, G. *Historiadores e críticos do Romantismo – 1: a contribuição europeia, crítica e história literária*. Rio de Janeiro/São Paulo, LTC/USP, 1978.

CHARLES, Christophe. *A gênese da sociedade do espetáculo: teatro em Paris, Berlim, Londres e Viena*. São Paulo, Companhia das Letras, 2012.

CHAUDONNERET, Marie-Claude. *L'État & les artistes. De la Restauration à la monarchie de juillet (1815-1833)*. Paris, Flammarion, 1999.

CHRISTO, Maraliz de Castro Vieira. "Bandeirantes na contramão da história". *Projeto história*. São Paulo, PUC-SP, 2005.

COLLECTION DE CARTES POSTALES CLASSÉES MÉTHODIQUEMENT POUR L'ENSEIGNEMENT DE LA GÉOGRAPHIE. Paris, F. Nathan, s/d. [1928]. Disponível em <https://gallica.bnf.fr/ark:/12148/btv1b84701o8n/f45.item>. Acesso em 2/5/2023.

CONSOLIM, Marcia Cristina. *Georges Dumas: psicólogo e embaixador cultural no Brasil*, texto apresentado no GT23 – Pensamento Social no Brasil, no 41º Encontro Anual da Anpocs, 2017.

CORRÊA DO LAGO, Pedro. *Taunay e o Brasil. Obra completa (1816-1821)*. Rio de Janeiro, Capivara, 2009.

COSTA, Wilma Peres. "Escavando ruínas: memória, fronteira e escrita da história na narrativa de Alfredo Taunay". *História da historiografia: International Journal of Theory and History of Historiography*, vol. 9, n. 22, 31 jan. 2017.

_____. "Taunay, Taunays: territórios, imaginários e escrita da nação". *In:* BAREL, Ana Beatriz Demarchi & COSTA, Wilma Peres. *Cultura e poder entre Império e a República*. São Paulo, Alameda, 2018.

_____. "Uma viagem de retorno traçando caminhos: o ingresso de Alfredo Taunay no IHGB". *Revista do IHGB*. Rio de Janeiro, a. 181, vol. 482, n. 161-202, jan.-abr. 2020.

COUTY, Louis; TAUNAY, Luiz Goffredo D'Escragnolle & TELLES, Augusto Carlos da Silva. "Propaganda na Europa do mate, do café e da carne seca". *Relatório apresentado ao Conselheiro José Antonio Saraiva. Ministro e secretário de estado dos Negócios da Fazenda e interino da Agricultura, Comércio e Obras Públicas*. Anexo ao relatório do Ministério da Agricultura, 1881.

CUNHA, Maria Teresa Sousa. "Diários pessoais: territórios abertos para a história". *In*: PINSKY, Carla Bassanezi & LUCA, Tânia Regina. *O historiador e suas fontes*. São Paulo, Contexto, 2009.

DAYOT, Armand (dir.). *Le musée du Louvre*. Paris, P. Lafitte & Cie, 1912. Disponível em <https://gallica.bnf.fr/ark:/12148/bpt6k62325263/f135.image.texteImage>. Acesso em 12/3/2022.

DAZZI, Camila. *Pôr em prática a reforma da antiga Academia: a concepção e a implantação da reforma que instituiu a Escola de Belas Artes em 1890*. Rio de Janeiro, Universidade Federal do Rio de Janeiro, 2011 (Tese de doutorado).

DENIS, Pierre. *O Brasil no século XX*. Lisboa, J. Bastos, 1909.

DIAS, Elaine. "Correspondências entre Joachim Le Breton e a corte portuguesa na Europa. O nascimento da Missão Artística de 1816". *Anais* do Museu Paulista. São Paulo, vol. 14, n. 2, dez. 2006, pp. 301-313.

_____. *Paisagem e Academia. Félix-Émile Taunay e o Brasil (1824-1851)*. Campinas, Editora da Unicamp, 2009.

_____. "Arte e Academia entre política e natureza". *In:* BARCINSKI, Fabiana Werneck (org.). *Sobre a arte brasileira: da pré-história aos anos 1960*. São Paulo, Edições Sesc/WMF Martins Fontes, 2014.

ELLIS, Myriam & HORCH, Rosemarie Erika. *Afonso d'Escragnolle Taunay no centenário do seu nascimento*. Secretaria da Cultura, Ciência e Tecnologia, n. 32, 1977 (Coleção Textos e Documentos).

ESPINOZA, Julio Bañados. *Balmaceda, su gobierno y la revolución de 1891*. Santiago, Centro de Estudios Bicentenario, 2005.

FERREIRA, Liliane Carneiro dos Santos. *Cenários da ópera na imprensa carioca: cultura, processo civilizador e sociedade na Belle Époque (1889-1914)*. Brasília, Universidade de Brasília, 2017 (Tese de doutorado).

FERREIRA, Marie-Jo. "A modernidade política no Brasil, fator de crise nas relações luso-brasileiras". *In*: REIS, Daniel A. & ROLLAND, Denis. *Intelectuais e modernidades*. Rio de Janeiro, Editora FGV, 2010.

FERRO, Manuel. "Notas de viagem de um brasileiro entre o Inferno e o Paraíso ('Contornos de Nápoles')". *In:* BAREL, Ana Beatriz Demarchi (org.). *Nitheroy, Revista Brasiliense: Sciencias, Lettras e Artes*. Coimbra, Edições Minerva, 2006.

FICHER, Sylvia. *Os arquitetos da Poli: ensino e profissão em São Paulo*. São Paulo, Edusp, 2005.

FIGUEIRÔA, Silvia F. de M. "Os irmãos [Paes] Leme: Luiz (1881-1943) e Alberto (1883-1938) Betim Paes Leme, engenheiros nas primeiras décadas do século

XX". *In*: HEIZER, Alda & VIDEIRA, Antonio Augusto Passos (org.). *Ciência, civilização e república nos trópicos*. Rio de Janeiro, Mauad X/FAPERJ, 2010.

FLANDRIN, Jean-Louis & MONTANARI, Massimo. *História da alimentação*. São Paulo, Estação Liberdade, 1998.

FRANCO, Stella Maris Scatena. *Peregrinas de outrora: viajantes latino-americanas no século XIX*. Florianópolis, Mulheres, 2008a.

____. "Uma dama argentina em terras *yankees:* os *Recuerdos de viaje*, de Eduarda Mansilla". *Rev. Estud. Fem*, vol. 16, n. 3, 2008b, pp. 1.073-1.092.

FUNDAÇÃO ALEXANDRE DE GUSMÃO. *Centro de história e Documentação Diplomática. O Brasil e as origens da União Latina*. Brasília, Funag, 2002. Disponível em <https://ptdocz.com/doc/51468/o-brasil-e-as-origens-da-uniao-latina.pmd>. Acesso em 23/1/2021.

FUNDAÇÃO CASA DE RUI BARBOSA. *Bibliografia sobre a Campanha Civilista*. Rio de Janeiro, FCRB, 1981.

GARCIA, Luis Albuquerque. "El 'relato de viajes': hitos y formas em la evolución del género". *Revista de Literatura*, vol. LXXIII, n. 145, enero-jun. 2011.

GERARD, Alexandre. *Lettres adressées au baron François Gérard, peintre d'histoire, par les artistes et les personnages célèbres de son temps*, vol. 2. 2. ed. Paris, 1886.

GINZBURG, Carlo. "Sinais: raízes de um paradigma indiciário". *Mitos, emblemas, sinais: morfologia e história*. São Paulo, Companhia das Letras, 1990.

GOMES, Ângela de Castro. *Escrita de si, escrita da história*. São Paulo, FGV, 2004.

GRANGER, Catherine. *L'empereur et les arts: la liste civile de Napoleon III*. Paris, École National de Chartes, 2005.

GUIMARÃES, Lucia M. P. "A transferência da Corte Portuguesa para o Brasil: interpretações e linhagens historiográficas". *In*: MARTINS, Ismênia & MOTA, Márcia. *1808. A Corte no Brasil*. Niterói, Eduff, 2008.

____. "D. Pedro II em Portugal (1871-1872): memória e história". *Revista do IHGB*. Rio de Janeiro, n. 469, out.-dez. 2015, pp. 103-104.

____. "A coleção de cardápios do Instituto Histórico e Geográfico Brasileiro: impressos efêmeros como fontes para os estudos sobre história política e sociabilidade". *Transversos: Revista de História*. Rio de Janeiro, vol. 7, n. 7, set. 2016, pp. 185-202.

HEMINGWAY, Ernest. *Paris é uma festa*. 27. ed. Trad. Ênio Silveira. Rio de Janeiro, Bertrand Brasil, 2013.

HIBBERT, Christopher. *The Grand Tour*. Nova York, G. P. Putmam's Son, 1969.

HOLLOWAY, Thomas H. *Vida e morte do Convênio de Taubaté: a primeira valorização do café*. Rio de Janeiro, Paz e Terra, 1978.

HUENEN, Roland Le. *Le récit de voyage: l'entrée en littérature. Études Littéraires*, vol. 20, n. 1, printemps-été, 1987.

JAMES, Kenneth. *Escoffier: o rei dos* chefs. São Paulo, Senac, 2008.

JUNQUEIRA, Mary Anne. "Elementos para uma discussão metodológica dos relatos de viagem como fonte para o historiador". *In*: JUNQUEIRA, Mary Anne & FRANCO, Stella Maris Scatena (org.). *Cadernos de Seminários de Pesquisa*, vol. 2. São Paulo, Departamento de História da Faculdade de Filosofia, Letras e Ciências Humanas. Universidade de São Paulo/Humanitas, 2011.

LABAT, Gustave. *Étude à propôs de l'exposition aux Tuilleries des cent portraits de femmes des Écoles Anglaise et Françaises du XVIII siècle*. Bordeaux, G. Gounoulhau, 1910.

LAMBERT, R. S. (ed.). *Grand Tour. A journey in the tracks of the aristocracy*. Londres, Faer and Faber Limited, 1935.

LANGLOIS, Charles-Victor & SEIGNOBOS, Charles. *Introduction aux études historiques*. Paris, Librairie Hachette, 1898.

LEBRUN-JOUVE, Claudine. *Nicolas-Antoine Taunay. 1755-1830*. Paris, Arthena, 2003.

LETOURNEUX, Matthieu. "The magician's box of tricks: Fantômas, popular literature and spectacular imagination". *In:* GABRIELE, Alberto (ed.). *Sensacionalism and genealogy of modernity. A global nineteenth century perspective*. New York, Palgrave – Macmillan, 2017.

LIMA, Manuel de Oliveira. *D. João VI no Brasil*. 4. ed. Rio de Janeiro, Topbooks, 2006 [1908].

LIMA, Solange Ferraz. "Pátio do Colégio, Largo do Palácio". *Anais* do Museu Paulista: história e cultura material, vol. 6-7, n. 1, 1999, pp. 61-82.

LIMA, Solange Ferraz & CARVALHO, Vânia Carneiro de. "Fotografias: usos sociais e historiográficos". *In:* LUCA, Tânia Regina de & PINSKY, Carla Bassenezi (org.). *O historiador e suas fontes*, vol. 1. São Paulo, Contexto, 2009.

LIMA JUNIOR, Carlos Rogerio. *Um artista às margens do Ipiranga: Oscar Pereira da Silva, o Museu Paulista e a reelaboração do passado nacional*. São Paulo, Instituto de Estudos Brasileiros da USP, 2015 (Dissertação de mestrado).

______. "Salão de Honra do Museu Paulista: projetos e narrativas". *In:* PICCOLI, Valéria & PITTA, Fernanda (org.). *Coleções em diálogo: Museu Paulista e Pinacoteca de São Paulo*, vol. 1. São Paulo, Pinacoteca do Estado de São Paulo, 2016, pp. 121-144.

LIMA JUNIOR, Carlos Rogerio. "A difícil arte de negociar: Afonso Taunay e a contratação dos pintores para o Museu Paulista em tempos de Centenário". *In:* CINTRA, Jorge; SCHNEIDER, Alberto Luiz & BEIER, José Rogério. *Affonso Taunay e o Museu Paulista: um projeto de memória (1917-1945)*. Jundiaí, Paco Editorial, 2021.

____. "'A Festa de Pedro I sem Pedro I': os bastidores do Centenário da Independência em São Paulo". *In*: SCHIAVINATTO, Iara Lis (org.). *Independências, memória e fabricação das imagens*. São Paulo, Alameda, 2023.

LIMA JUNIOR, Carlos Rogerio & NERY, Pedro. "Do 'campônio paulista' aos 'homens da Independência': interpretações em disputa pelo passado nacional no Salão de Honra do Museu Paulista". *Anais* do Museu Paulista: história e cultura material, vol. 27, 2019, pp. 1-47.

LISBOA, Karen Macknow. *A Nova Atlântida de Spix e Martius: natureza e civilização na Viagem pelo Brasil (1817-1820)*. São Paulo, Hucitec, 1997.

LOTI, Pierre. *La mort de Philae*. Paris, Calmann-Lévy, 1908.

MAGALDI, Cristina. "Cosmopolitanism and World Music in Rio de Janeiro at the Turn of the Twentieth Century". *The Musical Quaterly*, vol. 92, n. 3, 2009, pp. 329-364.

MARINS, Paulo César Garcez. "Nas matas com pose de reis: a representação de bandeirantes e a tradição da retratística monárquica europeia". *Revista do Instituto de Estudos Brasileiros da USP*, n. 44, 2007, pp. 77-104.

____. "O museu da paz: sobre a pintura histórica no Museu Paulista durante a gestão Taunay". *In:* OLIVEIRA, Cecília Helena de Salles (org.). *O Museu Paulista e a gestão de Afonso Taunay: escrita da história e historiografia, séculos XIX e XX*. São Paulo, Museu Paulista da Universidade de São Paulo, 2017.

MATOS, Odilon Nogueira de. *Afonso de Taunay historiador de São Paulo e do Brasil – perfil biográfico e ensaio bibliográfico*, vol. 1. São Paulo, 1977 (Coleção Museu Paulista, série Ensaios).

MATTOS, Claudia Valladão de. "Da palavra à imagem. Sobre o programa decorativo de Afonso Taunay para o Museu Paulista". *Anais* do Museu Paulista. São Paulo, vol. 6-7, n. 1, 1999, pp. 123-145.

MAUPASSANT, Guy de. "Sur l'eau". *Tous les récits des voyages de Guy de Maupassant: Au soleil – Sur l'eau- La vie errant*. Google Books, E-artnow, 2015 [1888].

MONTEIRO, Tobias do Rego. *Presidente Campos Salles na Europa*. Rio de Janeiro, F. Brigniet, 1928.

MONTELEONE, Joana. *Sabores urbanos: alimentação, sociabilidade e consumo. São Paulo 1828-1910*. São Paulo, Alameda Casa Editorial, 2015.

MONTELEONE, Joana. *Toda comida tem uma história*. Rio de Janeiro, Oficina Raquel, 2017.

NABUCO, Joaquim. *Balmaceda*. Rio de Janeiro, Typ. Leuzinger, 1895.

NEEDELL, J. *A Tropical Belle Époque: Elite Culture and Society in Turn-of-the-Century Rio de Janeiro*. Cambridge, Cambridge University Press, 1987.

NOGUEIRA, José Carlos de Ataliba. "Centenário de nascimento do professor Dr. José Mariano Correia de Camargo Aranha". *Revista da Faculdade de Direito, Universidade de São Paulo*, vol. 63, 1967, pp. 7-25.

OBES, Carlos María Gelly y & GARCÍA-MANSILLA, Daniel. *Los diplomáticos*, n. 22. Buenos Aires, Consejo Argentino para las Relaciones Internacionales, 2004. Disponível em <http://www.cari.org.ar/pdf/diplomaticos22.pdf>. Acesso em 12/3/2022.

OLIVEIRA, Cecilia Helena de Salles. *O espetáculo do Ipiranga. Mediações entre história e memória*. São Paulo, Museu Paulista da USP, 1999 (Tese de livre--docência).

____. "Retrato ficcional e implicações historiográficas: a figura de Gonçalves Ledo na decoração interna do Museu Paulista". *In*: OLIVEIRA, Cecilia Helena de Salles (org.). *O Museu Paulista e a gestão de Afonso Taunay: escrita da história e historiografia, séculos XIX e XX*. São Paulo, Museu Paulista da Universidade de São Paulo, 2017.

ORTIZ, Renato. *O universo do luxo*. São Paulo, Alameda Casa Editorial, 2019.

PARETTO, V. *Nouvelles lettres (1870-1923)*. Paris, Librairie Droz, 2001.

PARK, Chang H. *Nerval, écrivain voyageur: une nouvelle forme de voyage littéraire*. Paris, Nanterre La Défense/Univeristé Paris Ouest, 2012 (Tese de doutorado).

PEDROSA, Mário. "Da missão francesa: seus obstáculos políticos". *In:* ARANTES, Otília (org.). *Acadêmicos e modernos. Textos escolhidos*, vol. III. São Paulo, Edusp, 1998.

PENESCO, Anne. *Mounet-Souly et la partition intérieure*. Lyon, Presses Univ. de Lyon, 2000.

PEREIRA, Sonia Gomes. *Arte, ensino e academia. Estudos e ensaios sobre a Academia de Belas Artes do Rio de Janeiro*. Rio de Janeiro, Mauad X/Faperj, 2016.

PETITJEAN, Patrick. "Le Groupement des universités et grandes écoles de France pour les relations avec l'Amérique Latine, et la création d'instituts à Rio, São Paulo et Buenos Aires (1907/1940)". *In:* D'AMBROSIO, Ubiratan. *Anais* do 2º Congresso Latino-Americano de História da Ciência e da Tecnologia. São Paulo, Nova Stella, 1989.

PIERRON, Agnès. *Le Grand Guignol: le théâtre des peurs de la belle époque*. Paris, Robert Laffont, 1999.

PLUMAUZILLE, Clyde. Le "marché aux putains": économies sexuelles et dynamiques spatiales du Palais-Royal dans le Paris révolutionnaire. *Genre, Sexualité et Société*, 10, automne, 2013.

PORCHAT, Reynaldo. *Da retroactividade das leis civis*. São Paulo, Duprat, 1909.

PORTO-ALEGRE, Manuel de Araújo. "Contornos de Nápoles. Fragmentos das notas da viagem de um artista". *Nitheroy, Revista Brasiliense: Sciencias, Lettras e Artes*. Paris, Dauvin et Fontaine Libraires, n. 2, tomo 1, 1836, pp. 161-213.

QUEIROS, Suely Robles Reis. *Os radicais da República*. São Paulo, Brasiliense, 1986.

QUINCY, Antoine Quatremère de. *Encyclopédie méthodique. Architecture*. Paris, Panckoucke, 1788-1825. Disponível em <https://gallica.bnf.fr/ark:/12148/bpt6k85718t.image>. Acesso em 12/3/2022.

RAFFAËLLI, Jean-François. *Les promenades d'un artiste au Musée du Louvre*. Paris, Bibliothèque des "Annales politiques et littéraires", 1908. Disponível em <https://gallica.bnf.fr/ark:/12148/bpt6k96674437>. Acesso em 12/3/2022.

RAFFESTIN, Sven. "Le manuel du voyageur em Suisse de Adolphe Joanne". *Le Globe: Revue genevoise de géographie*, tomo 142, 2002. Disponível em <https://www.persee.fr/doc/globe_0398-3412_2002_num_142_1_1450>. Acesso em 15/5/2023.

REIS, Philippe Arthur dos. "O fio e os rastros da moda: comércio e sociabilidade em São Paulo no começo do século XX". *Anais* do Museu Paulista. São Paulo, vol. 26, 2018.

REIS, Thiago de Souza. *Mineiros, roceiros, tropeiros e capitalistas: trajetória e formação da família Teixeira Leite em uma economia de transição (São João del Rei e Vassouras, séculos XVIII e XIX)*. Rio de Janeiro, Universidade Federal do Rio de Janeiro, 2020 (Tese de doutorado).

RELATÓRIO referente ao ano de 1917 apresentado a 2 de janeiro de 1918, ao ex.mo snr. secretario do Interior, dr. Oscar Rodrigues Alves, pelo director, em comissão, do Museu Paulista, Affonso d'Escragnolle Taunay. Biblioteca do Museu Paulista da USP.

RIBEIRO, Monike Garcia. "O portal da Academia de Belas Artes e o arquivo CFC/Minc-Memória e Patrimônio". *XIII Encontro de História da Anpuh – Rio*. Identidades, 2008.

ROBERTSON, G. *et al*. *Travellers' Tales – narratives of home and displacement*. London/New York, Routledge, 1994.

RODEMACQ, Maxence. "L'industrie de l'obscénité à Paris (1855-1930)". *Romantisme*, vol. 1, n. 167, 2015, pp. 13-20.

RODRIGUES, Jaime. "Um mundo novo no Atlântico: marinheiros e ritos de passagem na linha do equador, séculos XV-XX". *Revista Brasileira de História*. São Paulo, vol. 33, n. 65, 2013, pp. 235-276. Disponível em <http://www.scielo.br/scielo.php?script=sci_arttext&pid=S0102-01882013000100010&lng=en&nrm=iso>. Acesso em 12/3/2022.

ROQUE, Maria Isabel Rocha. "O museu de arte perante o desafio da memória". *Boletim do Museu Paraense Emílio Goeldi*, vol. 7, n. 1, jan.-abr. 2012, pp. 67-85.

SALGUEIRO, Valéria. "*Grand Tour*: uma contribuição à história do viajar por prazer e por amor à cultura". *Revista Brasileira de História*. São Paulo, vol. 22, n. 44, 2002. Disponível em <https://www.scielo.br/scielo.php?script=sci_arttext&pid=S0102-01882002000200003>. Acesso em 23/6/2020.

SAMARA, Maria Alice & TAVARES, Rui. *O regicídio*. Lisboa, Tinta da China, 2007.

SANDOVAL-STRAUSZ, Andrew K. *Hotel: an american history*. New Haven, Yale University Press, 2007.

SARAMAGO, José. *Viagem a Portugal*. São Paulo, Companhia das Letras, 2003.

SCHWARCZ, Lilia M. *O sol do Brasil. Nicolas-Antoine Taunay e as desventuras dos artistas franceses na corte de d. João*. São Paulo, Companhia das Letras, 2008a.

_____. "Nicolas Taunay". *In*: VAINFAS, Ronaldo & NEVES, Lucia Bastos Pereira das (org.). *Dicionário do Brasil Joanino (1808-1821)*. Rio de Janeiro, Objetiva, 2008b.

_____. *Lima Barreto: triste visionário*. São Paulo, Companhia das Letras, 2018.

SCHWARCZ, Lilia M. & DIAS, Elaine (org.). *Nicolas-Antoine Taunay no Brasil: uma leitura dos trópicos*. Rio de Janeiro, Sextante, 2008.

SCHWARCZ, Lilia M. & SIMIONI, Ana Paula Cavalcanti. "La colonie des artistes français à Rio de Janeiro en 1816: un passé recomposé". *Brésil(s)*, vol. 10, 2016.

SILVA, Henrique Corrêa da (org.). *Missão diplomática do conde de Paço D'Arcos no Brasil (1891-1893)*. Lisboa, 1974.

SILVA, Maria do Carmo Couto da. *Rodolfo Bernardelli, um escultor moderno. Análise da produção artística e de sua atuação entre a Monarquia e a República*. Campinas, Universidade Estadual de Campinas, 2011 (Tese de doutorado).

SIMONE, M. de. *Embodying Race, Performing Citizenship: Racial Impersonation and Immigrant Identity in American Popular Entertainment, 1870-1920*. Evanston, Illinois, 2021 (Tese de doutorado).

SIQUEIRA, Lucília. "Os hotéis nas proximidades das estações ferroviárias da cidade de São Paulo (1900-1917)". *Revista de História*. São Paulo, n. 168, jan.--jun. 2013, pp. 414-442.

SPANG, Rebecca. *A invenção do restaurante: Paris e a moderna cultura gastronômica*. Rio de Janeiro, Record, 2003.

SQUEFF, Letícia. "Revendo a Missão francesa: a missão artística de 1816, de Afonso d'Escragnolle Taunay". *Anais* do I Encontro de História da Arte do IFCH – Unicamp. Campinas, IFCH-Unicamp, 2006.

____. "A *Grand Tour* de um brasileiro: a importância da Itália nas ideias de Manuel de Araújo Porto-Alegre". *Boletim do Museu Paraense Emilio Goeldi. Ciências Humanas*. Belém, vol. 2, n. 2, maio-ago. 2017, pp. 377-387.

STAHL, Moisés. "Ciência em expansão: o percurso de Louis Couty pelo Império". *Louis Couty e o império do Brasil: o problema da mão de obra e a constituição do povo no final do século XIX (1871-1891)*. São Bernardo do Campo, Editora UFABC, 2016, pp. 89-16. Disponível em <https://doi.org/10.7476/9788568576854.0003>. Acesso em 12/3/2022.

TAUNAY, Afonso d'Escragnolle. "Николя Антуан Таунай" [Nicolas-Antoine Taunay]. *Starye Godye*. São Petersburgo, 1910.

____. "A missão artística de 1816". *Revista do Instituto Histórico e Geográphico Brazileiro*. Rio de Janeiro, Typ. do *Jornal do Commercio* de Rodrigues & C., tomo LXXIV, parte I, 1911.

____. "Os princípios gerais da moderna crítica histórica". *Revista do IHGSP*, vol. XV, 1912, pp. 325-344.

____. "Documentos sobre a vida e a obra de Nicolau Antonio Taunay". *Revista do IHGB*, vol. 78, n. 132, 1916, pp. 7-140.

____. "Houve, em 1816, realmente uma missão artística?". Exame dos documentos inéditos pertencentes ao Museu Paulista por doação dos Drs. Jeronymo de Avellar Figueira de Mello e Alberto Rangel. *Anais* do Museu Paulista, tomo 3, 1927, pp. 140-164.

____. *A missão artística de 1816*. Rio de Janeiro, Patrimônio Histórico e Artístico Nacional, 1956.

TAUNAY, Alfredo d'Escragnolle. "A cidade do Matto Grosso, Villa Bella, o rio Guaporé e sua mais ilustre vítima". *Revista do IHGB*, tomo 54, 1891.

____. "Estrangeiros Illustres e Prestimosos que concorreram com todo o esforço e dedicação, para o engrandecimento intellectual, artistico, moral, militar, litterário, econômico, industrial, comercial e material do Brazil, desde os princípios deste século até 1892. Relação organizada pelo Visconde de Taunay". *Revista Trimensal do IHGB*, tomo LVIII, vol. 58, 1915.

TAUNAY, Alfredo d'Escragnolle. *Memórias*. São Paulo, Iluminuras, 2004.

TAUNAY, Luiz Goffredo d'Escragnolle. *De la nécessité d'une Ligue Latine*. Paris, Imprimérie G. Camproger, s/d.

____. *De la necessité d'une Ligue d'Action Latine*. Rio de Janeiro, Typ. Leuzinguer, 1905.

TAUNAY, Visconde de. *O encilhamento: scenas contemporâneas da Bolsa em 1890, 1891 e 1892*. Publicado sob o pseudônimo de Heitor Malheiros. Rio de Janeiro, D. Magalhães, 1894-1895.

____. *Reminiscências*. Rio de Janeiro, Francisco Alves, 1908.

____. *Viagens de outrora*. 2. ed. São Paulo, Melhoramentos, 1921.

____. *Homens e coisas do Império*. São Paulo, Melhoramentos, 1923a.

____. *Reminiscências*. São Paulo, Melhoramentos, 1923b.

____. *Recordações de guerra e de viagens*. Brasília, Ed. Senado Federal, 2008.

TELLES, Patrícia D. "'Nada lhes prometo': o desconhecido Cavaleiro Brito". *VI Seminário do Museu D. João VI*. Rio de Janeiro, EBA UFRJ, 2015.

____. "O Cavaleiro Brito e o Conde da Barca: dois diplomatas portugueses e a Missão de 1816 ao Brasil". *Documenta*, 2019.

"THE LITERATURE OF TRAVEL, 1700-1900". *The Cambridge History of English and American Literature (1907-1921)*.

TODOROV, Tzvetan. "A viagem e seu relato". Trad. Lea Mara Valezi Staut. *Revista de Letras*, vol. 46, n. 1, jan.-jun. 2006, pp. 231-244.

VARNHAGEN, Francisco A. de. *História geral do Brasil*, tomo 5. 5. ed. São Paulo, Melhoramentos, 1956.

VEBLEN, Thorstein. *A teoria da classe ociosa*. São Paulo, Abril Cultural, 1983.

VISCARDI, Cláudia M. R. *O teatro das oligarquias, uma revisão da "política do café com leite"*. 2. ed. Belo Horizonte, Fapemig/Fino Traço, 2012.

WALLON, Henri. "La vie et l'œuvre de Georges Dumas". *Enfance*, tomo 21, n. 1-2, 1968, pp. 119-141. Disponível em <https://www.persee.fr/doc/enfan_0013-7545_1968_num_21_1_2453>. Acesso em 12/3/2022.

WHYMPER, E. *Scrambles Amongst the Alps in the Years 1860-69*. London, John Murray, 1871.

SOBRE OS AUTORES

Wilma Peres Costa é historiadora, professora titular em história econômica pela Universidade Estadual de Campinas (Unicamp) e docente da Universidade Federal de São Paulo (Unifesp). Publicou, entre outros trabalhos, *A espada de Dâmocles. O exército, a Guerra do Paraguai e a crise do Império* (Editora Hucitec/Editora da Unicamp, 1996) e *Cidadãos e contribuintes. Estudos de história fiscal* (Alameda Casa Editorial, 2020). Atualmente desenvolve pesquisas sobre a família Taunay no Brasil no "longo século XIX", focalizando o entrelaçamento entre memória, escrita de si e escrita da história.

Carlos Lima Junior é doutor em estética e história da arte pelo MAC/USP. É pesquisador de pós-doutorado no Departamento de História do Instituto de Filosofia e Ciências Humanas (IFCH) da Unicamp, com financiamento da Fundação de Amparo à Pesquisa do Estado de São Paulo (Fapesp). Foi curador adjunto do novo projeto expositivo do Museu Paulista da Universidade de São Paulo (USP) no núcleo "Memórias da Independência". É coautor, ao lado de Lilia Schwarcz e Lúcia Klück Stumpf, de *A batalha do Avaí: a beleza da barbárie* (Sextante, 2013) e *O sequestro da Independência: uma história da construção do mito do Sete de Setembro* (Companhia das Letras, 2022).

Lucia Maria Paschoal Guimarães é doutora em história social pela USP, professora titular da Universidade do estado do Rio de Janeiro (Uerj) e pesquisadora do CNPq. Publicou, entre outros, *Da escola palatina ao silogeu: Instituto Histórico e Geográfico Brasileiro (1889-1938)* (Editora

Museu da República, 2006), e foi uma das organizadoras de *Oliveira Lima e a longa história da Independência* (Alameda Casa Editorial, 2021).

Joana Monteleone é doutora em história pela Faculdade de Filosofia, Letras e Ciências Humanas (FFLCH) da USP, especialista em história do consumo, e editora. É autora de *Sabores urbanos: alimentação, sociabilidade e consumo, São Paulo 1828-1910* (Alameda Casa Editorial, 2015) e *Toda comida tem uma história* (Oficina Raquel, 2017).

Sobre as pesquisadoras que participaram da transcrição e das notas: Amanda Aparecida Silva de Carvalho é mestra em história social pela Unifesp; Heloísa Catani Mariani Pavoni Matias é graduada em história pela Unifesp; Josiane Nunes Machado Sampaio é doutoranda em história social pela USP e mestra em história pela Unifesp; Marcus Vinicius Pasini Ozores é mestre em educação pela Unicamp; Thaís Aparecida Fogaça é graduada em história pela Unifesp.

Título	A viagem como missão: sobre o diário de Afonso Taunay na Europa (1909)
Organizadores	Wilma Peres Costa e Carlos Lima Junior
Coordenador editorial	Ricardo Lima
Secretário gráfico	Ednilson Tristão
Preparação dos originais	Vinícius Emanuel Russi Vieira
Revisão	Matheus Rodrigues de Camargo
Editoração eletrônica	José Severino Ribeiro
Design de capa	Estúdio Bogari
Transcrição, notas e legendas	Amanda Aparecida S. de Carvalho (Unifesp) Heloísa Catani Mariani Pavoni Matias (Unifesp) Josiane Nunes Machado Sampaio (Unifesp) Marcus Vinicius Pasini Ozores (Unicamp) Thaís Fogaça (Unifesp)
Formato	16 x 23 cm
Papel	Avena 80 g/m^2 – miolo Cartão supremo 250 g/m^2 – capa
Tipologia	Minion Pro
Número de páginas	248

Imagem de capa

Encarte Pacific Line – Belem Old Castle Lisbon, colado na primeira página do diário de Afonso Taunay de 1909. Coleção Família Taunay. Serviço de Documentação Textual e Iconográfico/SVDHICO, Museu Paulista da USP.

ESTA OBRA FOI IMPRESSA NA GRÁFICA CS
PARA A EDITORA DA UNICAMP EM AGOSTO DE 2023.